Sur l'auteur

Olivier Seigneur est né en 1956 à Paris. Juriste de formation, il a obtenu le prix du festival de Cognac pour *Des lapins et des hommes*. Auteur d'une trentaine de romans, policiers et historiques, il écrit également pour la jeunesse et le château de Versailles.

Du même auteur

Aux Éditions Flammarion

Dans l'ombre, les dragons de pierre
L'Anneau de la reine
Le Diable de Trianon

Aux Éditions Belfond

L'Ombre du parasol d'or

Aux Éditions Marabout

Un prince de sang

Aux Éditions du Masque

Des lapins et des hommes (prix du festival de Cognac 1994)
Les ferrets sont éternels
Zapping mortel
Les Dieux outragés
Le Vestibule du crime
La Licorne empoisonnée
Le Sang du Trianon
La Concubine ensevelie
La Vierge du soleil
La Religieuse de l'obscurité
Le Cinquième Roi de bronze

Aux Éditions Hachette Jeunesse

Le président de la République a faim

(Sous le nom de Taiping Shangdi)
La Sonate interdite
La Noyée du Palais d'été
Le Prisonnier de l'océan
Le Puits de la morte
Le Singe empoisonné
Les Soieries de l'effroi
Les Pierres de la douleur
Le Chrysanthème de longévité
La Dent du cheval marin
Le Palais de la splendeur pourpre
La Déchirure du papier huilé
La Porcelaine oubliée
Le Cheval parti en fumée

OLIVIER SEIGNEUR

LA MARQUISE DES POISONS

Les enquêtes du policier du Roi-Soleil

10
18

Grands détectives

créé par Jean-Claude Zylberstein

PLON

ISBN 978-2-264-07400-3
Dépôt légal : mai 2019

Les principaux personnages historiques

Louis XIV. Né en 1638. Roi de France depuis 1643.

Gabriel Nicolas de La Reynic. Né en 1625. Nommé en 1667 premier licutenant de police de Paris.

Gabrielle de La Reynie. Fille de Gabriel Nicolas de La Reynie.

Marie-Thérèse d'Autriche, infante d'Espagne. Fille de Philippe IV d'Espagne. Née en 1638. Épouse du roi de France depuis 1660.

Marquise de Montespan. Françoise (dite Athénaïs) de Rochechouart de Mortemart. Née en 1640. Devenue marquise de Montespan après son mariage en 1663. Maîtresse en titre du roi en 1674.

Marquise de Maintenon. Née Françoise d'Aubigné en 1635. Veuve en 1660 du poète Paul Scarron épousé en 1652. Marquise de Maintenon en 1674.

Alexandre Bontemps. Né en 1626. Premier valet de chambre de Louis XIV en survivance de son père en 1652, puis en titre en 1659.

Claude de Vin des Œillets, dite Mlle des Œillets. Née vers 1637. Suivante de la marquise de Montespan.

La Voisin. Catherine Deshayes, épouse Montvoisin, dite la Voisin. Née à Paris vers 1640. Empoisonneuse, diseuse de bonne aventure, brûlée en 1680.

La Bosse. Marie Marette, veuve d'un marchand de chevaux, dite la Bosse. Empoisonneuse, brûlée en 1679.

La Vigoureux. Marie Vandon, dite la Vigoureux. Née vers 1639. Diseuse de bonne aventure et empoisonneuse, morte en 1679.

Louis César de Bourbon, comte de Vexin. Né en 1672. Fils de Louis XIV et de Mme de Montespan.

Louise-Françoise de Bourbon, Mlle de Nantes. Née en 1673. Fille de Louis XIV et de Mme de Montespan.

Marie Angélique de Scorailles de Roussille, duchesse de Fontanges. Née en 1661. Éphémère favorite du roi.

Louis Boucherat, comte de Compans. Né en 1616. Magistrat, président de la Chambre ardente.

Auguste-Robert de Pomereu. Né en 1627. Prévôt des marchands de la ville de Paris.

Élisabeth-Charlotte de Bavière, dite « la Palatine ». Née en 1652. Fille de Charles Ier Louis et de Charlotte de Hesse-Cassel. Devient duchesse d'Orléans après son mariage en 1671 avec Philippe d'Orléans, frère de Louis XIV.

Les principaux personnages romanesques

Constant Saint-Lizier. Policier au Grand Châtelet.

Jean Philippont. Policier au Grand Châtelet.

Nanette. Servante au Radis couronné.

Madeleine Chappelain. Empoisonneuse.

Adélaïde de Chabrière. Jeune noble remarquée par le roi.

Martin Laboureur. Ancien domestique de la marquise de Brinvilliers.

PROLOGUE

Quelque part en Limousin, un jour de 1661

En bas, on toussait, on hoquetait, on étouffait, on allait mourir, on mourait. La place était donc libre et même dégagée, la situation à peu près sûre : serviteurs et parents étaient rassemblés, serrés, au rez-de-chaussée, chapelet à la main, prières aux lèvres, autour de l'agonisant. Nul n'avait fait attention à la disparition momentanée de l'homme qui s'éloignait dans la pénombre, à l'autre bout de la maison.

Celui-ci poussa la porte du bureau, sans faire entendre le cliquetis des rouages de la serrure. L'homme ouvrit ensuite le tiroir, là aussi en évitant tout grincement. Il avait de la chance. Sa détermination, plutôt son intelligence, avait tout anticipé, tout organisé. Puisque, longuement pesée et réfléchie, sa décision était prise, restait à la mettre en pratique. À sa main, songea-t-il, de jouer sa partie, avec dextérité. Ce n'était pas le plus facile : il était un être de réflexion, pas d'action. Et, surtout, il avait des scrupules. Il allait mal se conduire, ce qui n'était pas dans ses habitudes ni ne répondait à ses convictions profondes, tout au contraire.

Dans le casier traînaient d'obscures notes prises lors d'un ancien procès, l'extrait d'une vieille coutume du pays sur laquelle le moribond aimait à fonder ses plaidoiries. L'homme négligea ces paperasses inutiles, discerna d'autres feuilles éparses, crut que se trouvait là ce qu'il cherchait, saisit ces papiers et en fut effaré. Car, s'il était ce jour-là fripon, le farfouilleur n'aimait en rien l'indécence. Or il avait mis au jour des gravures plus que lestes, dessins dont il était bien difficile de dénombrer les personnages, tant tout cela était mélangé, emmêlé, entremêlé. Outré, mais désireux de tuer dans l'œuf le dégoût éprouvé afin de ne pas échouer si près de la réussite, l'intrus reprit son souffle, ouvrit plus grand le tiroir avec des précautions de chat et, enfin, aperçut tout au fond une feuille. Il le sut d'emblée. C'était le document qu'il convoitait tant.

L'homme posa la feuille sur le cuir du bureau. Puis, sans plus penser aux viles images aperçues, honteuses et de toute façon hors sujet, il s'apprêta à accomplir le plus délicat. Sans trembler, la main prit la plume. Agile et preste, l'index repoussa le couvercle de l'encrier. Il y eut un mince crissement lorsque l'extrémité taillée de la rémige racla la porcelaine. Vif, l'œil apprécia l'écriture, en mesura les pleins et les déliés, la manière particulière de tracer les voyelles – dont les *o* et les *u* –, presque semblables. Il s'agissait d'écrire, au-dessus de la ligne à biffer, d'autres mots qui devaient berner quiconque lirait un jour le document. Seul le mourant pourrait s'apercevoir de la supercherie. Or il n'en aurait pas l'occasion : ses instants étaient comptés, et les médecins, à force de le saigner, hâtaient à grandes enjambées la survenue du moment fatal. À peine troublé par de lointains sanglots plus ou moins sincères, le silence qui arrivait jusque dans le bureau en témoignait.

Le geste sûr, celui qui allait être falsificateur releva la plume, ôta le trop-plein d'encre en frôlant le bord du godet. Il passa à l'action, sans plus différer. Bien tenue, la plume raya la ligne inopportune. La fortune, du moins une confortable aisance était à portée de main, donc un bel avenir : il n'y avait plus que quelques mots à écrire.

Voilà, c'était fait. Du grand art. Le destin venait de basculer, à l'instant même où le riche avocat Charles de Tavannes rendait son âme à Dieu et laissait sa fortune. Non pas à son cousin proche, ami de toujours, un certain Jérémie Le Cousin, en faveur duquel le testament avait été rédigé, en tout cas jusqu'à ce jour. Mais à un autre cousin, certes lointain, mais fort hardi et très décidé. Deux chemins de vie avaient bifurqué. L'un allait vers la déconvenue et la médiocrité, l'autre vers la réussite, vers des lendemains couronnés de succès. Grâce à un peu de courage, à une plume d'oie bien souple, à de l'habileté, à une solide assurance. Et, surtout, grâce à la volonté, arrêtée après réflexion, de piétiner – une seule fois, et pour la bonne cause – ce en quoi l'homme croyait le plus, ce sur quoi il avait bâti son existence.

Le cri étouffé lâché par une vieille servante avertit le faussaire que, là-bas en dessous, on avait trépassé. Tout s'organisait, s'enchaînait le mieux du monde, estima-t-il. Le contrefacteur regarda une dernière fois la feuille si bien raturée. Pour aller de « Le Cousin » à « cher cousin », il n'y avait eu que peu de lettres à modifier, une poignée de déliés à ajouter. Et pourtant, ces ratures valaient une fortune, déviaient deux destins.

D'un trait de plume, une jolie somme changeait de propriétaire.

Et qu'est-ce que le trompeur avait à se reprocher ? Pas grand-chose, à la vérité. Il n'avait tué personne, pas même cherché à hâter la mort de celui qui s'était fait dépouiller. Tavannes n'avait certes pas désiré que son cousin éloigné fût son légataire universel, ni même ne l'avait su. Mais enfin, songea l'escroc, s'agissait-il d'une raison pour ne pas remercier à titre posthume ce bienfaiteur malgré lui ? Le faussaire décida d'aller tenir un instant la main du mort. C'était la moindre des choses. Et ça serait bien vu de la famille, même du cousin Jérémie, qui venait d'être dépossédé sans rien en savoir. Gagné par l'enthousiasme mais toujours aussi silencieux qu'un serpent, le falsificateur se promit de faire dire des messes pour l'âme de celui qu'il venait de voler, faute de pouvoir s'excuser de vive voix... Dieu comprendrait et lui pardonnerait : tout cela, c'était pour la bonne cause.

Le filou était certes satisfait d'être désormais riche. Mais, plus qu'heureux et soulagé, il en était surtout vaguement dégoûté, éprouvait un écœurement qu'il tournait contre lui-même bien qu'il sût, au final, avoir agi pour le mieux. Il était fort difficile, décidément, de devenir un homme et de se réaliser sans piétiner la morale la plus élémentaire.

1

1er FÉVRIER 1679

À Paris

Dans la crypte retirée, emplie de puissantes odeurs de corps serrés les uns contre les autres et d'enthousiasmes enflammés, c'était l'affluence des grands jours. Depuis lc début de la semaine, le bruit avait couru : le servant dévoyé qui célébrerait ce service tant attendu réserverait cette fois-là une surprise aux fidèles rassemblés. Sous les masques de velours noir, la plupart des paroissiens se reconnurent mutuellement à la lueur des cierges. D'autres étaient de nouveaux venus alléchés, signe que la cérémonie avait attiré au-delà de la confrérie habituellement réunie.

— *Luciferi imperator, Luciferi imperator omnipotens ! Gloria, gloria !*

Le prêtre entama le service en proclamant la gloire de Satan à diverses reprises. C'était du déjà-vu. N'était le suspense entretenu, cela faillit même ennuyer. Le religieux poursuivit son office. Tout au plus l'un des spectateurs aperçut-il alors, dans la pénombre, une tête de bouc cornu, façonnée dans un plâtre peint au naturel. Le fidèle n'y prêta d'abord aucune attention particulière, tant les bonnes âmes qui secondaient le prêtre dans la préparation des rites avaient l'habitude de garnir chaque fois le sanctuaire de chauves-souris mortes, de bougies de cire noire et de crucifiés accrochés la tête en bas. Puis l'homme mesura que l'effigie de la bête ne se trouvait pas là d'ordinaire, et sa curiosité s'en trouva piquée. L'adorateur du Mal poussa du coude son voisin, qui alerta à son tour sa voisine, et ainsi de suite. En quelques instants, toute l'assistance ne regardait plus l'ecclésiastique mais la tête de la bête consacrée à Lucifer. Et ce fut assez pour que l'on oubliât aussitôt son début de déception.

Deux jeunes filles, dont nul n'avait deviné la présence, sortirent de la sacristie, émues et émouvantes tant il était patent que c'était une première fois et qu'elles voulaient bien faire. À quatre mains, elles portaient un couffin couvert d'une dentelle blanche, qu'elles déposèrent devant l'autel secondaire avant de s'immobiliser, vestales pleinement dévouées. Cette fois, le spectateur attentif ne put retenir un chuchotement, adressé à son compagnon :

— Tu vois, je t'avais dit, tout va se passer sous l'effigie du bouc. Nous avons de la chance : aujourd'hui, le rite est soigné, nous allons être divertis.

L'autre n'eut pas le temps de répondre : déjà le prêtre s'approchait du panier. De la main gauche, il souleva l'étoffe, dévoilant une forme, elle aussi habillée de blanc. De la dextre, il saisit une lame effilée. Des assistants crurent voir, à cet instant, le couffin soubresauter – l'un d'entre eux assura plus tard qu'il avait même entendu un faible vagissement… Ensuite, tout se précipita. Le religieux abattit son couteau, le releva. On s'aperçut que la lame, tout à l'heure étincelante, était maintenant empourprée, on s'en émut, on s'en régala aussi, on la regarda revenir vers le couffin et ce qu'il contenait. Nul ne songea à s'écrier. Les yeux comme fous, le servant abattit ainsi l'instrument à plusieurs reprises. Puis les deux jeunes filles, demeurées comme étrangères à la scène, parurent revenir à la vie. Sans abandonner leur mine impassible, quasi indifférentes à ce qui s'était déroulé devant elles, les enrôlées prirent le panier, l'emportèrent.

Tout était allé très vite, on n'avait pas bien vu, on regrettait que cela fût déjà fini, on cherchait à se rappeler le moindre des détails de ce qui venait de se passer afin de le graver dans sa mémoire et de mieux s'en souvenir quand il s'agirait d'y penser de nouveau, de retrouver un peu de la saveur du plaisir, mêlé d'effarement, tout juste savouré. Le prêtre, de son côté, fit disparaître la lame, recommença à proférer quelques formules probablement destinées à saluer des puissances invisibles. Il paraissait épuisé, éprouver des difficultés pour aller au terme de la cérémonie, y parvint pourtant. Il grimpa dans la chaire, esquissa un signe de croix en prenant soin de le faire à rebours du sens commun, puis s'affala, exténué, le buste plaqué contre le large rebord de la cathèdre, les bras dans le vide, ne dit plus rien, ne bougea plus. Chacun comprit que le rite était achevé.

Tout ébaubis par ce qu'ils avaient vu et plus encore par ce qu'ils avaient imaginé – deviné ? –, les fidèles se retirèrent lentement. L'ecclésiastique attendit que le dernier spectateur fût parti, que les derniers pas eussent résonné au loin. Puis se redressa aussitôt, frais comme un gardon, très satisfait de lui-même. Il lui faudrait récompenser comme elles le méritaient les deux jeunes religieuses qui l'avaient si bien secondé. Le servant était tellement content qu'il avait même envie de se montrer très généreux avec ces deux filles : actrices hors pair, celles-ci avaient joué leur rôle à la perfection, paraissant aussi cruelles et insensibles que le suppôt de Satan l'avait demandé, afin de décupler le contentement des fidèles, que cette indifférence avait transportés tant ils aimaient qu'on sacrifiât comme si de rien n'était. Il n'empêche, estima ce dernier, avec un panier qui ressemblait à peu près à un berceau, un peu d'étoffe blanche, une poupée emplie de son, du sang de porc, on pouvait s'amuser, presque s'abuser soi-même et satisfaire l'Ange du Mal qui, sans doute, avait pris autant de plaisir à voir ses adorateurs trompés se pâmer que si, ce jour-là, un véritable sacrifice avait été accompli. Il serait toujours temps, une autre fois, de procéder à une immolation authentique, quand un enfant en chair et en os, bien vivant et bien gigotant, avec un beau sang rouge, celui-là, aurait pu être acheté à des pauvres, à des bohémiens de passage, ou bien encore attrapé dans une rue déserte, ni vu ni connu.

À Vaugirard, près de Paris

De taille moyenne, à peine enveloppé, le nez fort et presque bourbon, le menton un peu gras, cheveux coupés très ras sous la perruque, le regard interrogateur sous des sourcils épais, Gabriel Nicolas de La Reynie reposa le couteau avec lequel il avait pioché dans les plats et s'était ensuite curé les dents, essuya ses doigts tachés de sauce avec une épaisse serviette brodée à son chiffre. Le lieutenant de police se leva et salua son épouse d'un bref mouvement de la tête. À l'accoutumée, pâle, vêtue de gris et de blanc, le visage fin, le front haut, celle-ci n'avait rien dit de tout le repas, s'était contentée de rester les yeux baissés, l'air à la fois fatiguée et absente, sans rien manger ni boire. Fait étrange, ses bijoux, or et diamants, renvoyaient des éclats singulièrement ternis.

Solide, bien proportionnée, pierre et brique, toit d'ardoise, la maison que possédait La Reynie à Vaugirard était l'une des plus vastes de ce village, établi au sud-est de la plaine de Grenelle, alors la pleine campagne, champs et vergers, qu'animaient pourtant, du matin jusqu'au soir, outre les pauvres et les domestiques qui allaient à pied, cahotant dans la grand-rue, des guimbardes chargées de paille, et surtout de beaux carrosses armoriés. Car, ici, dans le hangar de la veuve Robillon, carrossière de son état, on nettoyait fort bien et repeignait les voitures, brouettes à transporter les gens et autres chaises ambulantes.

Le domaine occupait un large espace compris entre l'église paroissiale bâtie au Moyen Âge, au nord-ouest, et la ruelle de la Procession, au sud-est. Les jardins en avaient été tracés par Le Nôtre et plantés de nombreuses essences qui en faisaient un parc verdoyant, où l'agréable n'avait cependant pas mené à oublier l'utile car, derrière quelques planches, on élevait ici, comme du reste à peu près partout dans Paris et les villages alentour, poules, lapins, oies et cochons afin de pourvoir aux repas.

L'intérieur de la demeure était confortable, mais aucunement élégant. Le salon était tel qu'autrefois, tel qu'Antoinette, la femme du lieutenant de police, l'avait fait décorer jadis. D'autant plus démodé qu'il avait été garni de meubles de famille, en bois tourné, très appréciés sous le règne précédent, celui de Louis XIII le Juste. C'était du solide et du commode. Aménagé pour que le premier lieutenant de police, qui ne se souciait pas, ou si peu, de jouir des béats plaisirs de l'existence, puisse disposer ici du cadre propice à réfléchir, à travailler au mieux et à délibérer avec lui-même quand il n'était pas au Grand Châtelet. Parmi les seules concessions à la mode, un lustre en cristal de Bohême accroché depuis peu, à la suite d'une haute lutte menée par la jeunesse du lieu, Gabrielle, fille éprise de changement, de modernité, de vie. Et aussi, bien transparentes, les belles vitres tout droit venues d'une fabrique de la forêt de Lyons, une des plus modernes du royaume, carreaux fraîchement installés sur des châssis de chêne et maintenus par de larges bandes de papier collé, en lieu et place des anciennes vitres encadrées de plomb, dont plus personne ne voulait, du moins quand on souhaitait participer à sa modeste mesure au moderne tourbillon d'un règne qui s'annonçait flamboyant.

Une bouchée… La dernière, songeait La Reynie, et vite avalée. Car, ici, la table était souvent négligée. Même si le policier du roi se forçait à y faire honneur, quand il y pensait, pour ne pas désespérer un cuisinier qui avait le plus souvent l'impression de travailler en pure perte, car les tourtes d'entrée, les poulets à la braise, les céleris au poivre, les pâtés en croûte feuilletée, les potages au hachis de perdrix, qui avaient bouilli durant de longues heures, regagnaient l'office le plus souvent à peine goûtés. Il fallait, donc, que le service fût vite expédié. Une demi-heure passée à dîner ou à souper était considérée par le policier comme du temps perdu, du temps gaspillé, qu'il ne consacrait pas à sa charge. S'il n'avait tenu qu'à lui, La Reynie aurait avalé à chaque repas, et le plus rapidement possible, arrosé d'un peu d'eau puisée dans la Seine, un simple fruit de son jardin et une tranche de cantal, car c'était bien cette collation frugale, raillée par le proverbe « fromage, poire et pain, repas de vilain », qui lui convenait le mieux. Or il était lieutenant de police et devait tenir son rang, jusque dans son intérieur et l'ordonnancement de ses repas.

Avant de se retirer, La Reynie considéra sa femme du coin de l'œil. Droite, mince, pâle, toujours silencieuse, elle avait les yeux rougis, les mains longues et sèches posées sur la nappe, les lèvres pincées, comme tirée d'un sommeil mais en rien hostile. Devant elle, les croquembouches aux fruits confits étaient demeurés tels qu'apportés de la cuisine, intacts. L'esprit douloureux, La Reynie songea qu'en un autre temps son épouse aurait dégusté ces douceurs en pâte à choux jusqu'à la dernière, en en laissant à son mari le juste nombre pour que celui-ci ne pût, en manière de plaisanterie, lui reprocher d'être trop gourmande. Mais il n'en dit rien, rien du tout.

Du reste, Mme de La Reynie redressa lentement le buste, releva la tête. Elle regarda son époux :

— En effet, monsieur. Pas plus aujourd'hui qu'hier, et pas plus qu'au cours des mois, des années qui viennent de passer, je ne veux pas, je ne puis toucher à ces desserts. Vous le savez bien.

Habitué à contempler des cadavres plus ou moins estropiés, à voir torturer des accusés, à recueillir des aveux dont les détails glaçaient souvent le sang, à s'approcher des gibets, le policier du roi fut ému, mais ne dit mot. Il ferma un instant les yeux, se souvint du passé. Les rouvrit. Sa femme avait disparu sans qu'il eût entendu le moindre bruit, ni le déplacement de sa chaise ni le froissement de ses habits…

La Reynie ne s'en étonna pas, reboutonna son gilet et quitta la pièce, songeur, regarda les innocents croquembouches abandonnés. Et aussi la fourchette d'argent, à son chiffre, qu'il n'avait pas maniée et qui était restée, brillante et lustrée, toutes dents tournées vers le bas, bien sage et, surtout, dépourvue d'éraflure dans son écrin tendu de soie verte. Comme tout droit sortie de chez l'orfèvre, alors que cela faisait de longs mois, des années peut-être, que les domestiques, agissant sur ordre, prenaient soin de la poser sur la table lors de chaque repas.

Au Château-Vieux de Saint-Germain

Au moment de quitter la pièce, Louis XIV considéra Adélaïde de Chabrière. Ce fut une œillade brève, mais insistante, celle d'un fauve aux aguets, et Montespan ne s'y trompa pas : séductrice dans l'âme, elle s'y connaissait dans ce genre de regard, pour en avoir attiré beaucoup de la sorte. La maîtresse du roi était trop intelligente, trop vive pour ne pas savoir désormais ce qui lui restait à faire. Le monarque parti, Montespan, habillée de noir et de mauve, s'approcha de sa suivante, vêtue de jaune clair et de vert pâle. Sa voix était chaude, sucrée, aussi caressante qu'un roucoulement de colombe :

— Ma chère, avez-vous vu ?

Dotée d'un joli visage qui demandait cependant à s'affirmer, encore pourvue de toutes ses dents, bien blanches et de surcroît bien alignées, Chabrière était à ce jour demeurée une oie blanche. Non, assura-t-elle sans mentir, elle n'avait rien vu. Du moins, c'est ce qu'elle dit en balbutiant car elle s'affolait déjà. Or Montespan reprit, en souriant :

— Ne faites pas la sotte. Le roi vous a remarquée, vous ne pouvez pas ne pas l'avoir saisi. Laissez-moi vous parler comme une amie, une conseillère aussi dévouée que désintéressée. Je vais aller droit au but. Sa Majesté m'honore de son amitié, et depuis longtemps, vous le savez. Or vous lui plaisez. Ma position est trop assurée pour que je m'en émeuve. Lorsque je serai lasse de ma vie à la Cour, vous passerez au premier plan. Mais je ne vous abandonnerai jamais, je guiderai vos pas, je vous enseignerai tout ce que vous ignorez encore, je serai votre grande sœur, votre mère.

L'autre eut un regard vide.

— Vous doutez de moi ? reprit Montespan, vive, qui se demandait si Chabrière allait la comprendre tant son œil était inexpressif. On vous a dit que l'on ne peut me faire confiance, que je persifle et rabaisse ? Détrompez-vous. Croyez-moi, j'agis ainsi pour me défendre : la Cour est un nid de serpents et ma place, plus que convoitée. Amusez le roi. Un jour, vous me succéderez. Et ce sera à vous que Sa Majesté offrira des oranges, des bijoux.

Chabrière était stupéfaite de la franchise et de la netteté d'un propos exprimé de surcroît en si peu de mots. Et elle n'avait jamais mangé d'oranges.

— Comment oserais-je…

Montespan se fit engageante :

— Gagnons du temps dans notre conversation. Je ne vous propose pas de me remplacer. Je vous montre seulement le chemin que vous devez suivre afin de pouvoir un jour en tirer le meilleur profit, si le destin le veut bien. Je suis lasse parfois, lorsque la nuit, le roi, après m'avoir rejointe, s'approche et demande, pour la troisième, la quatrième fois… Vous me comprenez, n'est-ce pas ?

Chabrière rougit de cette confidence faite sans détour ni pudeur. Montespan se réjouit de ce mensonge qui coûtait à son orgueil, mais serait efficace, car, par sa crudité, il achevait d'ébranler la suivante, qu'il serait encore plus aisé de convaincre. La marquise, qui s'était assise, se releva. Ravie de montrer à la jeune fille, qui formait à cette heure toute sa compagnie, qu'elle était belle, savait porter la tenue. Elle s'approcha de la fenêtre pour que la lumière crue de la fin de cette matinée d'hiver accrût sa blondeur et reprit :

— Le temps est doux, ces jours-ci, profitez-en. Le roi déteste le jeu de paume. Or il raffole du jeu de mail[1]. Voici plusieurs jours qu'il ne s'est pas diverti. Il est sans doute trop occupé, lorsqu'il est ici, par les projets d'agrandissement du château qu'il a demandé à Hardouin-Mansart. Ou bien par les jardins de Versailles. Le roi aime se dépenser. Suggérez une partie.

Agréable brune au regard franc, de naissance illustre mais de peu de fortune, Chabrière entrevoyait déjà un possible avenir radieux. Cependant, elle objecta :

— Je n'y ai jamais joué !

— Peu importe. Observez et imitez, soyez gracieuse, cela suffira[2]. Du reste, les règles en sont simples. Choisissez bien votre mail : il doit aller de la ceinture à vos pieds, ne pas être plus long. Il sera toujours temps, plus tard, de manier un mail vous arrivant à l'aisselle, pour faire la fière. Lorsque vous jouerez, sachez qu'il faut se mettre aisément sur la boule, ne pas avoir un pied plus avancé que l'autre. Ne vous tenez ni trop

1. Le jeu de mail, une sorte de croquet, est, en quelque sorte, l'ancêtre du minigolf.

2. Au XVIIe siècle, les dames s'adonnent à ce jeu : la Grande Mademoiselle, la duchesse de Bourgogne, petite-bru du roi, etc. Puis la bourgeoisie pudibonde impose ses codes. En 1848, un mode d'emploi écrit : « Il va sans dire que ce jeu convient seulement aux hommes. »

droite ni trop penchée afin que le mouvement soit aisé et libre. Et, pour les premiers coups, il est permis de mettre du sable sous la boule que l'on s'apprête à frapper, ou une brindille, une pierre. Ayez soin de regarder Sa Majesté à la dérobée. Le roi aimera que vous l'observiez, il y verra de l'admiration et du désir. Pouffez, riez, faites la gaie, Sa Majesté adore cela. J'en suis certaine : à la fin de la partie, vous l'aurez conquis. Il sera à vous lorsque, un jour, je m'en irai. Et le cœur léger. Vous devinez pourquoi ? Parce que je vous aurai choisie.

Chabrière était tout émue :

— En êtes-vous certaine ?

— Oui. Après le dîner[1], je ferai savoir que j'ai des aumônes à distribuer aux Loges[2]. Vous passerez alors à l'attaque. Mais j'en viens maintenant à l'essentiel. Arrangez-vous, à force de conseils et d'encouragements, pour que le roi fasse la partie en tête, du moins jusqu'à la seconde chicane, celle des charmilles, qui regarde la chapelle Saint-Michel[3], ce serait le mieux.

— Pourquoi donc ?

— Faites-moi confiance. Une fois parvenue à cet endroit, attirez le regard du roi sur le paysage que vous découvrirez ensemble. Sa Majesté aimera que vous soyez sensible aux beautés de la vue dont on jouit de là-bas. Le roi aime qu'on se plaise chez lui et qu'on le lui dise.

Superbe de sa générosité offerte, Montespan sourit. Elle ondula des épaules, s'approcha d'un miroir, s'y regarda longuement, détailla de nouveau sa parure,

1. Le déjeuner d'aujourd'hui.

2. Du nom d'un établissement religieux reconstruit par Anne d'Autriche dans la forêt de Saint-Germain.

3. Chapelle et jeu de mail disparurent peu après l'installation du roi à Versailles, en 1682.

recolla la baiseuse, cette mouche de taffetas posée à la commissure des lèvres. Bref s'admira. Puis reprit :

— À présent, dépêchez-vous, donnez les ordres pour que l'on m'habille.

Sans attendre que Chabrière ait eu le temps de transmettre ses commandements, la marquise quitta son salon d'apparat pour gagner son appartement intérieur : les deux logements, établis à l'entresol, sous les pièces de la reine, communiquaient de plain-pied.

Qu'elle avait de l'esprit et savait mener sa barque ! se réjouit la favorite en s'adressant les plus grands compliments. Certes beaucoup plus de talent pour converser que la reine Marie-Thérèse. Mais là, la bataille était facilement gagnée – la femme du roi était idiote de naissance et l'étriqué de son éducation n'avait rien arrangé, on le savait de Madrid à Vienne. Remporter ce combat ne pouvait véritablement combler Montespan. Aussi celle-ci se hâta-t-elle de se comparer à d'autres femmes, à toutes les femmes du royaume : aucune ne pouvait rivaliser. Sa position à la Cour et dans le cœur du roi l'attestait. La marquise était invincible, et Chabrière, une bécasse qu'elle allait plumer, embrocher, rôtir et avaler d'un coup, avant que celle-ci eût compris ce qui lui arrivait. Malheur, tonnait Montespan en son for intérieur, à celle qui risquait, menaçait un jour – même malgré elle – de lui faire de l'ombre voire de la supplanter auprès du roi. Ce qui ne pouvait, ne devait être, ne serait jamais.

À Vaugirard

Gabriel Nicolas de La Reynie considéra, déposé sur son bureau, le maroquin qui contenait le courrier d'Italie. À cet instant, tous les espoirs lui étaient permis. Certes, le policier du roi avait déjà enduré maintes désillusions qui, l'une après l'autre, l'avaient un peu plus endurci et meurtri chaque fois. Or, avoir supporté ces déceptions successives, risquer un nouveau coup ne le dissuadaient pas de rêver encore, et même aujourd'hui bien plus qu'auparavant : La Reynie devinait que, ce jour-là, ses prières les plus secrètes et les plus intimes seraient exaucées, enfin.

Telle était la vie de celui que le roi avait choisi, il y avait plus de dix ans, pour créer une puissance capable d'assurer l'ordre dans une ville qui était à la fois la plus peuplée d'Europe et l'une des plus dangereuses puisqu'on y détroussait sans vergogne, qu'on y attaquait et qu'on y tuait – et jusqu'à plusieurs fois ! – tous les jours. De beaux succès avaient déjà prouvé que la police mise en place par La Reynie et installée au Grand Châtelet était plus qu'utile.

Mais, quand il ne devait pas traquer un criminel, éradiquer une bande de truands, attraper et enfermer les ribaudes devenues trop impudentes, punir une avorteuse, remettre de l'autorité et de la morale là où régnaient le crime et la licence, le lieutenant de police avait à batailler sur un tout autre front, une contrée où il lui était si douloureux de se rendre. Car, là, il cessait d'être le puissant maître du Grand Châtelet, implacable et décidé, à la force de travail inégalée, craint de tous les criminels. Il devenait un père éprouvé, sensible, désabusé par trop d'attente.

Parce qu'il voulait se consacrer à sa famille, c'est dans sa propriété du village de Vaugirard que La Reynie avait souhaité réfléchir à l'abri du tumulte de Paris et des intrigues de Saint-Germain, logis où n'entraient que de rares amis fidèles, maison emplie des souvenirs de ce qu'avait été sa vie jusqu'à présent, une existence honorable, réglée et qui avait pu être heureuse jadis, parfois.

La Reynie était dans la force de l'âge : il était né en 1625. Son esprit n'avait rien perdu de la vigueur dont il avait témoigné pour étudier, dans sa jeunesse, le droit avec assiduité et avait assez de maturité pour parfaitement ordonner ses connaissances et ses analyses, afin de résoudre au mieux les affaires suivies par la police du Grand Châtelet.

Sa fille, Gabrielle, n'était pas là. Celle-ci serait allée faire des emplettes, colifichets, dentelles, rubans, chemise de soie, sans doute : elle était bien faite, jolie, d'un tempérament gai, en âge de se marier et avait donc l'envie de se montrer coquette. D'autant que, La Reynie le savait, sa fille n'avait guère l'occasion de s'amuser : elle étouffait, trop seule, dans la maison trop triste de Vaugirard, en dépit de la récente installation du lustre de Bohême, entre la mention, au souper, d'un des crimes que son père traitait au Châtelet et, à peine cette affaire résolue, l'évocation d'un nouvel assassinat. Le lieutenant de police en était à la fois un peu déçu – il aimait que Gabrielle se trouvât dans la maison familiale même quand elle se tenait à coudre ou broder dans une pièce voisine – mais aussi soulagé : quel que soit ce qui l'attendait – la joie ou la tristesse, une fois de plus –, il préférait en cet instant être seul, afin de mieux cacher, par pudeur, le sentiment qui allait l'étreindre, pour le meilleur – il l'espérait si fort – ou pour le pire.

Tant que La Reynie n'avait pas ouvert son courrier, il lui était permis d'espérer. D'autant que la liasse était cette fois rebondie ; elle présentait une épaisseur qui, si Dieu le voulait, semblait de bon augure : un de ces plis ne contenait-il pas, enfin, les réponses circonstanciées depuis longtemps attendues de Rome, les mots qui apaiseraient, aboliraient d'un trait le passé et ses chagrins, annonceraient un merveilleux avenir personnel au lieutenant de police, seraient le prélude à une réconciliation si désirée ?

Le policier du roi demeura encore un moment immobile, à considérer les papiers, osant à peine envisager le bonheur, le soulagement souhaité que celui-ci renfermait peut-être. Si la Providence avait décidé de soulager enfin son chagrin, sa vie basculerait et, d'un trait, des années de malheur seraient balayées. La Reynie caressa le cuir poli par les ans, doux à force d'avoir servi, d'être passé de main en main, d'avoir été transporté et plié ; il y vit comme une promesse : tant d'hommes, depuis si longtemps, avaient couru, cavalcadé, peiné pour transporter des lettres entre la France et l'Italie, qu'il devait rester dans l'air et sur ce maroquin un peu de leur dévouement et de leur volonté de bien faire, une humanité que le destinataire des missives envoyées sans relâche par La Reynie avait fini par mesurer et qui l'avait incité, enfin, à se montrer humain à son tour.

Le lieutenant de police goûta ainsi un long moment de repos, d'espérance, sinon de joie. Il attendit encore, redouta, espéra, ravala un sanglot, puis se résolut à lire les plis apportés. Sa main tremblait, mais il était prêt à laisser son esprit s'enflammer, à ce que le submergeassent la joie la plus complète, le soulagement, sentiments qu'il n'avait pas éprouvés depuis fort longtemps. D'un geste nerveux, il répandit les lettres sur son bureau, le cœur battant, pour mieux en voir l'écriture : la simple vision de son adresse, écrite par la main chérie, suffirait à le contenter avant même qu'il décachetât les plis.

Il tomba de haut, et aussitôt.

Ces missives étaient les siennes, qui lui revenaient sans avoir été ouvertes, et sans qu'aucune autre lettre ne lui eût été envoyée en retour. Le constat était implacable : Rome demeurait muette. Le policier était accablé, d'autant qu'il retombait au plus bas, après s'être un instant bercé d'une douce illusion, pourtant avec prudence. L'esprit lourd d'un secret que très peu partageaient, d'un coup La Reynie se dit qu'il était certain d'être le plus malheureux des hommes. Mais il se reprit aussitôt : il n'avait pas le droit de se laisser aller au désespoir. Il avait un devoir à accomplir. Et, surtout, il avait à ses côtés sa fille, Gabrielle. Sa fille, qui l'aimait et qu'il aimait, ne devait jamais se sentir ni abandonnée ni reléguée à un second plan où elle aurait pu s'estimer assignée si elle avait pu pénétrer les pensées les plus secrètes de son père.

La Reynie en ôta sa perruque, quoiqu'il s'efforçât depuis toujours d'être vêtu avec soin et sans relâchement, même quand il demeurait dans son intérieur, depuis ses souliers à boucles jusqu'à la dentelle de ses poignets et de son col. Et il tâcha de ne pas pleurer. Car, déjà, le policier du roi songeait à ce que, sur cette affaire d'Italie, pouvaient lui dire les croquembouches ou, plutôt, celle qui ne les avait pas mangés tout à l'heure. Car, là comme parfois sur d'autres sujets, il avait besoin de conseils. Et, pragmatique, se disait-il entre deux regrets, pourquoi ne pas explorer la voie qui paraissait s'ouvrir à lui ? Dès que La Reynie se trouverait en présence de sa femme, et pour peu que la situation s'y prêtât, que nul ne risquât de le déranger, il questionnerait cette dernière. Qu'avait-il à y perdre ? Rien. Tout au contraire. Même si le tour que prenait sa vie ne manquait pas de l'étonner. Car en dépit de tout ce qui séparait les deux époux, un abîme, un monde, pour le moins, le policier du roi savait que son épouse pouvait lui être de bon conseil…

À Saint-Germain

Le roi ne pouvait le savoir, cette année 1679 partageait son règne en deux parts égales. Le souverain et la Cour étaient encore jeunes et animés d'une verdeur qui ne tarissait pas. À Saint-Germain, on aimait danser, se baigner, boire sans soif et grivoiser le plus possible, Louis XIV avec des dames, son frère avec des messieurs. Le temps des fièvres, des vapeurs, des rhumes embarrassants, des dents cariées et de la désolation éprouvée à l'idée du temps passé qui, un jour, feraient du Roi-Soleil un bougon ennuyeux, n'était pas arrivé.

Bordé d'ormes à l'alignement parfait, le mail de Saint-Germain était l'un des plus beaux du royaume. Il était aménagé au nord du château et, avec quelques parterres, séparait celui-ci de la forêt, toute proche. Au début de la partie, Adélaïde de Chabrière jouit de la chance des débutants, réussit deux ou trois coups habiles avec assez de grâce pour qu'aucun des courtisans, pourtant prompts à faire trébucher celui ou celle qui voulait s'élever, ne cherchât à la faire chuter. Puis la fortune tourna, sa boule de bois heurta un arbre, revint en arrière. Le souverain, qui la regardait avec attention, s'en émut, plaignit dans son cœur la jeune maladroite, s'en troubla davantage, en sentit son désir croître : cette inexpérience échauffait son imagination. Monsieur[1] joua ensuite, puis son épouse, Mme Palatine. Celle-ci, du reste, frappa trop fort – ce n'était pas une princesse de conte de fées, il s'en fallait de beaucoup, mais une charpente de marché couvert, une catapulte déguisée en femme –, et la boule se perdit à l'autre bout du royaume, ou presque. Enfin revint le tour de Louis XIV. Le Bourbon leva son maillet, l'abattit soudain, avec adresse. La boule fila au loin. Les courtisans admirèrent d'un murmure à peine forcé l'habileté du roi. Louis XIV se rengorgea.

Il faisait beau. N'étaient la température de l'air et le dépouillement des arbres, on aurait pu se croire au mois d'avril. C'était un avant-goût du printemps, qui n'allait plus tarder. À cette époque, le Château-Vieux de Saint-Germain demeurait à peu près dans le même état que du temps de son bâtisseur, François Ier. C'était un pentagone irrégulier, murs de pierre, encadrements des portes et des fenêtres réalisés dans la brique. Le rez-de-chaussée et le premier étage noble constituaient un soubassement monumental sur lequel la Renaissance avait bâti un palais à la gloire de la royauté. Le tout coiffé d'une balustrade de fer forgé et doré voulue par Hardouin-Mansart[2]. Quand le soleil brillait, cet ornement formait une immense auréole dont la seule vue transportait le roi.

1. Le frère du roi.

2. Ce fer forgé a été remplacé par une balustrade de pierre lors des restaurations du XIXe siècle.

Le roi, justement, campé sur ses deux pieds, encore étourdi de son coup réussi, leva les yeux pour goûter une fois de plus le spectacle qu'offrait la rambarde resplendissante. Cette couronne d'or, rêva-t-il, c'était autant celle du château que la sienne. Et le souverain s'enivra tout seul : il régnait maintenant sur la France. Un jour prochain, certainement, après de nouvelles victoires, ses ennemis vaincus et humiliés, il gouvernerait l'Europe, l'univers.

La Cour était encore assez joyeuse, à cette époque. Beaucoup de jeunes gens et jeunes filles, remuants, gigotants, espiègles. Tout cela parfumé à l'eau de la reine de Hongrie, vêtu de costumes ruisselant de plumes, de galons et de dentelles… Le plus richement habillé était bien entendu le roi, sans compter son frère, mais là, nul ne pouvait rivaliser : Monsieur lançait les modes.

Ne songeant qu'à sa gloire et à la manière de la proclamer, Louis XIV leva bien haut son mail, jugea du mouvement qu'il devait décrire pour frapper au mieux la boule en bois de néflier. Il prenait son temps, trop sans doute car un bon joueur savait qu'il ne fallait pas tant mesurer son coup. Mais nul n'osait le lui dire, ni son frère ni bien entendu Chabrière.

Celle-ci n'avait qu'à se féliciter. Jusqu'ici, tout s'était fort bien passé et elle avait parfaitement su tenir son rôle, forte des conseils maternels prodigués par Montespan. Tous les espoirs étaient donc permis à la suivante, pensait celle-ci, transportée mais anxieuse. On l'aurait été à moins : il s'agissait de séduire rien de moins que le soleil.

Or le roi ressentit une gêne au doigt, comprit qu'une bague l'embarrassait. Il ôta le bijou, ne sut qu'en faire, regarda autour de lui, vit Chabrière et lui tendit l'anneau, une cornaline intaillée d'une Vénus :

— Prenez, un présent du roi de France.

La fille pâlit, rosit, rougit, flattée, puis confuse, gênée, paniquée. Autour d'elle, on murmura puis on se tut aussitôt : l'événement était peut-être historique – la première manifestation publique d'une nouvelle passion du Bourbon – et mieux valait se taire pour observer et, déjà, se faire bien voir de la nouvelle favorite.

De façon insensible, de coup en coup, les joueurs s'approchaient du rebord du coteau qui dominait la Seine. Ici, bordé de massifs, le terrain de jeu se rétrécissait. Adélaïde de Chabrière comprit que l'on arrivait à la chicane dont la chère, si chère Montespan lui avait parlé. C'était de nouveau à Louis XIV de jouer. Celui-ci avait fort envie de remporter cette partie, comme à l'accoutumée. Vaincre lors de cet amusement, gagner la guerre de Dévolution contre l'Espagne, culbuter les Turcs dans l'île de Candie[1] ou envahir la Hollande, éventrer ses vaches, saccager ses moulins et livrer ses fermières à la soldatesque, c'était à peu près la même chose, pensa-t-il : la promesse d'un grand plaisir. Louis XIV voulait être le premier, le vainqueur, le triomphateur, en tout, qu'on le dise et qu'on le sache. Il frappa la boule de toutes ses forces. Le coup était parfait. Le roi serait le premier à faire passer une sphère de buis sous l'arceau de l'arrivée. Le souverain se reprocha de ne pas se divertir plus souvent au jeu de mail, puisqu'il y excellait tout autant qu'il avait autrefois étincelé en dansant devant la Cour. Briller à la guerre, au ballet,

1. La Crète.

au jeu de mail, au lit : tout était bon à prendre, songea le monarque.

Louis XIV marcha à grands pas jusqu'au creux où avait roulé la bille, non loin du rebord du coteau. Un instant, il laissa son regard glisser sur la plaine, par-delà la rivière, caressa les champs et les routes, chercha, dans le lointain, les vallonnements de Meudon, devina le gris et l'ocre qui indiquaient la ville de Paris, continua à balayer le panorama grandiose qui s'offrait à lui, en allant vers le nord. Et, soudain, s'arrêta net, se rembrunit, se raidit. Ample, bien paisible et de nature, pourtant, à ravir le promeneur, un innocent paysage était cause de ce sursaut inattendu. Le Bourbon n'était plus le même, son regard tout à coup dépité et furieux annonçait le tonnerre.

Cependant désireux de se montrer toujours maître de lui-même, le roi se retint et ne brisa pas le mail sur son genou, comme il aurait aimé le faire. Louis XIV aurait certes pu s'en prendre à lui, se reprocher d'avoir oublié que s'aventurer jusqu'ici le mettait en fureur. Or le monarque était incapable de s'adresser ce mince reproche. Du reste, qui était en premier lieu responsable de tout ce désagrément ? Cette imbécile de Chabrière, qui avait suggéré ce divertissement. Le Bourbon se retourna. La jeune bête était là, qui le regardait, énamourée, comme tant d'autres filles parmi lesquelles il n'avait qu'à piocher…

Le roi adressa un geste à l'un des officiers de sa maison, demeuré à l'écart des joueurs. Le soldat s'approcha.

— Sire ?

Avoir un temps désiré celle qui venait de tant lui déplaire attisait la fureur rentrée du souverain, mortifié d'avoir convoité une sotte et de l'avoir déjà mise, par la pensée, dans son lit, maintenant d'autant plus pressé de s'en débarrasser sans aucun ménagement :

— Avant la fin de la journée, une lettre de cachet renverra Mlle de Chabrière en Saintonge dans sa famille. Mais je ne veux pas attendre que mes secrétaires la rédigent et la scellent. Veillez à ce qu'un carrosse soit attelé sur-le-champ. Je désire que vous y conduisiez cette personne, sans lui laisser le temps de prendre ses effets. J'entends qu'elle quitte le château et même la ville dès la fin de la partie, sous l'escorte de mousquetaires triés sur le volet. Qu'un messager cavale au-devant de sa voiture pour qu'elle n'ait aucun mal à trouver des chevaux frais à mesure qu'elle ira ; je veux que, sitôt partie, elle gagne son lieu d'exil le plus vite possible.

Le roi se tut, déjà soulagé d'avoir arrangé la mise à mort sociale de la balourde. Impassible, le militaire salua : il avait assez de métier pour ne pas s'étonner d'un tel ordre. Il s'éloigna pour transmettre les commandements du roi dont la colère, pour être rentrée, n'en était pas moins teintée de haine.

Ni le soldat ni Louis XIV, qui reprit la partie, ne regardèrent Adélaïde de Chabrière, toute fraîche et tout sourires. Certaine, pourtant, que le roi avait parlé d'elle à l'officier, et en bien, sans doute pour arranger un rendez-vous galant, la jeune fille tâchait de dompter l'enthousiasme qui la transportait, l'allégresse éprouvée à l'idée du triomphe à venir, un sentiment mêlé à un autre : la reconnaissance infinie qu'elle éprouvait déjà, et à jamais pensait-elle, à l'égard de Montespan. Toute joyeuse et, même, confiante en son avenir, Chabrière contempla d'un regard mouillé d'émotion le panorama auquel le roi venait de se heurter pour le plus grand malheur de la jeune fille.

Depuis Saint-Germain, par-delà la plaine de Montesson et les molles boucles de la rivière, le regard portait sans trop de mal jusqu'à un certain endroit, là-bas, vers le nord-est, plus précisément jusqu'à deux tours qui se dressaient, lointaines mais menaçantes, désolantes et si incongrues, en ce règne qui n'en était qu'à sa belle jeunesse. C'était la basilique de Saint-Denis, l'église qui serait un jour la dernière demeure de Louis XIV, le caveau des rois. Alors qu'il avait l'imagination enfiévrée d'envies de conquêtes, ne voulait rêver que de palais à bâtir, de fêtes à donner, de femmes à étreindre, de foules à subjuguer, de princes étrangers à humilier, le roi avait détesté cette vision. Par la faute de cette stupide Chabrière, Louis XIV avait dû se souvenir qu'il n'était qu'un homme, un mortel. Or le Bourbon n'aimait pas être contraint, encore moins être confronté à ce qu'il ne voulait pas admettre. Voilà pourquoi, l'esprit empli de l'image insupportable qui avait gâché la journée, le roi avait ordonné d'exiler Adélaïde sans même attendre que fût signée une lettre de cachet.

À Paris

Tout était en place, il était aux aguets. En haillons, prêt à bondir, savon dans la poche – du savon pour le cas où, et de surcroît à la salicorne, c'est ce qui produisait la meilleure mousse, le meilleur effet –, l'homme maigre était tapi dans une embrasure, nul ne lui prêtait attention dans cette rue populeuse. Il n'eut pas longtemps à attendre. La scène, l'accident ne dura qu'un instant. Au premier coup d'œil, le truand comprit qu'une fois de plus son stratagème, son piège fonctionnait à merveille. Gêné par un tas de planches et de cailloux à dessein placés au meilleur endroit, le laquais qui tirait une vinaigrette[1] à l'occupante pressée fit un brusque écart. Son talon glissa dans la fange du caniveau qui courait au milieu de la rue, comme partout à Paris : ce jour-là, les boueurs n'étaient pas passés. Le valet flancha, voulut se redresser, mais il était robuste, sans doute trop, resta droit, et ce fut la chaise à porteurs qui s'en trouva déséquilibrée, qui

1. Apparue au XVIIe siècle, sorte de chaise à porteurs munie de deux roues et qu'un seul homme suffisait à manœuvrer.

chut sur le côté. L'essieu sauta dans son encoche, ne rompit pas, non plus que les brancards de frêne. Mais la vitre, elle, se brisa en de longs éclats. Tout recourbé, tout tordu, le malfrat fut d'un saut à la portière. Il éructa, bava :

— La charité ! Au nom du bon saint Sauveur, dont l'église est toute proche, la charité !

Contusionnée, peut-être blessée, en tout cas furieuse et paniquée, la dame renversée, bonne bourgeoise entre deux âges qui avait à faire, à rendre une visite non loin de là, se tordit, tenta de se redresser – elle gisait sur le flanc –, n'y réussit pas, voulut s'agripper, n'attrapa qu'un verre fendu, s'y fit mal, se trouva nez à nez avec le mendiant qui s'adressait à elle, vit avec horreur les bulles noirâtres qui salissaient ses lèvres, coulaient sur son menton, ses guenilles. Dans un répugnant déluge de salive et d'écume, l'homme répéta, cette fois sans trop chercher à cacher son accent italien :

— La charité ! Pour Jésus et saint Sauveur !

Au prix d'un effort qui lui arracha un ahanement, la passagère plongea dans sa bourse une main pressée, saisit quelques pièces, les jeta plus qu'elle ne les tendit au mendiant repoussant. Elle cria, heureuse de pouvoir crier. Elle avait été trop surprise par cet accident, elle avait mal à l'épaule, à la jambe, elle avait peur. Il lui fallait hurler, appeler au secours. L'accidentée voulait par-dessus tout que s'éloigne au plus vite ce mendiant abject.

D'un geste vif, celui-ci saisit l'aumône lancée dans la fange, la fit disparaître sous ses hardes. Le corps cassé par la maladie, il adressa un salut grimaçant à celle qu'il avait fait choir pour en obtenir une aumône à coup sûr, déguerpit sans plus attendre, laissant au valet de la femme culbutée le soin de relever la vinaigrette, avec l'aide de deux ou trois passants moins indifférents que d'autres.

Le gredin voûté bavait toujours, mais de moins en moins, ne s'en souciait pas car il n'avait plus besoin d'effaroucher. Dans un instant, au détour d'une ruelle, puis d'une autre, passé un porche, il serait à l'abri d'un des repaires, comme il y en avait encore tant à Paris, une cour des Miracles que les gens de La Reynie n'avaient pas encore détruite. Une fois de plus, il avait réussi son coup. Il savait vraiment y faire : un beau morceau de savon à mâchonner pour bien saliver, faire peur, dégoûter et dans le même temps apitoyer, un seau de bonne graisse déversé au bon endroit et au bon moment pour faire glisser, de l'agilité et de la détermination. Avec ce que lui avait lancé la femme tombée avec sa chaise à porteurs, il avait de quoi voir venir. Jadis dessiné à Rome, le tatouage qu'il portait sur le torse, une Vierge de Lorette, l'avait une nouvelle fois aidé et soutenu. Une brave fille, cette mère de Dieu, songea le malfrat, le mâcheur de savon, le « sabouleux ». Elle ne lui en voulait pas qu'il vole, du moins qu'il manigance, effraie et extorque, et, au contraire, le protégeait. Une brave femme, vraiment. Du coup, le gueux se redressa car sa bosse, comme sa bave, n'était que le résultat d'une supercherie. Et il disparut.

Ailleurs à Paris

Avant de ranger le mémoire dans une cartère[1] de cuir rouge, l'homme ne résista pas à l'envie, à la nécessité d'en lire, d'en relire, d'en savourer l'intitulé : *Affaire d'Italie.* Et ce lui fut comme une promesse, plutôt comme une conviction, la certitude que son tonnant triomphe était imminent. Il allait enfin connaître, il connaissait quasiment déjà le secret de celui qu'il haïssait plus que tout au monde, celui qu'il cherchait depuis si longtemps à terrasser : Gabriel Nicolas de La Reynie.

Depuis de longues années, le possesseur du portefeuille couleur de sang savait que le lieutenant de police avait fort à se reprocher, à craindre, à redouter du côté de l'Italie. Parce que l'intrigant était informé, il savait que se trouvait là-bas le secret honteux que cachait son ennemi mortel, l'intime qui, une fois appris puis porté au grand jour, ruinerait la réputation et ravagerait l'honneur, causerait la perte, la disgrâce,

1. Portefeuille, contenant lettres et papiers, que l'on glissait dans ses habits afin de l'emporter commodément.

la fin, provoquerait l'anéantissement du policier du Roi-Soleil.

L'impatience était grande : ce mystère ne s'était jusqu'à maintenant révélé qu'en de minces indices. Cependant, avant de pouvoir enfin le percer, de ses propres yeux, l'homme au portefeuille devait récompenser comme il le méritait le valet hardi qui avait volé ce dossier au roi :

— Es-tu certain que Sa Majesté ne s'apercevra de rien, ne remarquera pas que ce document lui aura été dérobé puis rapporté, une fois que je l'aurai lu ?

Le domestique questionné songeait à la magnifique rétribution promise, en bouillonnait dans son for intérieur, en exultait, en perdait la tête. Courageux, téméraire, il l'avait été quand il avait volé le mémoire au nez et à la barbe des autres valets du roi, comme lui habillés de bleu. Enivré par cet exploit périlleux, jusqu'à n'en pas du tout redouter que son forfait fût découvert, alors que le péril était pourtant grand, il désira se montrer plus crâne encore, faire le fier, l'insolent, le presque séditieux :

— Je sers le roi depuis trop longtemps pour ne pas le connaître aussi bien que moi-même. Après les avoir souvent consultés, voici quelques années, Sa Majesté ne parcourt plus guère ces feuillets, ces temps-ci. Nous ne courons aucun risque, j'en prends l'engagement. De toute façon, je saurai mentir et tergiverser, berner le roi si celui-ci me réclame ces papiers, afin de gagner le temps nécessaire pour les récupérer auprès de vous et feindre de les avoir retrouvés après les avoir brièvement égarés.

— Alors tout est parfait. Au demeurant, je ne mettrai pas longtemps à consulter ces pages, assura l'ordonnateur du méfait, j'ai trop hâte de les lire, deux jours, tout au plus trois, me suffiront si je décide d'en recopier plusieurs pour n'en rien oublier.

Il disait vrai, et le valet du roi le comprit. Plus qu'heureux d'avoir donné satisfaction, la tête toujours tournée à la pensée de la nouvelle vie qui s'ouvrait à lui, petite fortune faite, le laquais savourait son avenir : demain, après-demain, il remettrait les papiers en place puis, sa récompense enfin en poche, gagnerait l'Angleterre, y serait hors d'atteinte du roi qu'il aurait roulé, y engagerait à son tour des domestiques et y mènerait une belle vie, avec force bombance, vin et filles.

Le commanditaire de ce vol hardi était lui aussi comblé. Il se tourna une fois de plus vers les papiers encore épars, les couva d'un regard presque amoureux, s'approcha de nouveau du dossier. Il s'arrêta net, pâlit, comme stupéfié par ce qu'il découvrait :

— Par exemple ! Mais je n'avais pas vu cela ! Cela change tout, pour le moins !

Il recula d'un pas, se tut.

Intrigué, le domestique s'approcha, se pencha à son tour sur les feuilles volées. Tout alla alors très vite. Et l'effet de surprise joua pleinement.

Le comploteur, au visage soudain triomphant, s'écarta, tira une lame de ses habits, en perça les reins du valet. Et remua, et charcuta, et recharcuta. Le serviteur poussa un cri étouffé, vacilla. L'assaillant n'était pas habitué à ce genre d'exercice, n'y était pas même habile, mais la haine éprouvée à l'endroit de La Reynie lui donnait la force, l'énergie requises. Le serviteur s'agrippa au bureau, se redressa. L'attaquant craignit que ce premier coup ne fût pas mortel, retira l'arme, l'enfonça de nouveau, plus avant, recommença, et encore. L'autre s'effondra.

Voilà, c'était fini, ça saignait comme à l'abattoir mais ça ne gémissait plus, ça ne bougeait plus, c'était mort.

Le meurtrier resta un instant immobile, à mesurer un sentiment jamais éprouvé jusqu'alors. Il comprenait que cette exécution, finalement, ne l'éprouvait que fort peu tant elle était nécessaire. Cette mise à mort constituait la dernière marche qu'il avait dû franchir avant, enfin, de pouvoir lire les feuillets dérobés au roi sans laisser de témoin derrière lui. Puis il se pencha, l'œil froid, sur le valet, envahi par le mépris qu'il avait eu tant de peine à contenir depuis le jour où il avait dû négocier avec cet homme, si vulgaire mais indispensable. L'imbécile, avec lequel il avait fallu prendre langue puis parler, négocier, marchander comme un maquignon, avait cru qu'il jouirait paisiblement de son forfait, alors qu'il en savait tant ? La tête lui avait décidément bien tourné s'il n'avait pas eu le moindre soupçon.

L'assassin avait maintes raisons d'être satisfait. Le valet du roi serait désormais muet, il ne pourrait jamais rien dire, ni de son larcin, ni de sa venue ici, ni de ce qui venait d'y être dit. Surtout, personne ne saurait avec qui il avait eu affaire avant de périr, et peu importait que le roi s'aperçût ou non du vol de ses papiers. De plus, faire porter en secret le cadavre sanglant jusqu'à la berge de la Seine, toute proche, et l'y laisser jusqu'à ce qu'il soit découvert ne serait ni long ni difficile. Avec cette mort, rapide et sans bavure, et cette mise en scène qui ne coûterait rien, deux belles opérations, l'une et l'autre bien profitables, en un seul coup, seraient ainsi réalisées, ce serait deux succès qui en amèneraient d'autres, déterminants, jusqu'au triomphe suprême.

À présent, songea le meurtrier, il avait enfin le loisir de lire, de déguster le mémoire qui allait, dans un premier temps, lui apprendre enfin ce que le lieutenant de police avait à se reprocher et, dans un second temps, lui souffler comment, justement, en s'appuyant sur ce secret, anéantir Gabriel Nicolas de La Reynie.

À Paris, dans le quartier de la Ville-Neuve

Le crapaud avait déjà les pattes liées. Or il ne s'avouait pas vaincu, tant sa situation présente lui paraissait incongrue : que faisait-il loin de la boue où il était venu au monde et qui lui convenait si bien ? Quoique entravées, ses cuisses de sauteur étaient encore assez puissantes pour que l'animal, en s'aidant aussi des muscles de son ventre, cherchât à échapper à son sort, sans qu'il devinât que c'était la fin. La sorcière le rattrapa, se saisit de lui et le fourra dans une cage si étroite que, de partout, le corps de la bête était pressé contre les fins barreaux de fer et de bois. Furieux, peut-être effrayé, le batracien se mit à baver.

— Crache, mon beau, crache, sue et pète, mais gardes-en, car tu n'es pas sorti de tes peines, tu vas avoir encore bien des surprises, et des pas drôles.

Madeleine Chappelain regarda autour d'elle. Elle cherchait le meilleur endroit. Du côté des choux ? La terre, qu'elle avait retournée voici peu, était certes meuble, y faire un trou aurait été aisé. Mais ce n'était pas là qu'il y avait le plus de fourmis, l'emplacement n'était donc en rien le plus indiqué, le travail escompté ne s'y ferait pas assez vite. La femme réfléchit, mesura que, au milieu des coquelicots qui poussaient bien au chaud, à l'abri d'un muret, était creusée une belle fourmilière. Là, elle enfouirait le crapaud et la cage. En peu de temps, prévenus par l'odeur et les gigotements du coasseur enterré, les insectes viendraient inspecter cette proie dépourvue de défenses et la dévoreraient. Ensuite ramassés puis réduits en poudre, leur acide mêlé au venin du batracien, les petits carnivores constitueraient une substance très empoisonnante. Si la préparation était bien faite, agrémentée d'une larme de miel pour masquer le goût âcre de la fourmi, une simple pincée versée dans un bouillon suffirait à expédier un gêneur dans l'autre monde. Et en tout, il y aurait là de quoi tuer jusqu'à plusieurs dizaines de personnes. La poudre précieuse assurerait le manger de la Chappelain pendant pas mal de temps.

Cela valait la peine, se dit celle-ci, de s'être donné du mal, d'attraper des cals et des durillons à force de marcher, de s'être perdue là où elle ne se rendait jamais, d'être allée attraper la bête visqueuse jusqu'au bord de la Bièvre, sur l'autre rive de la Seine, au milieu des pestilences montées depuis les bacs des teinturiers installés là.

Au même moment, à Saint-Germain

Le roi et les autres joueurs de mail revenaient à pied vers le Château-Vieux, ils longeaient les parterres que les jardiniers avaient réussi à garnir de plantes colorées en dépit de l'hiver. Passé l'émotion ressentie tout à l'heure au bord du coteau, Louis XIV avait recouvré le calme qu'il entendait offrir en contemplation aux courtisans, afin de conforter son ascendant, la majesté et l'impassibilité dont il pensait ne jamais devoir se départir. Donc, l'œil volontairement impassible, le roi aperçut, mais n'en laissa rien paraître, la voiture qui, là-bas, manœuvrait déjà dans la cour du Grand Commun, et était sur le point d'emporter la trop crédule Chabrière pour un exil aussi soudain et injuste qu'interminable.

De retour des Loges, selon une mécanique mise au point avec soin, Montespan parut, allant à pied, entourée de ses dames, de ses suivantes, de ses pages maures. Elle s'était changée, était richement parée, un manteau bordé de fourrure jeté sur une robe grenat à broderies émeraude, exhalait le romarin, l'iris, le benjoin, le girofle et la cannelle.

La marquise devina elle aussi le carrosse où Adélaïde avait été jetée, sans ménagement, sans explication. Elle non plus ne daigna pas accorder un regard franc à la voiture. Elle n'en jubilait pas moins, savourait son plaisir, imaginait le désarroi de Chabrière, qui roulait, interdite, vers l'ennui et la solitude, la mort civile et l'oubli, sans comprendre le pourquoi de cette chute brutale.

Plus souveraine que la reine parce que, elle, Montespan, savait gouverner le roi, la marquise s'avança vers Louis XIV, sûre de son pouvoir. En conseillant à la jeune Chabrière de suggérer une partie de mail au roi, la favorite avait parfaitement deviné, organisé, même, ce qui s'était passé ensuite. En femme intelligente, habituée à observer et à tirer le meilleur parti de ces informations ainsi recueillies, Montespan s'était depuis longtemps aperçue que la vue offerte depuis les hauteurs surplombant la Seine indisposait le roi, sans que celui-ci en soit du reste pleinement conscient. Âme noire, il avait été facile à la favorite de manœuvrer et de conduire Chabrière à se perdre en menant le Bourbon jusqu'au bord du coteau, comme si de rien n'était. Montespan savourait son plaisir, fondé sur la jouissance éprouvée à l'idée qu'elle avait fait à jamais chuter une possible rivale et, par là, conforté son pouvoir. Elle était fière, elle exultait. Ce n'est certes pas elle qui, même jeune, se serait laissé endormir et berner, comme cette imbécile, qui ignorait ce qui lui arrivait. La marquise avait toujours fait preuve de sagacité et d'habileté, enfant, quand elle mentait à ses parents, à sa gouvernante, à son frère et à ses sœurs, qu'elle intriguait déjà, consciente de sa haute naissance, qui lui donnait des droits, et de son intelligence, qui la porterait au plus haut. Nul ne pourrait jamais la dépouiller de son statut de favorite toute-puissante et crainte. Voilà quelques années, Montespan avait évincé La Vallière sans trop de mal, en persuadant même celle-ci de s'enfermer – la sotte, la malléable, l'obtuse, occupée à s'infliger du mal et à porter le cilice ! – chez les carmélites jusqu'au terme de ses jours afin de lui laisser sa place dans le lit, le cœur et à la Cour du roi. Qu'elle y demeure, dans son carmel, s'enthousiasma Montespan, celle qui s'appelait désormais Louise de la Miséricorde, celle qui vivait, plutôt survivait, grelottait et s'affamait dans ce couvent comme une morte-vivante. Qu'elle s'y morfonde jusqu'à la fin des temps pendant qu'ici, à Saint-Germain, à Versailles ou ailleurs, on buvait et on mangeait des mets toujours plus fins, on s'aimait et on s'amusait tant[1].

Montespan s'avança vers le roi, radieuse, superbe, plus que jamais consciente du pouvoir de séduction qu'exerçaient sur Louis son corps, son esprit et son intelligence supérieure, ses bons mots. Elle était la maîtresse du Bourbon, donc la femme la plus admirée du monde. Du reste, les sens sans doute fouettés par son apparition, la désirant déjà, une fois de plus, le roi la regarda venir vers lui et lui sourit. La marquise exultait. Tout en ondulations, en mines, en sourires, elle salua le monarque.

— Sire…

Prononcé d'une voix ardente, ronde, enveloppante, ce « Sire » résonnait comme une promesse de voluptés renouvelées. Le roi fondait déjà. Montespan le savait. Afin que cet hiver soit décidément, pour elle,

1. Louise de La Vallière s'enferma au Carmel en 1675. Elle y mourut en 1710, donc avant le roi mais après Montespan.

un moment de triomphe que sublimerait l'été prochain, la favorite s'approcha, sans redouter l'indécence qu'il y avait à presque frôler en public le corps du souverain. Le Bourbon s'en émut, non pas qu'il condamnât ce qui était d'une insolence inouïe, mais parce que cette caresse, donnée à travers tant d'épaisseurs de tissus, troublait ses sens et, même, les cinglait. Aussitôt, Montespan s'écarta, comme si elle avait enfin pris la mesure de son impudence. Elle avait de quoi être satisfaite : elle s'était donnée en spectacle, l'air de rien, et avait rappelé au roi qu'elle était une femme sensuelle, experte. De plus, la marquise espérait très fort que la reine – qui, épouse maltraitée, mais toujours transie d'amour, considérait la scène, derrière la vitre depuis son appartement établi au premier étage du Château-Vieux[1] – voyait la favorite se pavaner et s'en désolait… Tant Montespan était féroce, surtout quand elle triomphait.

Chabrière mise hors course, la reine Marie-Thérèse une fois de plus humiliée… Tout cela était dans l'ordre des choses. Et pourquoi, songeait maintenant Montespan, ne pas ajouter un troisième motif de satisfaction à ces deux profonds plaisirs ?

— Je ne vois pas ma suivante, vous savez, la petite arrivée depuis peu de sa province, demanda-t-elle avec toute la fausse ingénuité qu'elle était en mesure de contrefaire.

Le roi fronça le sourcil, et la marquise se plut à imaginer qu'elle entretenait ainsi l'aversion que Louis avait pour l'exilée.

— Mlle de Chabrière m'a déplu.

1. L'appartement du roi regardait le nord, vers la route des Loges, celui de la reine vers l'est, la Seine et Paris.

Menant le titillement du Bourbon jusqu'à la perfection, elle excellait dans le perfide :

— Mais qu'a-t-elle donc fait ? Chabrière me servait pourtant si bien... Elle savait parfaitement me conseiller pour que je revête telle robe plutôt qu'une autre, lorsqu'il s'agissait que je plaise à Votre Majesté.

Agacer ainsi Louis XIV tout en faisant semblant de ne se soumettre qu'au désir de lui plaire confinait à du grand art, la marquise ne l'ignorait pas. Le roi ne répondit rien, mais s'en agaçait de plus en plus. Aspirant à ce que cette conversation cessât au plus vite, il laissa tomber :

— Je l'ai exilée. J'espère qu'il ne vous sera ni trop désagréable ni trop difficile de la remplacer.

Montespan joua la stupéfaction, et de nouveau à merveille. Elle adorait mentir, éhontément :

— Sire, j'ignore ce que vous avez à reprocher à cette fille. (Montespan mesurait que Louis ne pouvait lui dire la vérité, sous peine de se ridiculiser en paraissant redouter d'apercevoir Saint-Denis, donc avouer qu'il craignait la mort. Ce qui, pour le Roi Très-Chrétien, aurait fait mauvais effet.) Mais vous auriez au moins pu me consulter sur ce point, ajouta la favorite, qui se paya le luxe d'adresser ce reproche à son amant.

L'esprit encore hanté par les froides visions d'une basilique de Saint-Denis tendue de noir et d'argent, éclairée des seuls flambeaux des religieux, résonnant de sombres chants funèbres, comme lors de l'enterrement du roi Louis XIII, contraint d'imaginer ses propres funérailles, le monarque contrarié n'osa pas affronter sa maîtresse. Il mentit :

— Cela regarde l'administration et même la sécurité du royaume. Une sorte de raison d'État a conduit ma décision. Mais pour vous dédommager de la peine que vous éprouvez, et du désagrément que ma décision vous cause, nous donnerons un divertissement d'ici à quelques jours, dans la salle des fêtes du château. Quelle musique vous serait-il agréable d'entendre : *Thésée* ou *Isis* ? *Alceste* vous plairait-il plus ? Les deux premiers, les trois si vous voulez, et à la suite. Ordonnez. Vous le savez, ces opéras ont été donnés ces derniers mois, il n'y a qu'à rafraîchir et remonter les décors, les musiciens et les chanteurs connaissent leur partition, ils n'ont pas besoin de répéter.

La marquise s'inclina, faussement modeste, faussement soumise aux désirs d'un Louis XIV qu'elle savait piéger, presque séquestrer en le persuadant qu'il ne cessait jamais d'être son maître.

— Vous êtes le roi de ce pays. Décidez…

Louis XIV sourit. Déjà, il avait aperçu, dans la petite foule des courtisans demeurés à l'écart, une nouvelle jeune fille. Cette vision, chargée d'une promesse, chassa définitivement les froides images de Saint-Denis. Mais, de cette émotion, cette fois-là, Montespan ne vit rien. D'autant que la marquise s'amusait fort : « l'administration et même la sécurité du royaume », avait dit le roi. La chose était plaisante, quand on avait en tête qu'il s'agissait seulement de l'exil d'une pauvre cruche qui s'était imaginé, l'espace d'un instant, qu'elle pouvait ne pas se contenter de sa place, celle d'une éternelle suivante.

Plus que satisfaite, Montespan sut que, dès la nuit prochaine, elle comblerait le roi, son propre désir fouetté par le plaisir d'avoir une fois de plus triomphé. Elle fit quelques pas, feignit de ne pas voir les dames qui détaillaient sa robe grenat afin d'en commander dès le soir une copie.

À Paris

Luigi Romano et Marcello Vanvitelli : maîtres verriers. Francesco Farnese, Odoardo Bucciano, Domenico Mondo : maîtres ouvriers. Andrea Chiellini et Mario Viani : préparateurs de la soude. Angelo Beccalli, Carlo Persico, Giovanni Meazzo : préparateurs du bain de mercure. Silvio Combi et Gianpiero Marchiso : ouvriers batteurs. Tommaso Di Caprio, Paolo Beccalli : adoucisseurs et polisseurs. Et il y avait, comme cela, d'autres listes, des énumérations, longues et ennuyeuses, interminables, sans compter des attestations, des copies de sauf-conduits, des plans de manufactures, de fours, des devis, des procédés de fabrication, de nouvelles manières de couler le verre en fusion sur des tables planes, sans intérêt aucun, un compte rendu pour contremaître.

Blanc de rage et de dépit, l'assassin reposa le mémoire. Il avait été la proie de sa propre obsession, s'était faussement persuadé, berné et aveuglé, et ne pouvait s'en prendre qu'à lui-même. Quand il avait appris, parce qu'il était bien informé, presque autant que le lieutenant de police, que le roi serrait dans ses cabinets particuliers, avec ce qui regardait le surintendant des Finances Fouquet, l'homme au masque de fer et quelques autres mystères, un dossier qui concernait l'Italie, le propriétaire de la cartère rouge n'avait pas un seul instant douté qu'il s'agissait là du secret de La Reynie. Un secret que le roi aurait désiré connaître dans le détail et conservait par-devers lui, parce qu'il était le maître du royaume et voulait tout savoir sur ceux qui le servaient au plus près, y compris leurs fautes et égarements, leurs petitesses et faiblesses. En croyant cela, le meurtrier n'avait fait qu'imaginer une chimère, concevoir une fadaise, et il s'en voulait. Et que venait-il de déchiffrer ? Un mémoire, certes commandé par le Bourbon, mais qui concernait tout autre chose que le lieutenant de police, un rapport qui n'intéressait en rien l'impatient venant de le lire.

Il s'agissait d'un secret d'État. Mais, de ce secret, l'assassin du laquais se moquait comme de ses premiers langes. Qu'avait-il à faire, en effet, de ces papiers ennuyeux qui regardaient – le meurtrier l'avait compris au bout de quelques lignes – la prodigieuse galerie que Louis XIV faisait construire à Versailles, cet immense vaisseau qui serait de haut en bas tapissé de vitres, de glaces et de miroirs, cette salle inédite qui dirait à l'univers la puissance de l'industrie française et la gloire du Bourbon, deviendrait une cage dorée pour les courtisans qui, en s'y pavanant comme des paons, ne songeraient pas à se rebeller ni même à critiquer le roi ? Afin de réaliser cette prouesse, le Bourbon avait dû envoyer en Italie espions et débaucheurs pour convaincre les meilleurs verriers de Murano de venir travailler en France. Puis, à ces ouvriers appâtés, le ministre Colbert avait accordé privilèges personnels, émoluments confortables, allègements d'impôts, promesses de toutes sortes. C'était tout cela et rien que cela que détaillait le rapport soustrait au monarque : une platitude, une sottise qui n'intéressait en rien le possesseur du portefeuille rouge. Tout était donc à reprendre, à repenser.

Un autre que lui aurait pu être tenté d'abandonner la partie, vaincu par une défaite d'autant plus cuisante qu'elle lui laissait l'impression d'avoir été sot et que, à cet instant, nulle autre stratégie ne se présentait.

Mais l'ennemi de La Reynie haïssait trop ce dernier pour ne pas déjà songer à la manière dont il allait s'y prendre afin d'en finir avec le policier du Roi-Soleil. Il avait cru, une fois connu ce que La Reynie avait à se reprocher, pouvoir faire chanter celui-ci et le contraindre à la démission ? Tout bien soupesé, cette façon d'agir aurait manqué de panache, c'était celle d'un homme sournois. Il y avait à entreprendre du plus distrayant et du plus audacieux pour perdre le lieutenant de police. Et le propriétaire de la cartère rouge devait trouver au plus vite cette manière de faire, cette machination implacable – et pourquoi pas sanglante ? pour qu'on en parle, qu'on s'en effare – qui broierait le policier du roi.

À Vaugirard

Dans le grand salon de la maison La Reynie, l'heure était grave. Toujours aussi pâle, toujours vêtue d'habits un peu démodés, coiffée à l'ancienne manière, Antoinette de La Reynie reposa son ouvrage mais choisit de s'adresser à son époux sans le regarder, préférant mesurer l'effet que faisait sur une étoffe blanche une nouvelle broderie verte et bleue :

— De ce qui s'est passé autrefois, je suis moi aussi coupable. En tout cas, j'y suis associée : ne nous sommes-nous pas jadis mariés et promis d'être fidèles l'un à l'autre ? Vous avez agi, j'ai d'abord approuvé avant de…

Mme de La Reynie s'interrompit, changea de fil à festonner, le temps d'affiner sa pensée, et reprit :

— Du reste, ce qui est fait est fait. Pour l'affaire d'Italie, du moins ce qui l'a causée, je ne vous blâme donc de rien : personne, ni vous ni moi, ne pouvait prévoir les conséquences de ce que vous avez commis. Ce que j'ai à vous dire est tout autre. Je vais vous parler avec franchise. Le roi vous a nommé à la tête du Grand Châtelet. Sachez remplir pleinement votre mission. Ne vous laissez pas gagner par je ne sais quel remords, cela vous embrume et vous empêche d'agir. Soyez grand, soyez vous-même, c'est ainsi que vous vaincrez.

Gabriel de La Reynie fut soulagé que, pour l'Italie, sa femme ne se montrât pas plus critique. Il lui en sut gré. Pour le reste, le policier savait qu'Antoinette avait vu juste une fois de plus, avait lu dans les pensées de son époux aussi facilement que dans un livre ouvert devant elle. Il songea à la remercier pour ses paroles qui, si elles étaient teintées de reproche, n'en constituaient pas moins un conseil, sans doute même un encouragement.

Puis il s'aperçut que c'était inutile. Antoinette avait de nouveau disparu, sans crier gare. Ne restait là que sa corbeille, emplie d'étoffes, de pelotons et de fils, comme éteints et poussiéreux. En dépit du vague qu'éprouvait son âme, La Reynie trouva la force de sourire. Parce qu'il était lucide et s'amusait de ce que, pour se fortifier, son esprit avait décidément recours à des artifices bien étranges, s'émerveillait de ce que, pour s'affiner, ses pensées décrivaient de bien curieux détours, prenaient des chemins bien surprenants… Et cela, lui seul le mesurait.

Le lieutenant de police n'était pas fou, il le savait. Encore moins versé dans les sciences sorcières qu'il combattait de toutes ses forces. Il était toujours amoureux, voilà tout, et avait besoin, *par tous les moyens*, de lire au mieux dans ses propres pensées, de les ordonner. En s'appuyant sur ce qu'il y avait, à sa disposition, de plus solide.

2

11 MARS 1679

À Paris

Gabriel Nicolas de La Reynie tenait son tricorne emplumé, comme la plupart des passants : depuis plusieurs années, les perruques étaient trop hautes pour que les hommes pussent se chapeauter. Aussi leur fallait-il garder leur couvre-chef au bout des doigts ou sous le coude, quelle que fût la gêne occasionnée. Le policier aurait pu aller du côté de la Seine : à y réfléchir, et bien qu'il n'eût pas tenu de comptes sur ce sujet-là, il lui semblait que, ces jours-ci, on se faisait trucider là-bas plus qu'à l'accoutumée. On y avait retrouvé voici peu le corps d'un valet du roi. Mais enfin, savait le policier de Louis XIV, sur ces berges boueuses, les gardes du Grand Châtelet n'avaient qu'une autorité réduite, en vertu d'anciennes ordonnances jamais vraiment abolies. Et ce jour-là, le lieutenant de police avait préféré diriger ses pas non vers la rivière, mais vers le ventre de la ville, dans le lacis des ruelles sombres et tortueuses où la vermine grouillait le plus, entre la rue Montorgueil et la rue Saint-Denis, au nord de la petite église Saint-Sauveur, dont le clocher avait, c'était curieux, été bâti tout au bout de l'abside.

Il aperçut un gamin tendre une menotte mal lavée à travers la grille qui défendait le comptoir d'une boulangerie. Sitôt agrippé, le pain disparut sous un haillon, sans que le fournier se rendît compte de rien, ayant le dos tourné. Un coup de jarret pour prendre son élan, l'œil aussi sûr que la course, une galopade agile, le petit voleur fila entre les chalands, sauta par-dessus une brouette, se joua des planches qu'un portefaix maladroit venait de lâcher. Il s'était déjà évanoui au coin de la venelle encombrée que surplombait le haut mur du couvent des Filles-Dieu.

Le lieutenant de police ne broncha pas. L'affaire était banale, dépourvue d'intérêt. Et l'enfant, du menu, du très menu fretin, au regard de ses aînés. Même s'il avait été retrouvé, il n'aurait jamais pu faire un bon galérien, du moins pas avant longtemps : autant n'attraper que ceux qui avaient l'âge et la force de servir le roi en souquant assez longtemps avant de mourir épuisés, attachés à leur rame. La Reynie poursuivit son chemin, s'appliquant, sans en laisser rien paraître, à avoir l'air d'un simple passant, bien normal, bien gris, insignifiant.

Alors qu'un autre aurait hésité à salir bas et souliers, à s'aventurer ici, par prudence voire par peur, ou simplement par manque d'imagination, le lieutenant de police avait l'habitude de se promener incognito dans le lacis des ruelles de la capitale, s'approchant au plus près de la racaille, du vice et du vol, bref de la truanderie, sans jamais estimer ni malmener sa dignité ni déchoir. D'abord pour mieux comprendre les rouages et les ressorts du désordre, ensuite pour réfléchir, échafauder et décider, mieux combattre le mal à défaut de l'éradiquer complètement. Les commandements qu'il donnerait ultérieurement n'en seraient que mieux ajustés à leur propos : établir, assurer, rétablir, maintenir l'ordre à tout prix. Alors que la confusion régnait encore ici, à l'image des degrés, murets et rampes qui gênaient la marche depuis qu'on avait détruit la muraille de Charles V sans en abattre tous les vestiges.

Tel était le but de son existence, la raison qui le faisait vivre : s'efforcer de sortir la ville de la barbarie, débusquer sans relâche le crime, poursuivre, attraper et punir les mauvais. Se dévouer tout entier à cette tâche depuis plusieurs années, après y avoir longuement réfléchi quand il n'était pas encore en possession de sa charge, suffisait au titulaire de la lieutenance de police pour ne pas éprouver la moindre crainte quand il s'approchait ainsi des malfrats, par devoir.

Ce quartier serait lui aussi un jour à débarrasser des mauvais sujets, des truands qui s'y cachaient songea La Reynie. Par-delà la placette née de la rencontre des rues Neuve-Saint-Sauveur et Sainte-Foy, carrefour obscur que suffisaient à encombrer quelques étals, le fracas, les bruits de la ville s'estompèrent soudain. Loin d'endormir la méfiance du lieutenant de police, ce mince répit ne le détourna en rien de son but : distinguer le moindre indice qui pouvait l'aider à mieux comprendre comment et pourquoi, dans ces rues médiévales, empuanties et mal famées, le crime était chez lui, donc le roi, sa police et sa justice, méprisés.

Le calme relatif qui régnait ici fut brusquement fracassé. À l'étage d'une maison plus délabrée que les autres éclatèrent des éclats de voix, suivis d'une cavalcade. Dans un tonnerre mêlé de portes claquées, de vociférations, de hurlements, d'appels au secours, de galopades et de nouveaux cris, un homme, un militaire, à demi nu, apparut. C'était un animal talonné, déjà blessé, déjà vaincu : du sang coulait de son aine, rougissait sa cuisse. Le suivait de près, de trop près, une femme, le bras levé, la bouche tordue par la colère et la haine, une chasseresse. La scène fut rapide, incongrue, grotesque et horrifiante. Le traqué s'embarrassa dans sa culotte baissée, tituba, manqua se rattraper, tomba. La femme, jeune, fut aussitôt sur lui. Son bras s'abattit. Sa main tenait une lame, sans doute celle qui avait déjà entaillé sa victime. Le soldat hurla encore, brailla dans les aigus – c'étaient des cris de goret affolé : « Pitié, pas ça, pitié ! » Mais la furie était hors d'atteinte, fermée à toute supplication. Une main attrapa ce qu'il fallait, l'autre approcha le couteau. Et fut tranché ce qu'il y avait à trancher.

Un filet rouge fusa, vive éclaboussure. Suffoquant, écrasé par la douleur, le soldat se recroquevilla, blanc, les yeux figés, le souffle coupé, sans plus brailler ni même gémir. La femme jeta au loin une chose molle. Se redressa, barbare. S'esclaffa. Fourra son arme souillée sous sa jupe. Regarda autour d'elle, fière et contentée, toisa durant un instant, avec un air de défi, les badauds attroupés, parmi lesquels La Reynie, comme les autres sidéré : c'était trop de brutalité et d'horreur.

Elle cria, de jubilation, comme l'aurait fait une bête, pour hurler son triomphe et prolonger la terreur causée afin de pouvoir s'enfuir sans être inquiétée. Un instant, encore, et l'assaillante recula, puis disparut, comme le petit voleur de pain. Elle était déjà à l'abri, dans le labyrinthe de ruelles et de passages qui, cachés derrière la rue Thévenot, offraient un asile sûr à tous les criminels de la ville.

L'attaque avait été violente et brève. Mais sa soudaineté, sa cruauté la feraient demeurer à jamais dans l'esprit de ceux qui y avaient assisté malgré eux. La Reynie fut l'un des premiers à sortir de l'ébahissement. Il s'indigna, un peu, en soliloquant, pour donner le change, ne pas se distinguer. Puis fit demi-tour, laissant aux badauds le soin de porter secours au châtré, s'il en était encore temps, ce dont doutait le policier : le sang coulait à flots. Son désir sincère, son besoin d'aller sur le terrain pour apprendre et comprendre le crime s'arrêtait, justement, à l'analyse. Que d'autres que lui, que ses policiers courent, traquent, s'essoufflent en attrapant les criminels. Voici quelques années, le roi lui avait demandé d'organiser et de commander, pas de pourchasser les voleurs et les assassins comme un simple agent. Sur ce qu'il venait de voir, certes affreux mais somme toute banal, il en saurait bien assez en temps utile, quand l'un de ses gens lui dirait le fin mot de l'histoire.

De surcroît, La Reynie souhaitait réfléchir là, maintenant, à ce que lui avait dit son épouse, l'avisée Antoinette, et à la meilleure manière de mettre ce conseil en pratique. Car il n'en avait guère eu le temps jusqu'à ce jour. Il choisit de retourner droit vers la rivière, pour éviter les Halles et leur agitation, il pourrait y être éclaboussé de boue ou de vin renversé, n'aimait pas cela. À grandes enjambées, chez lui propices à la réflexion, il rejoindrait ensuite la rue Saint-Germain-l'Auxerrois et, par-là, le Grand Châtelet. Sans se laisser distraire par la cohue qui encombrait des rues trop étroites, par le tohu-bohu des cris lancés par les marchands ambulants et les camelots pour appâter le client – « Bon amadou, pierres à briquet ! À la chaude, qui veut boire ? Cure-dents à la carmélite, les beaux cure-dents ! De la pêche au vin ! » –, par les lourdes senteurs graisseuses échappées des cabarets, des auberges et des tavernes dont chacun des seize quartiers que comptait Paris possédait au moins une centaine.

Ailleurs, toujours à Paris

Entre deux enquêtes, deux filatures, deux arrestations, Constant Saint-Lizier aimait se rendre à la taverne du Radis couronné, rue Simon-le-Franc : les tables n'y étaient pas trop sales et on pouvait donc s'y accouder sans se graisser les manches. Voici quelques années, le policier avait vécu là plusieurs semaines, avant d'entrer au service du lieutenant de police. Entre autres prestations, le cabaretier louait des chambres au-dessus de l'estaminet. Pièces où, la chose était commode, acceptait de monter du tendron, ou du moins jeune, comme aujourd'hui – en tout cas de la femme pas trop farouche.

Les chambres étaient distribuées autour d'un escalier tortueux comme il y en avait tant dans les vieux immeubles de bois et de plâtre du centre de Paris, élevés sur de maigres parcelles. Elles n'étaient assurément pas bien grandes – mais ça suffisait pour ce qu'il y avait à y faire. De plus, ces pièces dépendaient souvent les unes des autres, comme c'était l'usage dans ces maisons de rapport où la place était mesurée. Et il fallait donc accepter que, quand on était en galante compagnie et tout à la besogne, des intrus de passage, soucieux de gagner la chambre qui leur avait été assignée pour une heure ou moins avec leur belle à eux, vissent ce qu'ils n'auraient sans doute pas dû voir. Mais le plaisir, du moins le désir, tenait généralement les pudeurs à distance et chacun était habitué à procéder ainsi.

Quant aux plus pressés et aux plus hardis, ils trouvaient aussi au Radis couronné un jardin de derrière où l'on pouvait également peloter à sa guise. Une providence pour le garçon, qui avait dans les vingt ans, et la fougue, les désirs qui allaient avec, l'envie de profiter d'un corps robuste, agrémenté d'une figure avenante, encadrée de longs cheveux bruns, une sveltesse que soulignaient des habits ajustés.

Pourquoi donc, songeait le jeune policier, ne pas se donner un peu de bon temps, là, maintenant ? Après la chose, si la chose se faisait, il n'en serait que plus hardi et sagace au travail, l'esprit affûté par le plaisir et le contentement.

Ce matin-là, Saint-Lizier achevait de vider son second pichet : le gros vin était ici moins cher qu'ailleurs et, surtout, il ne risquait pas, en en vidant un cruchon, d'avoir les intestins infectés par une eau croupie, comme il en stagnait tant, dans les pichets, les fûts et les barriques, de la saleté trouble tirée de la Seine, et pas assez loin de là où l'on jetait son pot de chambre ou les viscères d'une volaille plumée, un liquide qui, sitôt bu, tordait à coup sûr le ventre dans tous les sens et faisait ensuite aller.

Nanette n'était pas là, mais il y en avait une autre. L'heure était venue de badiner avec cette soubrette, à la mise simple mais soignée, que Constant n'avait jamais vue, mais dont les manières disaient bien que, sur le plan de la vertu, ce n'était sans doute pas un hérisson prêt à se recroqueviller à la moindre alerte. Mine de rien, pensait-il, la servante lui faisait même les yeux doux depuis un moment, l'invitait sans conteste à le suivre dans l'arrière-cour, encombrée de fagots, de tas de vieilles planches et de linge étendu, embarras qui ménageait autant de recoins tranquilles et commodes.

— Ton prénom ?

La femme hésita à peine :

— On m'appelle… Fanchon.

La serveuse n'était assurément plus dans sa prime jeunesse, mais, de l'avis des autres clients de l'auberge qui l'avaient regardée par en dessous, elle avait de beaux restes et, surtout, l'air de celle qui a déjà à peu près appris tout ce que la vie pouvait enseigner sur le sujet de la galanterie. Avec son maintien plutôt altier en dépit de la modestie que la femme savait devoir observer, elle constituait une solide promesse pour un assoiffé de chair. Saint-Lizier marqua un temps, car la servante, qui dépassait de peu la quarantaine, lui rappelait – trop – une autre femme, dont il avait jadis été proche et qu'il souhaitait aujourd'hui oublier, parce qu'il y avait du danger à s'en souvenir : qui sait si, un jour, malgré ses précautions, le jeune homme ne se trahirait pas, une parole anodine en appelant une autre, compromettante ? Mais l'heure n'était pas venue de redouter, c'était plutôt celle, se dit le garçon, de lâcher le furet. Et, conjugué au regard de Fanchon, engageant et persuasif, le désir de Saint-Lizier fut cette fois plus fort que ses réticences. La servante prit l'initiative, souleva un jupon. Une main s'aventura, puis une autre, quelques boutons sautèrent. Soupirs et emballements.

L'endroit, propice à un badinage avancé, ne permettait cependant pas d'aller beaucoup plus loin, sous peine d'offenser une pudeur déjà mise à mal et de contenter les garnements qui reluquaient la scène par-dessus un mur, haussés sur des caisses, rougeauds et ébahis. Saint-Lizier et Fanchon en avaient l'un et l'autre conscience. La femme sembla vouloir faire diversion, recula, retira ses lèvres et, s'adressant à Constant :

— Oui, je sais bien, à propos de ce dont la nature m'a gratifiée, il pourrait y en avoir davantage. Cela t'ennuie ? Tu ne me dis rien, car tu es déçu ?

Soudain contraint de répondre, donc de redescendre sur terre alors qu'il était prêt à gagner le ciel sans trop attendre, Saint-Lizier n'était pas certain de saisir le propos, certes allusif. Il haleta, agacé de son plaisir arrêté net.

— Que dis-tu ?

Les joues encore roses de l'étreinte interrompue, Fanchon expliqua :

— Mes seins. Je sais que je n'en ai guère. C'est comme ça dans toute la famille. Ah, si j'avais de l'argent, je ferais comme la duchesse de Foix [1]. J'irais voir la veuve Voisin pour qu'elle me donne des tisanes pour faire pousser avec sa magie ce qui me manque.

À présent tout à fait dégrisé, Saint-Lizier retrouva les réflexes acquis depuis qu'il avait été recruté par son chef. D'une main ferme, il rapprocha Fanchon de lui, tira sur un ruban, mais eut l'esprit à questionner :

— De quelle la Voisin parles-tu ? Et de quelle magie ?

1. « Plus je frotte, moins ils poussent », écrivit Mme de Foix pour se plaindre à la Voisin de ce que, en dépit de l'utilisation des herbes de la sorcière, sa poitrine ne grossissait pas…

Fanchon ne paraissait pas savoir à qui elle s'adressait et, se laissant entreprendre, elle commença, dans un soupir, à dérouler, apparemment bonne fille :

— La femme Voisin, c'est une marchande d'herbes de la rue Beauregard[1], dans le quartier de la Ville-Neuve-les-Gravois[2], derrière Notre-Dame-de-Bonne-Nouvelle. Elle vend des plantes aux pouvoirs variés, des philtres, des bêtes séchées. Son arrière-boutique en est pleine, je n'y suis encore jamais allée, mais tout le monde est au courant, dans ses alentours. Cette Voisin, elle peut tout faire. Je le sais parce qu'une de mes cousines est au service de Mme de Foix, qui a demandé à la Voisin de lui donner certaines plantes pour se faire pousser les seins qu'elle a trop petits[3], comme moi. Mme de Vassé, elle, a bu je ne sais combien de pintes pour essayer de devenir plus grande…

Le garçon eut assez de force pour ne pas montrer que, sur le fondement de ces révélations dévidées sans malice, une existence, la sienne, était en train de basculer, et sans doute aussi la vie de plusieurs autres personnes… Tandis que Constant caressait, la servante poursuivit son propos :

— Sans compter les poudres de succession…

Voilà, se dit Saint-Lizier, on y arrivait, on y était. Les poudres de succession, du nom des venins dont la justice du roi connaissait l'existence, mais dont elle n'avait jamais pu trouver l'origine… Ces préparations ajoutées au bouillon, au cordial d'un parent qui ne se

1. La maison de la Voisin se trouvait à l'emplacement des numéros 23 et 25 de cette rue aujourd'hui située dans le 2e arrondissement de Paris.

2. Ainsi nommé en souvenir d'une ancienne décharge.

3. Selon le célèbre mémorialiste Primi Visconti.

dépêchait pas de trépasser, un mari encombrant, un oncle dont on tardait trop à percevoir la succession, ces potages qui permettaient de gagner du temps, lorsque la vie traînait et ne voulait point céder.

— Et que peux-tu me dire, encore ? demanda le policier, mordillant ce qu'il y avait à mordiller.

— Beaucoup de choses, susurra Fanchon. Au sujet des profanations connues du quartier, et aussi de certaines cérémonies bien noires et bien tristes, accomplies par des prêtres, jusque dans leur église…

Constant jugea que la servante du Radis couronné disait vrai. Il se félicita, décidément, d'avoir suivi cette femme.

— Des profanations ? la relança-t-il tandis qu'il l'embrassait dans le cou.

— Tout le monde sait également ça… Il y a des sacrifices aussi. C'est qu'il y en a, des petits gueux, qui disparaissent à Paris, ces temps-ci.

Ce face-à-face allait bouleverser sa vie, comprit Constant, plus fier et confiant que heurté par ce qu'il entendait. Une fois instruit du discours de Fanchon, La Reynie comprendrait qu'il avait eu raison de soutenir et de favoriser Saint-Lizier, ce dont celui-ci était bien conscient. Jadis, à son corps défendant, le jeune homme avait frôlé la vie de la Voisin. Mais Saint-Lizier avait ensuite bien manœuvré. Non seulement il s'était tiré d'affaire mais, de plus, il était parvenu à entrer au Grand Châtelet. Il dénoncerait l'empoisonneuse en se retranchant derrière les confidences de Fanchon. De la sorte, le garçon désencombrerait à jamais le monde de cette Voisin, une de ces démones qui avait fait, qui faisait encore tant de mal. Constant effacerait ainsi d'un trait à la fois la sorcière et un passé qui le menaçait. La Voisin serait bientôt brûlée.

Du passé si problématique qui le liait à cette femme il ne resterait donc plus aucun témoin. Du moins le garçon l'espérait-il.

Fanchon se recula de nouveau et, minaudant comme une gamine, lui demanda :

— Dis, tu n'aurais pas un petit quelque chose à me donner ? Tu vois, le patron, ici, ne me paie presque rien et, de plus, je ne peux venir ici tous les jours, car chez moi, j'ai à faire, toute une marmaille à tenir et à torcher, sans compter ma vieille mère à m'occuper.

Beau joueur, le garçon fouilla dans sa poche, en tira quelques pièces. Sans remercier, quoiqu'un peu plus riche qu'auparavant et à peu de frais, ladite Fanchon les fit disparaître sous ses habits prestement reboutonnés et regagna sa souillarde.

À Saint-Germain

Un mois plus tôt, Montespan s'était débarrassée d'Adélaïde : quoi qu'en eût dit la marquise au roi, l'idiote avait aisément été remplacée par une de ces innombrables jeunes nobles qui se pressaient à la Cour, de bonne naissance mais de médiocre fortune, et qui ne demandaient qu'à servir la favorite. Et, pour ce qui était des missions de confiance, la marquise pouvait compter sur une autre suivante, une fille bien plus avisée que l'exilée.

— Je n'ai pas perdu au change en faisant disgracier Chabrière. Qui, d'ailleurs, n'a pas tout perdu non plus, assura la marquise. Sans doute, dans sa province, lui a-t-on trouvé un jeune homme à épouser, un brave niais qui aimera à s'aventurer là où le roi n'aura pas eu l'occasion de se hasarder.

La remarque était osée, à peine imagée. Mais elle fit rire Claude des Œillets. Grande et bien faite, les yeux vifs et rieurs, le geste déluré et toujours sûre d'elle-même, la suivante était l'une des plus belles créatures de Saint-Germain, en tout cas l'une des plus solaires. Elle avait d'ailleurs été remarquée par le roi, elle aussi. Et Louis XIV l'avait plus d'une fois convoquée dans ses petits cabinets, à un retour de chasse ou avant un conseil des dépêches. On ne l'avait jamais vu, mais on disait qu'un enfant était né de ces étreintes, sitôt envoyé chez une nourrice de Normandie, avec un modeste pécule propre à assurer ses premiers temps dans le monde, mais sans la légitimation que le roi avait pourtant accordée à d'autres de ses bâtards : pour lui, des Œillets n'avait été qu'une passade parmi tant[1].

De toute façon, il se disait à la Cour que la suivante, en cédant à Louis, n'avait eu d'autre ambition que de prendre un peu de bon temps puisque l'occasion lui en avait été donnée – étant entendu qu'aller avec le roi, de toute évidence, était quand même plus amusant et plus gratifiant que de céder à un simple laquais. Il se rapportait, à Saint-Germain, que des Œillets ne vivait que pour une cause : consacrer sa vie à Montespan, la servir, travailler toujours, sans repos et sans faiblir, à asseoir et à conforter la réussite de la favorite. Au demeurant, la marquise ne se souciait pas que le roi fût allé avec des Œillets, tant elle était certaine que celle-ci lui était entièrement dévouée – corps et âme – et n'avait jamais désiré la remplacer auprès du Bourbon.

C'est donc avec force détails que Montespan acheva de raconter à la belle créature comment elle se plaisait à imaginer l'arrivée de Chabrière au château familial délabré, devant des parents incrédules et désemparés, au milieu des oies et des porcs qui musardaient devant

1. En 1676, des Œillets eut, sans doute née du roi, une fille. Celle-ci ne fut jamais reconnue, contrairement aux enfants de Montespan, et fut ensuite mal mariée, par l'intermédiaire de Bontemps.

une porte branlante. Des Œillets partit d'un grand éclat de rire, bientôt rejointe par la marquise.

Or celle-ci reprit vite ses esprits. Car, passé l'affaire de la Chabrière, rondement réglée, il y en avait une autre, de loin plus cruciale, à mener de toute urgence.

— Va à Paris dès que tu peux. Je n'ai plus de cette poudre, celle que tu sais et dont j'ai tant besoin… Achète une boîte, une deuxième, même, si celle-ci se trouve prête, et commandes-en une troisième. Cela vaut mieux que d'être en manque comme cela a failli arriver l'autre fois. C'est à croire que la moitié de Paris s'emploie sans relâche à chercher à empoisonner l'autre moitié.

La remarque n'émut ni ne surprit des Œillets. Celle-ci avait cependant une objection à formuler.

— La Voisin me semble faire des complications, par les temps qui courent. Depuis que vous l'avez reçue ici même à Saint-Germain et que vous avez multiplié vos commandes, elle fait son importante, se dit sans cesse débordée. Cette femme ne daigne même plus venir ici, prétextant qu'elle n'en a plus le temps. Je n'avais jamais osé vous l'avouer jusqu'à ce jour. Non contente de ne plus vouloir se déplacer, la Voisin, plus d'une fois, au cours des derniers mois, a pris un malin plaisir à me faire attendre devant sa porte, le temps qu'elle accepte de se lever, s'habille et se laisse supplier de me vendre une nouvelle fiole.

À ce récit, Montespan aurait pu s'emporter, ou contre la Voisin ou contre des Œillets, peut-être trop franche, en tant qu'annonciatrice d'une incongruité blessante. Il n'en fut rien. Car la maîtresse du roi avait trop besoin de ces poudres pour ne pas être pragmatique. La marquise s'accorda un instant de répit et, pour se délecter de sa puissance, y puiser la force nécessaire à trouver la meilleure solution possible au problème posé, laissa son regard glisser sur les meubles somptueux dont elle avait garni son appartement, presque aussi admirable que celui de la reine : chaises, consoles, chêne marqueté ou plaqué de laques venues du Japon et de Chine, lourds bronzes ciselés. Partout, de l'opulence, de la symétrie, de la dorure, d'orgueilleuses compositions de fleurs odoriférantes renouvelées chaque jour. Repue par le spectacle de sa richesse qui témoignait tant de sa réussite, la marquise reprit :

— Peu importe, après tout. Si la Voisin s'enivre trop de me rendre service, va en trouver une autre. La Bosse ou la Vigoureux, par exemple. Que ce soit rue Saint-Martin ou rue Pastourelle, il y a tant de ces femmes habiles à fabriquer en secret les philtres dont j'ai besoin. Pars sans attendre, je te prie, fais au mieux, tu sais que ma confiance t'est acquise.

Montespan observa une pause puis précisa, un drôle de sourire aux lèvres :

— Je dois administrer ce que tu sais à la personne… à la personne que tu sais aussi…

Claude des Œillets sourit à son tour. Sa maîtresse poursuivit :

— Pour faire patienter qui tu sais, je lui proposerai demain de passer un moment ici, à Saint-Germain, sur les terrasses du Château-Neuf. Le spectacle que celles-ci offrent est toujours plaisant et distrayant. Et, pour peu que les fontainiers se surpassent, l'esprit de la personne en question sera réjoui et diverti, reposé, prêt à connaître les aventures que je lui proposerai de mener dans mon lit.

Le valet indélicat qui aurait écouté cette conversation, l'oreille plaquée contre la porte, n'aurait pas compris grand-chose à cet échange. Claude des Œillets, elle, avait parfaitement saisi. Sur le point de se retirer pour exécuter les ordres de la marquise, elle avait néanmoins une dernière question à poser :

— Le roi n'a pas permis qu'Adélaïde de Chabrière emporte ses affaires, et cela fait plusieurs semaines qu'elles encombrent son ancien appartement... Que doit-on faire de ses effets, de ses parfums ?

La marquise se raidit.

— Fais tout jeter à la Seine.

Des Œillets ne broncha pas et, cette fois, allait se retirer lorsque la maîtresse du roi de France se ravisa :

— Non, attends. Ses cassettes, ses papiers, si elle en avait, retourne-les-lui de ma part.

Sa voix se fit plus sucrée ; mielleuse, la marquise sourit :

— Écris à ma place, dis-lui que je suis désolée de ce qui s'est passé, que je m'emploie à comprendre le malentendu qui a causé sa perte et que je travaille à la faire revenir à la Cour.

Savourer cette nouvelle fourberie éperonna l'imagination de Montespan. Celle-ci ajouta :

— Et les habits, donne-les aux pauvres. À présent, file à Paris.

Claude des Œillets s'en alla. Montespan décida de passer dans les cabinets où son caprice contraignait ses valets à soigner, dorloter, enrubanner singes, oiseaux colorés apportés d'Amérique et d'Afrique, moutons tenus en lisière afin qu'ils ne broutent pas les rideaux et même des souris enfermées dans des cages en forme de palais, cages elles aussi dorées, comme le reste. C'était tout de même plus amusant, songea la marquise, de jouer avec ces bêtes que de s'occuper de ses propres enfants, les bâtards qu'elle avait eus du roi et qui vivaient depuis trois ans au Château-Vieux, après que Louis XIV les eut reconnus. Ces petits personnages étaient souvent bruyants et rechignaient à veiller lorsque leur mère les voulait en représentation auprès d'elle, les gavait de caresses appuyées, de pâtisseries et de vin de champagne, afin de les fortifier[1], bref ne se laissaient pas faire comme Montespan l'aurait voulu.

Cette dernière songea de nouveau à Chabrière, réfléchit aux conséquences du dernier des ordres donnés. Apercevoir, au gré de ses visites de charité, des démunis, voire des misérables, portant, mêlés à leurs hardes, une chemise, un voile, une jupe de Chabrière réjouirait profondément l'esprit de Montespan, ravie d'avilir davantage l'exilée sans que celle-ci le sût, ce qui était encore plus piquant, accroissait le plaisir, tant faire mal, par tous les moyens, était, pour elle, une nécessité. La marquise, l'espace de quelques instants, avait tant craint que cette fille bien plus jeune qu'elle lui fût un jour une rivale… Non contente de l'avoir vaincue, Montespan s'acharnerait sur l'ombre, sur le souvenir de la gourde déchue.

1. Cette pratique n'avait rien d'exceptionnel, alors que vin et alcool complétaient souvent la pharmacopée disponible.

À Paris

Bâtisse effrayante, serrée entre des immeubles aussi décatis qu'elle, troué d'un porche qui semblait être la bouche de l'enfer, le palais du Grand Châtelet[1], érigé au XIIe siècle, cent fois aménagé et agrandi depuis, était vieux, malpropre, laid, assombri par les crimes qu'il était chargé de traquer. Ici, ce n'étaient que tourelles médiévales coiffées de poivrières surmontées de croix branlantes, passages obscurs, murailles aveugles, sombres pièces de travail et d'interrogatoire, cours encaissées, étroites fenêtres aux carreaux sertis de plomb et planchers de chêne noircis. Sans compter les geôles où croupissaient, mouraient parfois des prisonniers, les pieds dans l'eau, le ventre vide, l'esprit devenu fou à force de mauvais traitements.

Dans les cabinets étaient demeurés en place des meubles qui dataient du règne précédent, véritables monuments de bois sombre, fauteuils de tapisserie

1. Situé à peu près à l'endroit de la place actuelle du Châtelet, il fut jeté à bas en 1808. Démoli dès 1782, le Petit Châtelet, lui, se trouvait rive gauche.

aux pieds tournés, larges tables qui ressemblaient à des étals de boucher, secrétaires massifs aux abattants lourds comme des portes. Austère, le lieu convenait parfaitement à Gabriel Nicolas de La Reynie, au travail jamais achevé que celui-ci avait à y faire et, surtout, à la manière dont le policier désirait le mener. Impropre à l'amusement, le Grand Châtelet rappelait sans relâche que le monde était mauvais et qu'il fallait le rendre meilleur en traquant le crime, sans jamais faiblir ni se laisser apitoyer. Inconfortable, l'endroit était glacial en hiver ? C'était une chance : l'intelligence, qui devait sans cesse être en alerte, ne risquait pas de s'amollir quand il s'agissait de réfléchir à un dossier qui regardait un crime ou, tout simplement, de réfléchir à la meilleure façon d'assurer la sûreté des Parisiens. La lumière et l'air n'entraient que peu, par ces fenêtres à meneaux ? Là aussi, c'était heureux : ni le soleil ni les bruits de la ville ne réussissaient à troubler le raisonnement lorsque celui-ci s'employait à résoudre un cas embrouillé.

La plupart du temps, La Reynie arrivait ici tôt le matin, vêtu de drap sombre – mais richement galonné, pour tenir son rang –, l'estomac empli par du pain et un bouillon gras. Si, par extraordinaire, il avait faim, le policier pourrait toujours priser un peu de nicotiane, que d'autres appelaient tabac. En tout cas, il ne mangeait plus rien de la journée. Loin d'en être affaibli, le lieutenant de police en était plus lucide, plus perspicace, tant il avait appris à son corps à s'effacer quand l'esprit avait à travailler et à exceller. Et travailler, il le fallait : au lendemain du meurtre du soldat, ledit esprit encore habité par la vision de la meurtrière amputeuse, La Reynie savait que ce qu'il venait à l'instant d'entendre était d'une tout autre importance.

Constant avait raconté ce qu'il tenait de Fanchon. La Reynie avait l'habitude de répondre, vite, aux rapports que lui faisaient ses subordonnés. Ce fut donc avec détermination, une résolution qui n'empêchait pas une certaine affection de sourdre, que le policier du roi, les pensées déjà ordonnées, donna ses instructions à Saint-Lizier :

— Puisque, grâce à vous, nous avons obtenu un renseignement de premier ordre, battons le fer tant qu'il est chaud. Une de nos mouches[1] nous assure que la Voisin s'est rendue à la messe de ce dimanche, comme elle en a l'habitude : empoisonner, sacrifier, tuer ne l'empêche pas de fréquenter la maison de Dieu. Courez-y. Assurez-vous de cette femme et enfermez-la[2]. Vincennes me paraît le plus indiqué. Au demeurant, je vais faire prévenir le gouverneur, M. de la Ferronaye, pour qu'il se tienne prêt à accueillir une prisonnière dont le sort importe particulièrement à la justice du roi, qu'il la garde au secret en attendant que j'avise.

Saint-Lizier s'étonna que La Reynie ne lui donnât pas l'ordre de conduire la Voisin au Grand Châtelet. Mais il songea que le lieutenant de police devait avoir ses raisons et n'osa rien objecter. Le garçon admirait le lieutenant de police et discernait sans mal que celui-ci ne mesurait justement pas la bienveillance qu'il lui accordait.

Du reste, La Reynie s'expliqua, comme un père l'aurait fait avec un fils préféré, un fils qu'il s'agissait

1. Du nom donné aux informateurs des services de police puis aux espions du roi, aux XVIIe et XVIIIe siècles.

2. La Voisin fut arrêtée au sortir de l'église de sa paroisse, le dimanche 12 mars 1679, et aussitôt conduite à Vincennes.

d'éduquer et d'aider à réussir, avec bienveillance et compréhension, mais avec exigence et sans faiblesse.

— L'arrivée de la femme Voisin sera plus discrète à Vincennes qu'à Paris. Les gardiens, s'ils ont envie de se montrer bavards, y ont moins l'occasion de rencontrer des curieux. Commencez à questionner cette femme là-bas et venez me rendre compte dès que possible.

Fier d'être à l'origine d'une procédure que le roi suivrait de près, à n'en pas douter, et de devoir s'assurer en personne de la Voisin, Saint-Lizier se retira, immensément satisfait, heureux de pouvoir montrer à La Reynie que celui-ci avait, en lui, bien placé sa confiance.

Ce dernier demeura seul. Maintenant, personne n'oserait le déranger sans se faire annoncer. Et, de toute façon, il aurait refusé une audience. Le policier du roi se leva cependant, prit le soin de fermer lui-même la porte à clef, pour plus de sûreté, afin de trouver toute la sérénité dont il avait besoin afin de mieux réfléchir. Revenu à son fauteuil, La Reynie laissa enfin son esprit s'en aller là où il désirait ardemment l'envoyer. Vers un pays proche, et pourtant si inaccessible au lieutenant de police que ses policiers ne l'auraient pas reconnu à cet instant s'ils s'étaient présentés. Le personnage sûr de lui, qui restait impassible pendant qu'on torturait un accusé pour en obtenir la reine des preuves, ses aveux, qui demeurait figé au pied d'un gibet fraîchement garni, avait cédé la place à un autre être, vulnérable, qui avait ses fragilités, ses accès de tristesse et ses secrets plus ou moins avouables.

Et, au bout de quelques minutes, celui qui était chargé d'assurer la sûreté publique de la ville de Paris, capitale du royaume de France, ne pensa plus ni à la Voisin, ni à ses poisons, ni à aucun autre criminel. Il songea aux lettres qu'il avait envoyées au-delà des Alpes et qui lui étaient revenues, intactes, toujours cachetées mais chargées du mépris avec lequel elles avaient été retournées, insupportable fin de non-recevoir, de rejet absolu. Et l'homme qui contemplait sans s'émouvoir les malheureux assassinés au détour d'une ruelle, la nuit venue, pourchassait les assassins sans mollir, les attrapait et les interrogeait afin qu'ils dénonçassent leurs complices en fuite, les faisait condamner, les voyait monter à l'échafaud ou au bûcher, assistait sans broncher à leur supplice, commença à pleurer doucement. En homme de devoir, il s'en fit le reproche mais dut cependant attendre que sa peine s'épuise avant de retrouver sa dignité.

Parce qu'il avait besoin d'espérer, La Reynie s'efforça dès lors de penser à Saint-Lizier et aux succès qui attendaient le jeune homme. S'en réjouir lui fut douloureux : quoiqu'il protégeât Constant, il se connaissait trop pour ne pas mesurer qu'il aurait préféré pouvoir se féliciter de la réussite de son véritable fils. De plus, le policier du roi s'interrogeait. En accordant sa confiance à Saint-Lizier, il savait qu'il n'avait pu se tromper car son intuition ne l'avait que rarement égaré. Mais les maladresses du garçon l'étonnaient parfois un peu. Même si, sans doute, ces malhabiletés étaient moins à mettre sur le compte d'une inexpérience que sur celui d'un secret. Et ce dissimulé, il faudrait que La Reynie le découvre…

Sans compter que, depuis plusieurs jours, le policier du roi n'avait pu questionner son épouse comme il l'avait envisagé, faute de s'être de nouveau trouvé face à face avec elle. La Reynie redoutait de se disperser, donc de trahir le roi. Et, cela, il ne pouvait l'imaginer. Si tout croulait, songeait l'homme, tout au moins n'avait-il pas le droit de manquer à ses engagements. La Reynie se promit, s'obligea, même, à gagner, dès son retour au Grand Châtelet, un certain petit cabinet noir, pièce clandestine qui flanquait son bureau et dont lui seul avait la clef et dont, même, lui seul connaissait la présence, dissimulée dans l'épaisseur de la muraille médiévale. Un sanctuaire affreux, qui abritait, cachait une indescriptible barbarie. Mais dont la visite régulière était cependant nécessaire au lieutenant de police, quelle que fût la violence que La Reynie devait s'infliger pour pénétrer dans ce réduit, y rester ne fût-ce que quelques minutes, y voir ce qu'il y avait là à voir. L'homme devait se confronter à l'abomination, quoiqu'il lui en coûtât, quoique cette visite le plongeât dans la désolation, chaque fois, sans que la répétition émousse le désespoir et l'écœurement qui se saisissaient de lui, l'anéantissaient, lui auraient fait presque douter de l'existence de Dieu, en tout cas de la pitié dans le cœur de l'homme. Car c'était son devoir.

À Saint-Germain

Vêtue d'une soie bleue enrichie d'un fil d'argent, une bourse d'herbes odorantes attachée par un ruban sous chaque aisselle, Montespan appréciait pleinement cette journée : le ciel était clair, le soleil incendiait. Il semblait à la favorite que sa splendeur était ainsi célébrée. À mesure que le jour baisserait, les serviteurs allumeraient les lustres et les flambeaux, qui rendraient les bijoux de la marquise encore plus scintillants.

Des Œillets devinait aisément que Montespan se délectait de la destruction de Chabrière. Aussi ne savait-elle comment lui annoncer la nouvelle, tout juste arrivée au château, récit surprenant, inattendu, étrange, dont la révélation menaçait de troubler la félicité, le sentiment de triomphe qui habitaient la favorite. Mais celle-ci était intelligente, elle comprit le trouble de sa suivante et, transportée par la joie qu'elle éprouvait depuis la partie de mail, se montra pour une fois attentionnée, généreuse :

— Des Œillets, ma colombe, crois-tu que j'ignore ce qui s'est passé ? Après tant d'années à mon service, tu me connais bien mal. Je sais déjà tout : l'autre jour,

Chabrière a été enfournée dans un carrosse, comme une pintade assommée, a commencé son voyage et, au premier changement de chevaux, a semble-t-il berné ses gardes et s'est enfuie dans la campagne. Grand bien lui fasse. Qu'elle y reste, dans les champs. Je suis certaine que les soldats vont la retrouver tôt ou tard. Si ce n'est pas le cas, que cette fille soit mangée par les loups ou crève de faim dans un fossé ! Cela m'est bien égal. Nous en sommes débarrassées, voilà l'essentiel. Maintenant, rions, amusons-nous, car la vie n'a jamais été aussi belle.

Majestueuse, Montespan s'assit dans un fauteuil qui, quand elle y prenait place, lui était un trône. Dans l'antichambre se pressaient des quémandeurs, des solliciteuses, des flatteurs qui avaient eu l'imprudence de sourire à Chabrière lors de son éphémère faveur et qui avaient à se faire pardonner cette bévue. À Saint-Germain, on ne s'y trompait pas : c'était bien la marquise qui régnait sur le roi. C'était auprès d'elle qu'il fallait demander un avancement, une grâce du monarque. Montespan les écouterait avec patience. Et même avec attention, car elle aimait être implorée. Et ensuite, la favorite songerait au prochain sacrifice qu'elle devait accomplir pour demeurer la première, au sang qu'il allait falloir verser.

Au Grand Châtelet

Saint-Lizier hésitait entre la satisfaction – il était à l'origine d'une affaire si importante qu'elle pouvait lui valoir un avancement rapide – et la crainte – allait-il se montrer à la hauteur de ce que La Reynie lui demanderait, en l'occurrence de mener à bien l'affaire de la sorcière de la rue Beauregard ? Il fit cependant un récit détaillé et maîtrisé de ses premiers pas dans ce dossier :

— Puis, sitôt arrêtée à l'issue de la messe, la Voisin a été jetée dans un fourgon, conduite à Vincennes et emprisonnée, au secret. J'allais me retirer pour venir vous rendre compte quand elle m'a demandé l'autorisation de réciter une prière. Je lui ai accordé cette requête.

Sur ce point, La Reynie n'avait rien à dire ni à redire. Il attendait la suite du récit. Or celle-ci ne tarda pas, et fut fracassante :

— Son *Pater* achevé, sans que je lui demande rien, la sorcière a commencé à parler de la marquise de Montespan, qu'elle affirme bien connaître.

Aussitôt, Saint-Lizier crut mesurer l'effet que faisait cette révélation sur le lieutenant de police et comprit, trop tard, qu'il aurait dû commencer par là. Et fut surpris du ton inhabituellement brusque de La Reynie :

— Qu'attends-tu pour raconter davantage ?

La demande était pressante et le reproche voilé. Maudissant sa maladresse, Saint-Lizier allait répondre, mais La Reynie eut un geste bref et précis. Admonesté alors qu'il attendait des félicitations, Constant comprit : quoique la porte fût fermée et les murailles épaisses, mieux valait redoubler de prudence.

Le jeune homme s'exécuta, revint vers La Reynie et comprit, avant d'y être invité, ce qui aurait achevé de l'ébranler, qu'il devait baisser la voix :

— La Voisin se vante d'être souvent allée à Saint-Germain. Notamment chez les princes du sang, qui logent au Château-Neuf[1], mais pas seulement. Elle a beaucoup parlé de ses visites au Château-Vieux. Et des poudres qu'elle y vend à d'illustres personnages.

La Reynie ne craignit pas de parler à haute voix pour tirer les conséquences de cet exposé, dont l'énormité lui sauta à l'esprit tandis qu'il formulait son propos :

— Le Château-Neuf accueille des princes du sang et de grands personnages. Mais le Château-Vieux, lui, abrite le roi, ses plus proches parents, ses favoris – et sa favorite. Cette affaire, qui se dessine devant nous, peut être d'une importance considérable.

Constant se sentait au centre du monde. Il abonda dans le sens du lieutenant :

— Et il ne peut s'agir de la vantardise d'une empoisonneuse. Car la Voisin a fait une description

1. Le Château-Vieux existe toujours. Du pittoresque Château-Neuf de Saint-Germain, plus récent, établi au bord du coteau, il reste peu : les pavillons Henri-IV et Sully, des rampes et des murs de soutènement.

précise de l'intérieur du Château-Vieux, et même… d'un certain appartement.

Le propos était à la fois précis et flou. Une nouvelle lueur d'impatience passa dans le regard de La Reynie, abasourdi par la portée de ce qu'il entendait, ce que Saint-Lizier mesura sur-le-champ. Aussi, cette fois sans se faire prier, le jeune homme se hâta-t-il de poursuivre :

— Il s'agit du logement de la marquise de Montespan.

Le lieutenant de police ne broncha pas. En acceptant de devenir le maître de la police de Paris, La Reynie avait toujours su qu'il devrait un jour affronter l'inattendu, l'impensable, l'horreur et le très périlleux. Ce jour était arrivé. En son for intérieur, un froid glacial le gagna. Que de périls recelait cette affaire ! Pour la Cour, pour le roi, pour lui-même.

— L'avenir du royaume s'obscurcit, enchaîna-t-il après un silence, menacé par ce qui est peut-être une affaire d'État, une machine affreuse mue par de puissants, très puissants personnages. Mais nous avons la charge de lutter contre eux. Il y a là un défi à relever, quand bien même les écueils sont de taille et peut-être mortels. À tout le moins, il convient d'observer prudence, précaution et discrétion.

Ce discours sombre mais décidé enflamma Constant, qui se promettait de toujours se tenir aux côtés de La Reynie. Désireux, même, d'être couvert de nouvelles félicitations, Constant devint intarissable. Il reprit, pressé de parler, de dire le plus possible en quelques instants :

— La Voisin a évoqué des philtres, des bouillons. Mais aussi des cérémonies… et des sacrifices.

La Reynie laissa passer un nouveau silence. Une lourde charge s'abattait sur ses épaules. Femme découpée en morceaux par un mari trompé, vieillard égorgé par un fils croulant sous les dettes de jeu et qui convoite son argent, soldat rendu fou à la guerre et décidé à perpétuer, une fois revenu à la vie civile, les atrocités qu'il a vu commettre sur le front, le lieutenant de police avait tout entendu, tout vu, tout constaté. Sans parler des multiples crimes, banals, qui étaient chaque année perpétrés dans les tortueuses ruelles de Paris, sitôt la nuit tombée. Mais, cette fois, il comprenait, et Constant comme lui, qu'un drame bien plus vaste et plus abominable se dévoilait, pire que tout ce que le policier du roi avait connu.

L'ampleur du défi qui lui était soudain adressé n'effrayait pas La Reynie qui, au contraire, avait déjà mis son esprit en ordre de marche et décidé de quelle manière il allait le relever. Il saisit le bras de Saint-Lizier.

— Je me suis trompé en vous donnant mes ordres. Je dois interroger la Voisin en personne. À la lumière de ce que vous venez de me révéler, il est de mon devoir de prendre les choses en main. Allez à Vincennes sans tarder et ramenez cette empoisonneuse. Prenez garde d'observer la plus grande discrétion. Sur tout.

Saint-Lizier, qui estimait ne pas avoir démérité, se rembrunit malgré lui. Le lieutenant de police, tout d'un coup, lui retirait-il sa confiance alors qu'il avait exécuté ses ordres à la lettre, sans ménager sa peine ni commettre la moindre erreur ? La Reynie vit le visage de son subalterne se refermer, comprit sa maladresse, s'en voulut. Le temps d'une phrase, il cessa d'être le lieutenant de police du roi pour être en lieu et place une manière de tuteur, de protecteur, de père. Magnanime et généreux, il oublia, d'un trait, les gaucheries de Constant. Et, à son tour troublé, il s'efforça de se justifier, contrarié d'avoir froissé, lui qui, au contraire, souhaitait encourager et protéger Saint-Lizier, à défaut de pouvoir parrainer un véritable fils :

— Vos compétences ne sont nullement mises en cause, vous savez ce que je pense de vous, depuis longtemps. Mais tout cela regarde la sûreté du roi, son honneur, de très près. Il est de mon devoir que j'intervienne, maintenant, au premier plan. Comprenez-moi bien : je prends l'affaire en main pour vous couvrir. Quels que soient les risques que j'encours, et je les devine nombreux, pour le cas où cela tournerait mal.

L'évocation de cette éventualité et le souci sans doute réel qu'avait le policier en chef de le protéger ne consolèrent qu'à demi Constant. Mais celui-ci s'inclina néanmoins et sortit.

Demeuré seul, La Reynie réfléchit. Il pensa à Louis XIV, sûrement en train de se promener dans les jardins de Saint-Germain. À cet instant, le roi se délassait peut-être dans l'une des grottes[1] tapissées de coquillages où il aimait se divertir avec sa famille, ses enfants. Le souverain s'imaginait être le premier gentilhomme au sein d'une Cour seulement éprise de plaisirs et de fêtes. Il lui faudrait bientôt apprendre qu'au plus proche de lui étaient tapis le crime, le sordide et l'ignominie.

Avant d'aller parler au roi, La Reynie devait questionner la Voisin. Or le lieutenant de police souhaitait d'abord mettre au clair les premières révélations

1. À l'étage de la galerie dorique se trouvaient les grottes de Neptune, du Dragon et de la Demoiselle (ou des Orgues), dépourvues de leurs automates après un effondrement, survenu au début du règne de Louis XIV. À l'étage inférieur, la galerie toscane accueillait entre autres les grottes d'Hercule, d'Orphée et de Persée.

de la sorcière et ses propres idées, ce que lui inspiraient ces confessions à peine entamées et les conséquences qu'il en tirait d'ores et déjà, pour la Cour et pour la monarchie. Bref, il lui fallait jeter ces pensées sur le papier ou, plutôt, les dicter, afin d'avoir l'esprit plus libre pour réfléchir. Puisque Saint-Lizier n'était plus là, Jean Philippont sembla à La Reynie le garçon le plus indiqué pour remplir ce travail.

Sitôt appelé, le convoqué se présenta. Par souci d'efficacité, le lieutenant de police avait installé ses hommes de confiance dans des pièces, étroites et basses de plafond, près de son bureau. Là, ces gens travaillaient et dormaient, à tour de rôle, afin d'assurer une permanence à la disposition de leur chef.

À peu près du même âge que Saint-Lizier, donc jeune encore, Philippont était un homme de petite taille, râblé, qui avait le poil roux et dru, la peau blanche tachetée de brun et les yeux d'un bleu très clair. En quelques mots, le lieutenant de police le mit au courant des derniers événements, sans toutefois citer ni le nom de Montespan ni parler de son appartement. Philippont se montra à la hauteur de cet exposé et ne marqua presque aucune surprise. À peine La Reynie eut-il achevé son propos liminaire que le policier, disposé à se faire secrétaire, s'assit au bureau, prêt à saisir la plume. C'était la première fois qu'il avait à accomplir un tel travail, du moins qu'il devait rédiger une note d'une telle importance. Il en frémit, sans doute à la fois d'orgueil et de crainte.

À Paris

La fille quitta le quai, s'engagea dans la rue du Petit-Musc. Elle n'eut pas un regard, à main gauche, pour l'hôtel[1] orgueilleux qu'un magistrat fortuné venait de construire ici. Elle était déjà passée par là, savait la blancheur de la pierre taillée voici quelques années à peine et les riches ornements, aux arêtes encore vives, les fenêtres aux larges vitres, ces modernités qui lui faisaient si mal : tout cela était trop éclatant, trop joyeux, trop plein de vie, annonciateur de réjouissances et de fêtes, alors qu'elle allait vers la chute et la mort, et le savait.

Elle prit, vers le couchant, la rue Saint-Antoine. La fille connaissait encore mal Paris, mais, heureusement pour elle, depuis quelques décennies, de plus en plus de rues étaient identifiées, à leurs deux extrémités, par de belles et bonnes inscriptions taillées en lettres empâtées, qui indiquaient leur nom[2].

1. Hôtel de Fieux, de style espagnol.

2. Il reste un grand nombre de ces inscriptions, même si la rue a parfois changé de nom depuis.

Les choses avaient manqué mal tourner, songeait la passante. Pas pour sa victime – comme prévu et désiré, elle avait bien privé l'homme de ce qu'il avait de plus cher –, mais pour elle : à peine blessé, et pendant qu'elle s'y reprenait plus franchement – et taille, coupe et cisaille ! –, l'imbécile avait tant crié qu'il avait eu le temps, avant de hoqueter ses derniers râles, d'alerter un voisinage accouru en hâte. Plus futée que ces idiots, la meurtrière avait profité de la pagaille, s'était mêlée aux balourds attroupés, avait ensuite réussi à sortir de la chambre louée, gesticulant et s'écriant comme les autres, puis s'était retirée de la scène du crime, avec sur le visage l'air de celle que la moindre goutte de sang bouleverse.

La criminelle baissa les yeux : elle avait beau avoir de l'aplomb, elle préférait ne croiser aucun regard. Dans le même mouvement, la fille vérifia que sa jupe grise n'avait pas été éclaboussée. Sur ce point, tout allait bien. Elle en profita pour se caresser le ventre, d'abord avec précaution, ensuite avec davantage de hardiesse et d'attention.

Elle marcha, reprit son souffle. La meurtrière recouvrait peu à peu son calme. « Et un de plus », songeat-elle. D'avoir de nouveau tué, elle n'éprouvait aucune joie à proprement parler. Elle ressentait cependant un profond contentement, aimait à savoir qu'elle avait recommencé et en avait occis un autre. Elle savait sa besogne atroce, se jugeait féroce et impardonnable, entrevoyait, devinait sa capture prochaine. Même si elle entendait bien se défendre jusqu'à la dernière limite quand elle serait cernée, elle n'ignorait pas que sa punition était inéluctable. Peu importait. Seule sa furie la faisait vivre encore, ou plutôt le désir de se venger.

Derrière elle, les cris, le fracas s'étaient estompés avant d'être recouverts par le murmure de la ville. Elle cheminait maintenant aussi tranquillement que possible, bien que son poignet lui fît mal, ce dont elle ne s'était pas encore rendu compte. Elle s'était trop crispée en serrant le couteau, en tranchant, en entaillant. C'était certes une habitude nouvelle et une rude épreuve pour ses doigts qui n'avaient jamais eu à accomplir, jusqu'à ces derniers jours, une tâche aussi particulière, qu'il fallait de plus expédier sous peine de se faire prendre. La fille se dit que la crampe céderait avant longtemps et que, si la douleur ne partait pas, elle s'en accommoderait. Il n'empêche, elle avait dû s'y reprendre, cette fois. La lame n'était peut-être plus si effilée qu'avant. C'est qu'elle était parfois dure, cette viande-là, en tout cas ces muscles, ces nerfs, ces tendons, elle ne savait pas trop ce que c'était qui retenait cette chair au reste. La criminelle aurait certes pu acheter une autre arme chez un des marchands, si renommés, et depuis si longtemps, de la rue de la Coutellerie, non loin de Saint-Jacques-la-Boucherie. Mais la lame avec laquelle elle avait procédé jusqu'à maintenant lui convenait bien, n'était ni trop lourde ni trop petite, la fille la maniait avec adresse. Quand elle aurait pleinement recouvré son calme, la massacreuse porterait son coutelas chez un rémouleur, à moins qu'elle n'en croisât un sur son chemin. C'est qu'elle éprouvait déjà encore l'envie, encore le besoin, de recommencer. L'âme perdue de haine, elle n'en eut pas moins un éclair de lucidité, revint sur son sort. Qu'elle avait changé, et en si peu de jours, du tout au tout… Sans doute était-ce parce que son destin, si étrange, était écrit depuis longtemps, se dit la tueuse. Mais elle était déjà à l'affût de sa prochaine victime, un militaire, bien sûr. Et, si possible, bien pourvu par la nature. La prise était plus facile, donc le travail plus aisé et son résultat plus satisfaisant.

Ailleurs à Paris

L'homme à la cartère couleur de sang avait réfléchi, longtemps et intensément. Jusqu'à maintenant sans grand résultat car il avait hésité. Non parce qu'il était indécis de nature, loin de là – l'assassinat du valet du roi était là pour le prouver –, mais parce qu'il était désireux de prendre le meilleur parti. Or, aujourd'hui, tout était changé, d'un coup l'horizon n'avait pas tardé à s'illuminer, et de la manière la plus prometteuse. Parce qu'il avait de la ressource et était bien renseigné, l'assassin du valet du roi avait appris que l'obscure servante d'une obscure auberge avait fait des révélations à Saint-Lizier, que celui-ci en avait parlé à La Reynie, que ce dernier avait donné l'ordre d'arrêter la Voisin et que celle-ci avait été emprisonnée à Vincennes avant d'être encagée au Châtelet, signe d'une affaire d'importance.

L'adversaire de La Reynie avait d'ores et déjà une idée, sinon de la manière dont il allait s'y prendre pour ruiner la réputation du lieutenant de police et de son Châtelet, du moins du sujet sur lequel il allait bâtir la machination qu'il s'agissait de déclencher au plus vite. La sorcière de la Ville-Neuve-les-Gravois allait parler, se confesser, c'était une affaire entendue : ces empoisonneuses se sentaient toutes-puissantes quand elles demeuraient dans la pénombre, cachées derrière leurs cornues et leurs fourneaux. Une fois affamée, épouvantée et torturée, la Voisin n'en mènerait pas large. Bien que son sort – la mort par le bûcher – fût d'ores et déjà scellé, elle se mettrait à clabauder. L'homme au portefeuille n'était certes point La Reynie, mais il connaissait assez bien la ville. Il ne doutait pas, devinait même que, derrière la Voisin, il s'en cachait d'autres, et des prêtres dévoyés, et des officiants pervers dont la police du roi ne tarderait pas à apprendre l'existence et à connaître les noms. Bref, La Reynie tenait désormais le début d'un fil qu'il déroulerait. En devinant, en anticipant les découvertes que le lieutenant de police allait faire, c'était de ce côté-là qu'il convenait de construire, tramer, manigancer. Car anéantir le policier du roi ne suffisait pas : avant la mise à mort, il fallait affoler la bête et lui faire mal, la faire gémir d'effroi et de désespoir, ravager ses derniers jours avant qu'elle soit trop contente de mourir afin que cessent ses tourments.

Les papiers soustraits au roi n'avaient pu servir à anéantir La Reynie, songea l'homme. Mais, finalement, ce n'était pas une mauvaise chose. Car il y avait du plaisir à imaginer, à mûrir, à lentement mettre au point les rouages d'une machine infernale, à tuer en imagination son ennemi avant de le voir tomber de ses propres yeux.

Au Grand Châtelet

La précaution était inutile, absurde puisque La Reynie était le seul à posséder la clef de cette porte. Mais s'enfermer dans cette pièce abominable lui semblait nécessaire. Pour mieux mesurer, quoique cela lui coûtât, l'ignominie qu'il allait une fois de plus contempler.

Seul dans son cabinet noir, seul avec la chose, le policier de Louis XIV s'approcha d'une armoire. Le meuble, lui, était dépourvu de verrou. Celui-ci était inutile ici. La pièce était sans doute la plus secrète de tout le royaume. Même le roi ne disposait pas d'une telle cachette. Bien qu'elle fût sur le point de saisir l'atroce, le monstrueux, l'innommable, ce qui n'aurait jamais dû exister, la main de La Reynie ne tremblait pas. Tenir l'objet, savait l'homme, le regarder et imaginer ne serait-ce qu'un centième, un millième de ce à quoi le mécanisme avait servi serait de nature à ressourcer, si tant est que cela fût nécessaire, le désir de La Reynie d'accomplir au mieux sa tâche, et pour encore de longues années.

Le policier du roi saisit l'outil. Des bandes, des plaques, des lamelles de fer, finement assemblées. Une sphère, plus ou moins régulière, à peu près de la taille d'une tête. Avec tout un système de vis et d'écrous, de tiges, aussi, au nombre de deux, effilées à leur extrémité. Deux longues pièces munies d'un pas de vis, et qui pouvaient être manœuvrées, à en juger par les deux sortes de papillons dont elles étaient dotées. Des papillons, songea La Reynie. Qui s'en voulut aussitôt de cette pensée. Car rien de plus éloigné de cette machine que la grâce insouciante et légère d'un insecte virevoltant dans le soleil. Le lieutenant de police tenait entre ses mains le pire de ce que l'homme avait depuis longtemps imaginé et pris ensuite le temps de fabriquer, un objet, à la fois geôle et mécanisme dont les fers, s'ils avaient pu se souvenir et parler, auraient alors raconté des pleurs, suivis de supplications et de cris, puis de râles.

Et c'était bien la contemplation régulière de cette horreur qui, si par extraordinaire, il sentait fléchir son ardeur de bien faire, ordonnait à La Reynie, par-delà le désir puissant qu'il avait de sortir du cabinet sombre sitôt après y être entré, de faire détruire le casque pour ne plus jamais le voir, de ne jamais faiblir, de continuer à œuvrer pour faire régner la paix dans Paris. Plus encore que les conseils, les avis de sa chère épouse, l'obstinée et persuasive Antoinette, si disponible, si peu décevante.

3

13 MARS 1679

À Saint-Germain

Blanc d'effroi, l'enfant demeurait coi. Le souffle court, il attendait, redoutait. Tapie dans la pénombre, à plusieurs pas de l'entrée, la créature couronnée de feuilles était restée jusque-là immobile. Il y eut un bruit, proche du grincement. Perclus, l'être de métal avait-il décidé de sortir de la grotte ? Dans des branches aux ramages inquiétants, les oiseaux ne s'en effrayèrent pas, perchés dans les arbres qui formaient comme un dais, ils se mirent même à gazouiller, les uns à l'unisson, les autres chantant leur propre partie. Cette fois sortie tout de bon de sa torpeur, la créature à la tête feuillue commença à se mouvoir. Aussitôt, abandonnant elles aussi leur immobilité, s'agitèrent d'autres bêtes, des singes, semblait-il, des hiboux. Et là, étaient-ce des tigres ou des lions ? Terrorisé, le garçonnet n'eut pas le temps de s'interroger davantage. En un instant, la grotte fut tout entière emplie d'un vacarme, le grondement des eaux déversées se mêlant aux piaillements des créatures de métal, aux grincements, aux ahanements de monstres sortis de l'engourdissement.

Les arbres eux-mêmes se penchaient d'avant en arrière, saluaient de leurs branches baissées. Et ces autres figures, ces demoiselles dont le corps formait des colonnes, leur sourire n'était-il pas feint et destiné à endormir la méfiance pour mieux tromper ? Tout cela était de la duperie, de la méchanceté faite pour épouvanter les gens, remarqua l'enfant, c'était terrifiant. Il éclata en sanglots. Les oiseaux ne le protégeraient pas : la créature de cuivre allait fondre sur lui, le manger tout cru. Il cherchait à se cacher dans les amples jupes de la femme qui l'accompagnait : une parente, sa mère, sans doute ? Le garçon se tortillait. Mais, tout à côté, un homme terrible riait, le tirait à lui, s'esclaffait. La femme protesta, une nouvelle fois.

— Sire, il a peur, c'est mal de le traiter ainsi. Ce soir, il ne pourra s'endormir.

L'homme – le roi – riait, taquinait encore le garçonnet. Celui-ci pleurait toujours et, même, de plus en plus fort. Aussi Louis XIV finit-il par se rendre aux arguments de la femme, lâcha le petit qui enfouit son visage dans l'ample habit de sa protectrice – sa gouvernante, Maintenon, belle dame aux manières simples et nobles, le geste assuré, le regard toujours un peu rieur et la bouche charnue.

— Votre Majesté m'a confié voici déjà plusieurs années le soin d'élever ce pauvre enfant, ainsi que ses frères et sœurs. C'est sans doute parce que, Sire, vous me faisiez confiance et vous en remettiez à moi pour leur éducation.

— Et je me félicite chaque jour de ce choix, assura Louis XIV, qui commençait à comprendre qu'il avait malmené les nerfs du garçonnet et voulait se faire pardonner, mais sans trop le reconnaître, ne sachant ni ne voulant admettre qu'il avait mal agi.

Maintenon ne s'en laissa pas conter.

— J'avais au préalable prévenu Votre Majesté que j'estimais cette visite dangereuse pour les nerfs du comte de Vexin[1], qui a une constitution déjà fragile. Je regrette de ne pas avoir été entendue.

Louis XIV se figea. Il n'avait pas l'habitude d'être morigéné : Mazarin et la reine mère disparus, personne ne s'élevait plus contre ses volontés. Il dut prendre sur lui pour ne pas se mettre en colère, car il ne voulait pas se donner en spectacle au milieu de ses courtisans, lui qui souhaitait faire oublier autant que possible qu'il était un simple mortel. Le roi alla sur le côté, désireux de regarder de plus près une paroi couverte de coquillages incrustés, de reliefs de stuc et de mosaïque, bien qu'il connût par cœur le moindre recoin de ces grottes fabuleuses, à force d'y être allé. Contraint, donc, d'étouffer une irritation naissante, le Bourbon hésita, puis réfléchit et, peu à peu, laissa un sentiment nouveau prendre le dessus. Maintenon avait raison, devait-il admettre. Il n'aurait pas dû agir ainsi avec Vexin. Et il le reconnut du reste, enfin, et à haute voix, pour montrer que le roi de France savait écouter et tenir compte, parfois.

— Vous êtes la plus avisée. J'aurais dû être plus sage et me souvenir que mon père, le roi Louis XIII, quand il était enfant, concevait une terreur particulière quand on le menait dans ces grottes avec mon grand-père, le roi Henri IV. Je l'avais oublié, mais, grâce à vous, heureusement, je m'en souviens

1. Avec le duc du Maine et le comte de Toulouse, le comte de Vexin fut l'un des trois fils doublement adultérins (le roi et la marquise étaient chacun mariés de leur côté) que Montespan donna au roi.

maintenant[1]. C'est bon, partez avec l'enfant, je vous rejoindrai dans un moment.

Maintenon ne se fit pas prier. Portant à demi le petit Vexin, à peine soulagé tant il avait cru sa dernière heure venue, elle regagna au plus vite l'air libre. Louis XIV, demeuré avec les courtisans tout étonnés du discours franc et sans ambages de la gouvernante des bâtards du roi, s'amusa encore à regarder le personnage de métal pincer sa lyre. À la fois pour se donner une contenance et ne pas perdre la face, et aussi parce que, décidément, ce spectacle lui plaisait, depuis l'enfance. Il semblait bien, à la vérité, que les automates avaient perdu de leur superbe, qu'ils se mouvaient moins aisément que du temps du roi Henri IV qui les avait installés là. L'usure ? Peu importait. L'émerveillement était toujours suscité, pensait le roi, dès que les fontainiers faisaient jouer les eaux, cachés dans les caves annexes.

Enfin, Louis XIV sortit à son tour de la grotte d'Orphée. Il rejoignit Maintenon, Vexin et leurs valets. Établi sur le coteau, à faible distance du Château-Vieux où habitaient le roi et l'essentiel de la Cour, le Château-Neuf, lui, était plus récent puisqu'il avait été bâti par Henri II et agrandi par Henri IV, le créateur des fameuses grottes à machineries où, décidément, de jeunes princes s'amusaient moins qu'ils n'y éprouvaient de la panique. Louis XIV jeta un bref regard à Vexin. Il aurait tant aimé que le garçonnet fût vaillant, le cœur intrépide et en

1. Le futur Louis XIII, terrorisé quand on le menait enfant dans ces grottes artificielles, peuplées d'automates, aurait eu pour habitude de demander qu'« on lui remît les clefs par crainte qu'on ne l'enfermât ».

bonne santé. Or l'enfant était peureux et quasi bossu. Constatant cela, Louis XIV se trouvait face à un mystère. Comment pouvait-il avoir un tel fils, si décevant, lui qui avait pour emblème le soleil et avait jadis dansé à la perfection, à en couper le souffle, le dos droit ? Sans compter le dauphin, qui décevait lui aussi son père, tant il semblait comprendre avec lenteur, après avoir mis un temps infini à apprendre à écrire[1]. Mais le Bourbon ne pouvait plus longtemps s'abandonner à ces considérations mélancoliques et agaçantes. Il devait paraître, comme à l'accoutumée. Afin de montrer que Vexin attirait toute sa tendresse de père, il gratifia le garçon d'une caresse sur la joue. L'enfant grimaça, mais le roi n'y prêta pas attention. Il se tourna vers Maintenon :

— Faisons quelques pas. Allons jusqu'à la terrasse suivante. J'en aime les charmilles.

Le monarque releva la tête, regarda vers l'est, vers Paris, laissa son regard courir sur les perspectives que traçaient les routes dessinées par son grand-père Henri IV de l'autre côté de la Seine. Louis XIV pouvait rêver que ces voies interminables formant une patte-d'oie convergeaient vers sa personne, faisaient de lui le centre de l'univers.

Le monarque effleura le bras de l'enfant :

— De l'autre palier de gazon, Vexin apercevra les bateaux allant sur la Seine, cela le distraira, je l'espère, lui fera oublier ce qui vient de l'effrayer.

Bien qu'il fût taquin, Louis XIV avait la fibre paternelle. Vexin était bâtard, mais il était avant tout de son sang, donc fils d'un demi-dieu. Et le Bourbon voulait

1. Le Grand Dauphin (ainsi surnommé au XVIIIe siècle) souffrait sans doute de dyslexie.

donner au jeune comte davantage d'assurance, bien lui faire comprendre que son père était le roi de France.

Le garçonnet eut un regard biaisé, car il ignorait si cette proposition cachait un nouveau piège. Or il n'en était rien. Louis XIV était sincère, il souhaitait que son fils se divertît maintenant un peu. Et il éprouvait le désir, le besoin de poursuivre sa promenade dans les jardins de Saint-Germain, en compagnie de Maintenon, solide femme.

Les lèvres pincées, le regard distant, celle-ci acquiesça. Mais, déterminée, elle prit la main du petit Vexin. Celui-ci, cette fois, se sentait en confiance. Le roi fit quelques pas, flanqué de la gouvernante. Les courtisans les suivaient, les entouraient, comme de coutume. Louis XIV ne pouvait s'en agacer, lui qui, au contraire, œuvrait depuis qu'il était roi à séduire les membres de la Cour, à les retenir auprès de lui, à les contraindre à l'admirer et à quémander ses faveurs, pour les empêcher de se mêler des affaires publiques. Cette fois, pourtant, le souverain avait besoin d'un peu d'intimité, quelques instants suffiraient. Il descendit une volée de marches, s'avança au milieu d'une nouvelle terrasse, pivota sur ses hauts talons rouges, s'engouffra dans une étroite allée dessinée entre deux parterres de gazon. Là, seuls le Bourbon et Mme de Maintenon pouvaient avancer de front.

S'abritant à demi sous son chapeau emplumé, le roi murmura quelques mots à l'oreille de la gouvernante. De nouveau méfiant, le jeune Vexin se demandait si l'on n'était pas en train de le conduire jusque dans une autre grotte : par ici, les jardins de Saint-Germain étaient truffés de ces cavernes, de véritables enfers, pensa le jeune bossu. Serait-il donc toujours trompé, condamné à être la victime de son père, qui jouait avec lui comme avec un animal, sans jamais rien lui dire de tendre ou d'humain ? Vexin était petit en taille et en âge, ne savait comment se défendre et, impuissant, s'en désola dans le secret de son cœur.

À Paris

La Reynie en avait vu, connu et entendu d'autres. Mais régnait ici une odeur atroce, qui mêlait celle de la peur, celles de la saleté, de l'humidité. Il gardait à la main un mouchoir abondamment parfumé, y fourrait le nez dès qu'il en avait besoin.

Au-dessus de la cheminée, d'antiques têtes de gorgone suivaient la scène avec intérêt : la sorcière était coriace, elle donnait du fil à retordre au policier. De nouveau il y eut ce bruit ample et sourd, qui résonna sous les voûtes. Dans un premier temps, l'empoisonneuse avait certes parlé à Saint-Lizier, sous l'effet de la stupéfaction due à son arrestation soudaine, et peut-être aussi parce que Vincennes, en dépit de ses hautes murailles, possédait un air de campagne, entouré de bois tranquilles, qui empêchait de s'affoler.

— Entends-tu, femme Voisin ?

Dès son arrivée au Châtelet, l'empoisonneuse s'était tue, terrorisée par la pénombre régnant dans les caves où on l'interrogeait, la pâleur inquiétante des chandelles palpitantes, la vue des ferrailles menaçantes qui, accrochées à même le mur, attendaient de la torturer. Tassée sur un étroit banc de bois qui peinait à supporter son poids, la Voisin avait un visage à la fois commun et désagréable, bonhomme et joufflu, un menton fuyant, un regard insaisissable. La sorcière avait la mine rebutée de celle qui a tout perdu, le sait, n'attend plus rien et s'en moque, résignée.

Or La Reynie avait de l'expérience. À peine avait-il vu tout à l'heure la Voisin qu'il avait saisi que celle-ci, terrorisée, aspirait plus que tout à ne pas l'être davantage. Le policier savait la femme coupable, savait aussi que la misérable avait commis bien plus de crimes qu'elle n'en avait avoué et n'en avouerait jamais s'il ne forçait pas un peu le destin. Ce qui acheva de balayer les scrupules qui s'étaient présentés à lui en même temps que la volonté de tirer parti de la situation.

— Ces bruits profonds, recommença La Reynie d'une voix calme, ces cognements étouffés qui nous arrivent par ces ouvertures que tu vois, dans le mur, des heurts comme ceux que feraient des pièces de viande jetées sur la dalle d'une boucherie, les entends-tu ? Tu te demandes ce que c'est, n'est-ce pas ?

Ridée, épuisée, misérable, la femme mise à la question ressemblait vaguement à une grand-tante que le lieutenant de police avait jadis connue. Cette parenté, du reste, tenait moins aux traits de la torturée qu'à certaines de ses expressions. Quoi qu'il en soit, La Reynie constatait avec plaisir, mais sans surprise, que ce fait ne le troublait en rien, ne suscitait en lui pas le moindre commencement de pitié ni même d'hésitation. Il avait devant lui une criminelle, qu'il s'agissait de châtier et de faire parler tout à la fois.

Le policier du roi n'aimait pas particulièrement faire le mal, terroriser sans raison. Mais il avait de la pratique et aimait obtenir ce qu'il cherchait. Pour questionner la Voisin, il avait choisi l'une des pièces les plus terrifiantes du Grand Châtelet. La salle dite des Derniers Aveux, par laquelle il fallait passer pour se rendre dans les fosses où moisissaient les criminels les plus endurcis avant que les mauvais traitements ne les tuent, des mouroirs qui avaient pour nom les fosses de la Barbarie, des Chaînes et du Puits.

— Ce que tu entends, reprit La Reynie, je te le dis devant Dieu, ce sont des cadavres qui sont déposés, bousculés et emportés, c'est le travail des hospitalières de Sainte-Catherine. Et tu sais ce qu'elles font, ces femmes dévouées entre toutes ? Elles manipulent, transportent, reposent, lavent, recoiffent et vêtent, s'ils ont été trouvés nus, les morts découverts sur la voie publique – que ce soient des truands assassinés par d'autres gredins ou des bourgeois trop tard aventurés dans une rue mal famée –, avant que leurs proches ne viennent les identifier si cela est possible et qu'on ne les porte ensuite en terre.

La Reynie se tut. De nouveau, il y eut les bruits sourds. Il ne regarda pas la sorcière, afin de la laisser face à elle-même, et reprit :

— Toi, personne ne s'occupera de ta dépouille. Tu seras brûlée vive, tes cendres seront jetées au vent, ce qui restera de tes os porté au charnier des Saints-Innocents.

Le policier du roi avait prononcé peu de mots, mais les avait pesés avec soin. Ces paroles terribles avaient vite trouvé leur chemin. Et la Voisin sortit enfin de l'état de torpeur où elle était demeurée plongée depuis son arrivée au Châtelet.

Vendeuse et pourvoyeuse de poisons, détentrice de maintes recettes fatales, la sorcière avait de nombreuses morts sur la conscience. Mais elle se contentait de vendre des poudres mortelles et des venins à des assassins, elle n'avait jamais vu ses victimes. Elle n'avait même jusqu'à présent vécu, pour l'essentiel, qu'à l'abri de sa boutique et de la souillarde qui cachait son alambic. Tuer par tisane, cataplasme ou pilule interposés ne l'avait jamais incitée à penser à sa propre mort. Se rendre à Saint-Germain, fréquenter de grandes dames avait fini par lui faire croire qu'elle était intouchable, invulnérable, hors d'atteinte de la justice du roi. Pour les mêmes raisons, son arrestation lui avait paru irréelle.

Le savoir-faire, la détermination froide de La Reynie, le ton avec lequel il lui parlait, ces mots choisis, soulignés par ces sons mats, à l'effet amplifié par les menaces ou plutôt les prédictions du lieutenant de police, achevaient de dessiller la Voisin, soudain devenue lucide quant au sort qui l'attendait. Cependant incapable d'imaginer la moindre stratégie qui eût pu la sauver, elle se fit fillette désireuse qu'on lui pardonnât une sottise, prête à tout dire, tout admettre, tout concéder, à se faire la plus gentille et docile possible :

— Je dirai tout ce que je sais. Grâce ! Jésus, Marie, Joseph, je ne veux pas mourir…

La Reynie savait que la sorcière était maintenant une pâte molle dont il ferait ce qu'il voudrait. Par calcul, il choisit de lui faire entrevoir un mince réconfort :

— Tu mourras, je n'y peux rien. Mais tu sais qu'un bourreau peut étrangler discrètement un condamné afin de lui épargner les souffrances du bûcher, du moins s'il en a reçu l'ordre auparavant…

La femme remua, gigota de plus belle.

— Oui, c'est cela, il faudra parler au bourreau, lui dire d'être gentil avec moi, je ne suis pas si méchante. Je vais tout révéler, par pitié…

L'esprit humain était étrange, songea La Reynie, sans rien laisser paraître de sa satisfaction. La Voisin n'était pas sotte. Arrêtée, enfermée à Vincennes, questionnée là-bas puis amenée et de nouveau interrogée ici, elle avait eu l'occasion de se faire à l'idée qu'elle allait être condamnée à mort. Et, pourtant, il avait fallu que le lieutenant de police stimulât son imagination pour que l'empoisonneuse mesure, enfin, qu'elle allait périr, et de manière atroce. Et c'était cette prise de conscience, se dit La Reynie, qui affolait soudain la Voisin, affûtait son intelligence et libérait sa parole. La sorcière ne pouvait, ne voulait plus s'arrêter :

— Je sais beaucoup de choses, je sais même tout, et je peux vous en dire, vous en révéler beaucoup ! Je suis déjà allée à Saint-Germain, au Château-Neuf…

La Reynie balança. Cela, il le savait fort bien. Devait-il brusquer l'empoisonneuse, afin qu'elle déroulât plus vite le fil de ce qu'elle entendait lui révéler, au risque de tarir brusquement ce flot, si la Voisin en prenait ombrage ? Or cette hésitation était inutile, la femme comptait se livrer :

— Là-bas, j'ai vu, j'ai rencontré… J'avais rendez-vous avec Mlle des Œillets, et de manière régulière. À plusieurs reprises, elle m'a conduite dans le petit appartement de Mme de Montespan. Il faut me croire. Regardez : je peux vous décrire ce qu'on voit chez l'amie du roi, ses tableaux, les bêtes apprivoisées qu'elle y garde dans des cages, les souris, les singes, la rocaille toute ruisselante d'eau qu'elle a voulu installer chez elle… Le placard où la marquise serre les fioles, les bocaux que je lui apportais sous mes jupes. Ah, c'est qu'il lui en fallait, des tisanes et des racines ! Sans compter les grenouilles, les fourmis, les prunes séchées, la limaille de fer et les feuilles de tabac, depuis peu très prisées par nous autres, les marchandes de la Ville-Neuve. J'avais du mal à fournir tant elle avait d'exigences, Montespan. Mais il n'y avait pas qu'elle, ah, ça non ! Voilà des années que Mme de Vivonne me prie de lui faire acheter certaines herbes en Normandie, et j'ai aussi souvent servi la comtesse de Soissons, et sa sœur, la comtesse de Bouillon[1]. Un jour…

À cet instant, la Voisin se tut, sans que le chef des policiers pût deviner si elle butait sur la manière de dire les choses ou allait en revenir au mutisme tant redouté. La Reynie songea qu'il valait mieux que la sorcière mît de l'ordre dans sa tête encombrée de terreurs avant de passer aux aveux et de dire tout à la suite au cas où, pour une raison ou une autre, elle se refermerait comme une huître. Le pari était risqué car, en voulant trop attraper, La Reynie risquait de tout perdre. Et le policier jeta son esprit de persuasion dans la bataille.

— Malheureuse, avant de poursuivre, ne crois-tu pas qu'il est préférable de parler avec un homme de Dieu ? Il t'aidera à aller au plus loin de ton âme, à te persuader de ne plus rien cacher à la justice du roi.

Sidérée, la Voisin considéra La Reynie. Elle se signa.

1. Vivonne était la belle-sœur de Mme de Montespan, les deux autres, nièces de Mazarin. Toutes trois furent plus ou moins mises en cause dans l'affaire des Poisons.

— Oui, un prêtre, j'avoue, je me repends, je veux me confesser, tout lui dire une première fois afin de mieux vous parler, ensuite…

Le policier du roi se retira, se dirigea vers la salle de la morgue[1]. Là, il demanderait à Philippont de cesser de déplacer, soulever et laisser retomber de lourds sacs de gravats pour faire penser à un transport de cadavres, comme il l'avait fait croire à la femme. Il ne servait à rien de perpétuer la mystification. La sorcière était tombée dans le piège, elle avait commencé à parler et, quand le religieux mandaté aurait achevé de la convaincre de ne rien cacher, poursuivrait dans cette voie.

Qu'il ait menti n'incitait pas La Reynie à éprouver la moindre honte, la moindre gêne, loin de là. Le maître du Grand Châtelet était certain d'avoir agi pour le mieux, sans avoir jamais attenté à la morale : la fin justifiait les moyens, d'autant que le péril était grand. Sa conscience le conduisait même à se féliciter d'avoir trompé et joué sur la peur de la mort qu'éprouvait la prisonnière. Il avait pris Dieu à témoin ? Celui-ci l'absoudrait, lui avait déjà pardonné puisqu'il s'agissait de confondre une sorcière mille fois coupable et, par-delà, de protéger le royaume et ses habitants.

Demain, quand la Voisin aurait tout dit, le lieutenant de police se rendrait à Saint-Germain. D'ici là, il avait de longues heures de travail devant lui : il devait ordonner ses pensées, compléter le mémoire mis au propre par Philippont, savoir de quelle manière il présenterait l'histoire à Louis XIV et, surtout, ce qu'il

1. C'est au Grand Châtelet que le terme « morgue », qui désignait à l'origine le visage, prit son sens actuel, celui d'un lieu où l'on dépose les cadavres afin de les authentifier ou de les disséquer.

lui proposerait afin de régler au mieux l'affaire qui menaçait d'ores et déjà de faire trembler le royaume sur ses bases, puisqu'il était question d'accuser la maîtresse du roi, la véritable reine de France, d'être une meurtrière, une empoisonneuse.

Sans compter tous ces incidents qui se multipliaient à Paris, et même dans les provinces, comme à Toulouse, voici peu de temps. De plus en plus nombreuses, de plus en plus effrontées, les dames de la meilleure société prétendaient entrer dans les églises les bras nus et sans se couvrir le haut de la gorge. Il faudrait que le lieutenant de police proposât au roi de prendre une ordonnance pour sanctionner ces comportements irrévérencieux. Pour l'instant, à défaut d'un tel texte, ces débauchées ne risquaient pas grand-chose, si ce n'était, songea La Reynie, de provoquer l'ébahissement justement réprobateur des honnêtes gens[1]. Vraiment, pensa le policier du roi, le royaume allait bien mal, l'impiété le disputait à l'immoralité. De tous côtés, il avait à veiller, à réfléchir, à sévir. Et était certain qu'un autre que lui aurait abandonné sa charge en chemin ou en aurait perdu la raison. Or, lui, fort des exhortations, des conseils appuyés de son épouse, il se sentait en mesure de tout mener de front. Du moins quand il ne songeait ni à Rome ni même à l'Italie…

La Reynie était sur le point de se retirer lorsque, soudain, la Voisin reprit ses vociférations. Son cri résonna sous les voûtes du Châtelet :

1. À ce propos, l'ecclésiastique Jacques Boileau, frère du poète, écrit : «[Il] y en a qui, par une témérité effroyable, viennent insulter à Jésus-Christ jusqu'au pied des autels. […] Les tribunaux mêmes de la pénitence, qui devraient être arrosés des larmes de ces femmes mondaines, sont profanés par leur nudité […]. »

— Par pitié, pas le bûcher !

Huissiers, gardes l'entendirent tous. Mais nul n'y fit vraiment attention, tant cette supplique ici commune, comme le savaient ces hommes revenus de tout, ne changerait pas un sort déjà écrit. De son côté, sans attendre qu'arrive un prêtre, la sorcière paraissait grelotter de remords, pleinement consciente, après de si longues années et de si nombreuses vilenies, de l'horreur de ses méfaits.

— Faut pas aller dans le cimetière des Saints-Innocents… il est trop surveillé, trop entouré de maisons, trop proche des Halles… de ses marchands et de ses étals, pour qu'on y soit jamais tranquille… ! Même au beau milieu de la nuit, quand on a à y violer les tombes.

Devenue à moitié folle d'angoisse, la femme parlait toute seule, de manière désordonnée, revenant parfois en arrière dans le fil de son propos, paraissant revivre ce qu'elle avait commis, les pires abominations :

— Pas les Innocents ! Pour trouver une sépulture récente, en desceller la dalle sans se faire voir, remonter le cercueil, l'ouvrir et en sortir le corps à profaner, il faut une autre nécropole, établie par-delà les boulevards, à l'abri des regards… Pareil pour les hosties à souiller, les mieux, c'est celles de la Sainte-Chapelle ou de Notre-Dame, ce sont les plus prisées, celles qui ont le plus de prix, aux yeux du diable. Mais s'en emparer est difficile. Pour moi, c'est fini, je le sais. Mais faut aussi arrêter les autres ! À commencer par Mme de Dreux… C'est vrai, c'est moi qui lui ai donné la poudre qui a rendu si malade son mari, ses deux amants et Mme de Richelieu, dont elle convoitait l'époux, pour en faire le sien… Je l'avoue aussi !

Et la Voisin partit d'un grand éclat de rire, mêlé de cris d'effroi. La Reynie demeurait coi. Rien ne pouvait arrêter la femme, à demi étranglée dans son ricanement :

— Mais j'ai jamais donné de la drogue pour tuer des enfants. Ça non !

Il y eut un silence. Dans un accès de sincérité, la criminelle ajouta :

— C'est pas moi qui en fais des anges, de ces petits, je le jure. Ou alors, c'est sans le savoir…

La Reynie avait attendu ses révélations. Il comprit qu'il allait devoir rester encore longtemps dans cette geôle, à voir et à entendre l'ignominie. Il y était prêt. Aurait-il un instant flanché, l'image du casque de fer et les recommandations de sa femme étaient là, qui lui dictaient de ne pas faiblir. Il ne faiblirait pas. Il ne faiblirait jamais. Et, déjà, il organisait la suite de la procédure. La Voisin ne devait pas mourir, pas maintenant, pas avant qu'elle ait révélé tout ce qu'elle savait. Il fallait, songeait le lieutenant de police, soigner les blessures apparues lors de la torture, avec un baume ou de l'esprit-de-vin pour que l'infection ne s'y mît pas.

Au Château-Vieux de Saint-Germain

Bien loin des hurlements et des épouvantes du Châtelet, ici, tout était plaisirs, luxe et volupté. La matinée bien avancée, le soleil haut. Or, Montespan ne s'était pas levée pour se tenir auprès du roi ni même aller à la messe. Claude des Œillets tira le rideau du lit où sa maîtresse paressait en chemise et bonnet. Elle était intelligente. D'emblée, elle sut que, cette nuit encore, Louis XIV avait rejoint la marquise. Quels que fussent ses sentiments – le roi avait été et était toujours son amant, parfois –, elle n'en laissa rien paraître. Au demeurant, la jeune fille devait annoncer un événement imprévu, une contrariété que la marquise devait apprendre au plus vite. Elle jeta un œil derrière pour vérifier que la porte de la chambre était bien fermée :

— La marchande de la rue Beauregard. Elle a été arrêtée, d'abord conduite à Vincennes, puis ramenée à Paris et interrogée au Grand Châtelet.

La marquise était à demi éveillée, il lui fallut un moment, certes court, pour comprendre, mesurer l'ampleur du désastre annoncé et s'en prendre à sa suivante.

— La Voisin ? Tu parles d'elle ? Mais pourquoi ne dis-tu pas son nom ?

Agacée, Montespan rejeta couvertures et courtepointes. Claude des Œillets, qui s'était crue efficace et entendait se montrer plus que jamais prudente, fut d'autant plus affectée d'essuyer une réprimande. D'autant que la marquise, maintenant tout à fait réveillée, continuait à la morigéner :

— Bête de somme, depuis quand le sais-tu ?

— Un garçon au service de la femme Voisin me l'a appris tout à l'heure, un de ceux qui portaient nos achats lorsqu'il n'y avait pas moyen de faire autrement.

— Il fallait me réveiller, me le dire sur-le-champ ! Avec cette annonce, tout est changé, et même bouleversé. Tu ne comprends donc pas ce que cela peut entraîner ?

— Madame était fatiguée, elle m'avait dit de ne pas la déranger puisque, aujourd'hui que le roi se rend à Versailles pour surveiller les travaux de la galerie[1], Madame est libre de son temps.

À ces mots, des Œillets croyait recouvrer la faveur de sa maîtresse, montrer qu'elle avait de l'à-propos. Or Montespan continua de la rabrouer :

— Dépêche-toi, frotte-moi, passe-moi l'Eau couronnée, la pâte aux amandes douces, afin que je me nettoie les mains ! Appelle les femmes de chambre, préviens les écuries, je dois aller à Paris. Toi, tu restes ici et tu tâches d'en savoir davantage sur cette affaire, d'apprendre si le roi en a eu vent de son côté. Pour le moment, coiffe-moi comme tu peux. Hâte-toi !

1. La galerie des Glaces, aménagée sur une ancienne terrasse, dont le sol laissait passer l'eau de pluie en cette année 1679.

Affligée d'être grondée alors qu'elle pensait servir au mieux la marquise, des Œillets se dépêcha d'obéir, le souffle court, les larmes aux yeux.

— Donne-moi du citron, que je me lave la bouche.

— Il y a aussi… Les sous-gouvernantes sont là, dans l'antichambre. Maine, Vexin et Toulouse, Nantes et leurs sœurs, qui attendent de présenter leurs respects filiaux à Madame la marquise.

Occupée à changer de chemise après que des Œillets l'eut frictionnée de lourds parfums, Montespan plissa les yeux. C'était bien le moment que cette marmaille vînt la déranger… Certes, ces enfants qu'elle avait su donner au roi avec une régularité d'horloge, et sans que sa santé s'en trouvât altérée, asseyaient sa puissance auprès de Louis XIV et à la Cour. Ils disaient aussi sa prodigieuse fécondité, son savoir-faire en la matière, alors que la reine n'avait donné au royaume qu'un seul enfant viable. Et, de plus, ces petits bâtards avaient eu la bonne idée d'être légitimés par leur illustre père, ce qui ne gâtait rien, affermissait au contraire la puissance de Montespan, faisait de son ventre le centre du plaisir du roi, donc celui de son pouvoir. Mais enfin, rageait la marquise, que ces jeunes baveux vinssent l'importuner tôt le matin, alors qu'elle avait tant à faire, à cette heure si grave, c'était insupportable. Elle eut un geste agacé, renversa quelques boîtes d'onguent, des flacons de parfum entêtant, regarda à la fois les femmes de chambre et Claude des Œillets :

— Ne les fais pas entrer, je n'ai pas le temps de recevoir, d'entendre leurs minauderies. Qu'on les renvoie dans leur appartement.

Dans un miroir, la marquise accrocha le regard de sa suivante, crut y lire un reproche et voulut se montrer plus tendre, plus aimable. Donc, au prix d'un grand effort, elle ajouta :

— Non, conduis-les plutôt aux cuisines, gave-les de confiture, de crème, de sirop, de ce que tu voudras, fais-leur boire autant de vin et de liqueur qu'ils voudront. Cela les distraira. Mais, surtout, n'en dis rien à leur gouvernante : Mme de Maintenon a des idées absurdes pour ce qui regarde l'éducation des enfants du roi, elle n'aime pas que je les laisse s'enivrer, alors que, ce faisant, ils s'amusent et m'amusent tant…

Un instant, le visage de la marquise s'assombrit. Parler de Maintenon lui coûtait, sans qu'elle sût dire pourquoi car la gouvernante s'acquittait plutôt bien de sa mission et savait le plus clair du temps demeurer dans l'ombre à laquelle sa fonction la destinait. Il n'empêche, songer à Maintenon agaça Montespan. Celle-ci devait passer ses nerfs sur autrui :

— Et si l'envie t'en prend, des Œillets, buvote un peu de vin toi aussi. Ton esprit est si sot et si lent aujourd'hui que cela ne risque pas de l'amoindrir, fille hébétée.

Satisfaite d'avoir donné libre cours à une colère teintée de mépris, la favorite quitta sa table de toilette, dans un tourbillon de parfums et de rubans. Il n'y avait plus une minute à perdre, elle devait se rendre à Paris.

À Paris

Constant versa un peu de l'eau du broc dans un gobelet, qu'il vida d'un trait. Ce qui restait lui suffit à faire, dans une cuvette de terre, une toilette rapide, tout au moins du visage et des poignets. À présent, le pot était presque vide. Le garçon n'aurait pas le temps, aujourd'hui, d'aller à la fontaine établie devant l'église des Jésuites, à l'emplacement de l'ancien cimetière des Anglais, il demanderait à un porteur de le ravitailler, une ou deux pintes lui suffiraient pour aller jusqu'à la fin de la semaine[1].

Saint-Lizier avait l'humeur maussade, ce matin-là. La Voisin était certes de nouveau apparue dans sa vie. Mais, par la même occasion, le jeune homme avait mis la sorcière hors d'état de nuire, du moins peu s'en fallait. Quand il quitta son petit logement de la rue de Birague, à quelques pas de la place Royale[2],

1. Une pinte équivalait à peu près à un litre. Le Parisien de l'époque ne disposait que d'un litre d'eau par jour pour l'ensemble de ses besoins.

2. La plus ancienne place de Paris, appelée place des Vosges depuis 1800.

le policier ignorait encore quel itinéraire il emprunterait pour se rendre au Grand Châtelet. Irait-il par la rue Saint-Antoine ou par les voies plus étroites qui se frayaient leur chemin incertain derrière l'Hôtel de Ville ? Il s'engagea dans la rue Beautreillis, un peu à l'écart de l'agitation, où dominait l'imposant hôtel de Charny dont la porte cochère surmontée d'un mascaron disait d'emblée les vastes proportions. Le jeune homme allait le pied prudent, afin d'éviter les flaques boueuses et souvent malodorantes : jeter par la fenêtre le contenu d'un seau rempli durant la nuit était encore la meilleure manière, du moins la plus rapide, voire la seule, de se débarrasser de son contenu, et tant pis pour celui qui passait dessous au mauvais moment ou marchait là où il valait mieux ne pas marcher.

Bref, la rue offrait un spectacle normal, banal, rassurant. Le policier croisa un porteur d'eau, un tapissier, s'effaça devant des gens d'affaires, qui possédaient un magasin où ils vendaient en gros et regardaient de haut les simples boutiquiers qui, eux, ne débitaient que de la marchandise au détail.

Un rire d'enfant lui fit détourner la tête. Surpris, Constant s'arrêta net devant une certaine maison, dont la vue le pétrifia. Comment avait-il pu s'engager dans cette rue que, pourtant, il mettait tant de soin à éviter, depuis de longues années ? Le policier pensa faire demi-tour. Or, une nouvelle surprise acheva de l'ébranler.

— Saint-Lizier, c'est toi ? Tu me reconnais ? C'est moi, Martin. Quel hasard de se retrouver, et en plus, dans cette rue !

Après la Voisin, c'était un autre revenant que Saint-Lizier voyait s'agiter devant lui, il en était si surpris qu'il comprenait à peine ce propos ordinaire.

Surgissait un spectre. Car, après ce qui s'était passé voici quelques années, le jeune policier était persuadé que Martin Laboureur avait depuis longtemps pris la fuite au loin, sans espoir ni envie de jamais revenir à Paris.

L'homme était souriant, l'air aussi aimable que le rose de sa veste, qui avait connu des jours meilleurs. De toute évidence, il appartenait à cette catégorie de personnages toujours importuns, quoi qu'ils disent et fassent, et bruyants. Effaré par cette rencontre, Saint-Lizier songea un instant à faire semblant de ne pas reconnaître son ancien camarade, mesura vite ce qu'une telle conduite avait d'absurde. Et le policier comprit qu'il devait faire front. D'autant que l'autre insistait :

— Constant, qu'es-tu devenu ?

Saint-Lizier était atterré. Il eut assez de présence d'esprit pour se féliciter du fait qu'aujourd'hui rien, dans sa tenue, ne trahît son appartenance au Grand Châtelet : son habit pouvait être celui de n'importe quel Parisien ayant assez d'argent pour s'habiller proprement, sans ostentation. Mais le gêneur n'était pas du genre à attendre qu'on lui réponde avant de s'épancher davantage et de parler de lui.

— Moi, j'ai cru finir au bout d'une corde, bien que, comme toi, je n'avais rien à me reprocher. Mais j'ai convaincu les gens du Châtelet de mon innocence. Ils m'ont relâché. Figure-toi que j'ai d'abord pensé retourner travailler dans l'hôtel de Madame, quand celui-ci a été racheté.

D'un coup de menton, l'homme désigna la belle demeure au haut porche de pierre dont la vue avait stupéfié Constant un instant auparavant. Il reprit :

— Les nouveaux propriétaires m'ont appointé, ils ignoraient qui j'étais, d'où je venais. Mais j'en suis finalement parti au bout de quelque temps : j'avais là-bas trop de mauvais souvenirs, je voyais des cadavres partout. J'ai trouvé à m'employer dans une autre maison et y suis toujours. La place n'est pas mauvaise. Je m'occupe des chevaux, du carrosse. J'ai droit à un habit neuf chaque année et je dors non pas au-dessus des écuries, mais dans les combles, comme les laquais et les femmes de chambre de mes maîtres. Surtout, je peux faire monter là-haut la fille à tout faire des cuisines, à peu près comme je veux…

Saint-Lizier redoutait que, sur ce dernier point, l'autre ne s'attarde et ne lui donne des détails qu'il n'avait aucune envie d'entendre. Il simula un sourire complice.

— Je comprends…

— On a quand même eu chaud aux fesses, tous les deux, voici trois ans, non ? Je sais qu'on n'avait rien sur la conscience. Mais, quand même, les gens de La Reynie auraient pu chercher à en savoir davantage, et on aurait eu du mal à se tirer d'affaire.

Sincèrement effrayé à l'idée du sort auquel il avait échappé, l'homme en rose réprima un frisson et se força à rire. Une jeune passante arrivait, une fripière, qui portait à l'épaule des hardes proposées à la vente. Laboureur la considéra sans aucune gêne, détailla ses chevilles, la forme de ses hanches. Indifférente, la femme s'éloigna, disparut au coin de la rue. L'ancien compagnon de Saint-Lizier s'esclaffa, goguenard, et assena une grande tape à son ancien camarade.

— Vas-tu me dire où tu étais passé, depuis tout ce temps ? Tu habites dans quelle ville, maintenant ? À Rouen, à Orléans, plus loin encore ? C'est d'autant plus extraordinaire de nous retrouver, et en plus à deux pas de l'hôtel où nous avons travaillé ensemble.

— Je n'ai pas moisi à Paris après l'arrestation de Madame, je suis parti chez un parent, à Sées, le temps que l'affaire soit oubliée.

Saint-Lizier disait la vérité, du moins dans les grandes lignes, pour ne pas risquer de s'emmêler dans ses explications si l'autre, qui ne lâcherait pas prise aisément, venait à l'interroger plus avant. Le jeune policier avait bien quitté Paris, s'était installé chez un cousin qui gérait les biens de l'archevêque de la cité normande et avait su inciter l'ecclésiastique à accorder sa protection à l'ancien valet. Puis Constant, muni d'une recommandation de Son Excellence, qui connaissait La Reynie, était revenu à Paris. Le lieutenant de police l'avait recruté. D'affaire en enquête, le jeune homme, encouragé, avait fait montre de hardiesse voire de courage, de probité.

— Tu t'en es bien sorti, comme moi, se contenta de commenter le jeune policier. Et je vois que tu as l'air d'aller.

Laboureur était un peu déçu et décontenancé que Saint-Lizier ne se montrât pas plus bavard. Mais il en prit son parti. D'autant qu'une nouvelle jeune femme venait à sa rencontre, sans se douter de l'ébullition dont elle était la cause. Martin serra l'épaule du policier afin de prendre congé sans plus de civilités et s'éloigna.

Soulagé que ce face-à-face fût enfin terminé, Saint-Lizier se retrouva seul au milieu d'une petite foule indifférente, marchandes ambulantes de cuillers en bois, laquais affairés, réparateurs de soufflets, bourgeois désœuvrés, décrotteurs de souliers, rémouleurs, vendeuses de pruneaux, d'amadou, d'encre, de rubans et de pain d'épices, et autres colporteurs. Il poursuivit son chemin, perdu dans de sombres pensées.

Plus que troublé, anxieux, Constant décida de ne pas aller tout de suite au Grand Châtelet, quoique La Reynie l'y attendît. Et le jeune policier décida de chercher un peu d'air frais du côté de la Seine. Sans plus regarder le portail de l'hôtel où il avait naguère vécu : la demeure de la marquise de Brinvilliers.

Voici quelques années, celle-ci avait été reconnue coupable d'avoir assassiné des malades de l'Hôtel-Dieu, ses domestiques, histoire de se faire la main, de doser le venin pour ensuite capter un héritage convoité, d'avoir occis son père, ses deux frères et sa sœur. Elle avait été décapitée le 17 juillet 1676, à l'épée[1], les yeux bandés, en place de Grève, devant une foule nombreuse et attentive, étrangement persuadée que la condamnée était une sainte. La justice avait soupçonné l'existence de complicités nombreuses, d'un vaste réseau d'empoisonneurs, sans être en mesure de le mettre au jour. Saint-Lizier et Laboureur, au service de la dame, n'avaient donc jamais été vraiment inquiétés.

Que Laboureur surgisse de temps anciens, et de nulle part, bouleversait Saint-Lizier et ses plans, assombrissait d'un coup son avenir. Martin était bavard, trop. Il pouvait de nouveau rencontrer Constant, le faire savoir, se mettre à parler à tort et à travers, attirer l'attention sur eux. Cela ne pourrait être empêché. D'une manière ou d'une autre, Saint-Lizier serait confondu, sans espoir de pouvoir se justifier. On apprendrait qu'il avait été au service de Brinvilliers.

La Voisin retrouvée un peu par hasard et aussitôt emprisonnée, bientôt exécutée, Saint-Lizier avait cru anéantir le passé. Il s'était lourdement trompé. En la personne de Laboureur, un péril le menaçait. De

1. Selon le mode d'exécution réservé aux nobles.

surcroît, peu après que La Reynie, quoi qu'il en ait dit, lui eut en partie retiré sa confiance. Le garçon avait l'impression nouvelle de marcher sur des sables mouvants. Il se redressa, pour recouvrer un peu de la prestance mise à mal par ce désagréable constat. Trouva une mince consolation en songeant que Laboureur avait gardé les manières lourdes et communes, la pesanteur balourde dont Saint-Lizier, lui, s'était depuis longtemps défait.

Au Grand Châtelet

D'emblée, La Reynie avait accordé toutes ses forces et son attention à l'affaire la Voisin. Ces histoires de grandes dames affolées de poisons concernaient un monde, la Cour, qui ne se laisserait pas faire aisément. Le lieutenant de police avait donc cru devoir se consacrer à ce dossier en priorité, de toute urgence, et avec discernement, doigté. Sous peine que le roi s'en trouvât sali. Et c'était là une éventualité impensable, La Reynie n'aurait pu supporter que Louis XIV en fût éclaboussé.

Mais ce que Philippont lui apprenait maintenant l'impressionnait autant, sinon davantage.

— Les faits se sont, cette fois, déroulés rue du Petit-Musc.

Certes, cette voie n'appartenait pas *stricto sensu* au mince territoire, la portion du Marais, où la massacreuse avait déjà sévi par deux fois. Mais elle n'en était éloignée que de quelques perches. Et la femme aperçue, l'espace d'un terrible moment, ressemblait en tout point à celle qui avait déjà été décrite et même été vue, trop vite, trop peu, par La Reynie. Surtout, cette criminelle avait mis en œuvre le même mode opératoire, avait pratiqué la même amputation, infligé les mêmes sévices que les fois précédentes. Le militaire qui en avait fait les frais avait été privé net, dans la fureur, la terreur et le sang, de ce dont, justement, il avait pensé se servir en suivant celle qui avait finalement été sa bourrelle.

— Et je suppose, souffla La Reynie, que cette démone est parvenue à s'enfuir sitôt son forfait accompli…

Tout à l'affaire des sorcières, le policier du roi avait à peu près oublié cette mutilatrice : théâtre de crimes odieux et répétés, Paris regorgeait de tant de criminels… La Reynie devait retrouver et mettre hors d'état de nuire celle que le petit peuple de Paris avait déjà baptisée la Bretaudeuse, en raison de la manière dont cette femme amputait ses victimes, les tuait parfois, avec autant de force, de détermination qu'un castreur de chevaux. Et, à Paris, surtout parmi les habitants mâles, on commençait à murmurer sur ce point, d'autant que le lieutenant de police ne se souvenait pas d'avoir jamais entendu parler d'un tel dérèglement et d'une semblable sauvagerie.

Le peuple de Paris était prompt à se moquer, à mazariner et, pire, à se rebeller : le temps de la Fronde n'était pas si éloigné, qui avait contraint la famille royale à s'enfuir pour échapper à la révolte[1]. Parler d'un criminel avec emphase et le mythifier jusqu'à en faire un demi-dieu pouvait être un prélude qui amènerait vite les Parisiens à railler un pouvoir incapable d'arrêter cet assassin. De la raillerie à la révolte, il y

1. Le jeune Louis XIV et la Cour avaient gagné Saint-Germain dans la nuit du 5 au 6 janvier 1649.

avait peu. La Reynie le savait. L'heure était grave. À la stupéfaction causée par l'affaire de la Voisin s'ajoutaient l'horreur et la crainte suscitées par ce dossier-là.

En mettant tout en œuvre, jadis, pour gravir les échelons qui l'avaient conduit jusqu'au pouvoir, La Reynie avait toujours pensé qu'il serait un jour confronté à des situations périlleuses, qui menaceraient de l'emporter comme un fétu au vent. Intelligent et prévoyant, le lieutenant de police s'y était préparé et, du reste, les épreuves depuis traversées mais aussi les succès engrangés en luttant contre le crime l'avaient durci, renforcé. Et, pourtant, à cet instant, avec l'affaire Lavoisin, La Reynie avait l'impression de se trouver au pied d'une montagne à deux têtes qu'il ne pouvait ni franchir ni même contourner.

Il allait donc falloir chercher et débusquer cette fille, manifestement décidée à amputer, trancher et écharper. Le crime était odieux. Qu'il se répète et se multiplie, nargue ainsi l'ordre et la justice, était intolérable.

Philippont poursuivit son exposé :

— Deux des nôtres se trouvaient non loin de là, à mettre de l'ordre dans une querelle d'ivrognes. Ils ont entendu les hurlements du soldat assailli et les cris des badauds. Ils ont accouru, ont manqué de peu la folle, qui leur a filé entre les doigts. La prochaine fois, ce sera bon, elle sera prise.

D'un geste, La Reynie fit comprendre qu'il désirait rester seul. Il voulait réfléchir. Le policier du roi mesurait chaque jour l'ampleur de la tâche à accomplir afin que la capitale du royaume, si sombre, si rongée par le vol et le crime, soit enfin à peu près digne d'un monarque qui aimait que la lumière et le soleil inondent toute chose. Il s'aperçut alors qu'il avait oublié de demander à Philippont si le militaire de la rue du Petit-Musc avait ou non péri. À la vérité, le sort de ce garçon lui était indifférent. Si l'amputé était mort, le désordre ne s'en révélait que plus grand, mais désordre il y avait, et c'était suffisant pour que ce ne soit pas toléré. La Reynie devait être implacable. Il le serait. Comme l'y obligeait la présence, là, de l'autre côté de cette porte, de l'objet de malheur, du casque de fer, qui lui hurlait en silence la liste des crimes, des abjections que le lieutenant de police devait combattre.

À Saint-Germain

À peine revenu de Versailles, Louis XIV, vêtu de brun et de bleu, était déjà impatient de faire part à Montespan des premières impressions que suscitait, quoique toujours en chantier, la grande galerie[1], à laquelle il avait consacré tant de soins, ces dernières années, en débauchant des ouvriers vénitiens à la barbe du doge. On y sentait le plâtre et le vernis, le parquet n'était pas encore posé, et il manquait la plupart des glaces du mur de refend, qui devaient montrer au monde que, désormais, la France se passerait du savoir-faire de Venise et de ses artisans. Avec ses trois cent cinquante-sept miroirs au verre dépourvu de toute impureté, tous d'une taille inusitée, l'ensemble promettait d'être éblouissant. Louis XIV fut donc certes un peu déçu lorsqu'on lui dit que la marquise était allée à Paris distribuer ses bienfaits. Le monarque n'eut cependant ni le loisir ni le temps de regretter cette absence.

1. Plus tard appelée galerie des Glaces.

— Monsieur le lieutenant de police est là, expliqua le premier valet de chambre Bontemps[1], qui demande à parler à Votre Majesté au plus vite.

Le roi s'étonna de cette venue peu ordinaire, mais donna l'ordre d'introduire La Reynie sur-le-champ. Deux domestiques étaient occupés à entretenir le feu qui crépitait dans la cheminée, sans doute un des derniers de la saison : dès qu'il faisait beau, la pierre et la brique dans lesquelles était bâti le vieux château conservaient la chaleur, même dans les appartements du souverain, établis au nord, face à la forêt de Saint-Germain.

— Sire…

Le roi savait que le magistrat était honnête, dévoué, et avait l'âme bien trempée. Le policier avait la mine sérieuse – c'était habituel – et très sombre – cela l'était tout autant. Cependant, d'emblée, Louis XIV comprit que le secret le plus absolu était requis. Et il ordonna aux laquais de les laisser tous deux seuls. Puis, d'un geste, il engagea le policier à lui parler sans attendre.

— Il s'agit d'une femme de Paris, qui demeure rue Beauregard, non loin de la porte[2] que Votre Majesté a fait bâtir au bout de la rue Saint-Denis.

— Dans le quartier de la Ville-Neuve ?

La Reynie acquiesça avant de poursuivre :

— Une marchande de philtres.

Le lieutenant de police marqua un bref arrêt, pour laisser au roi le temps de comprendre ce qui se cachait derrière ce terme vague. Car les révélations que le

1. Alexandre Bontemps, premier valet de chambre du roi de 1659 à 1701 et, à bien des égards, son homme de confiance.

2. La porte Saint-Denis, édifiée en 1672 à l'emplacement d'une fortification datant du temps de Charles V, existe toujours.

policier avait à présenter étaient telles que mieux valait, pensait-il, prendre certaines précautions, amener tout doucement Louis XIV à deviner, à mesurer l'ampleur et la gravité des conséquences des confidences à venir. La Reynie n'avait pas oublié l'incrédulité, la stupéfaction, le dégoût, la fureur qui, dans cet ordre, s'étaient emparés du roi voici quelques années.

— Une vendeuse de poudres, d'élixirs, de venins, de poisons.

— Une sorcière ! s'écria le monarque, devenu très pâle. Voulez-vous dire que nous retrouvons ici ce qui a fait tout le scandale causé voici quelques années par Mme de Brinvilliers ?

La Reynie ne cherchait ni à réconforter le roi ni à lui cacher quoi que ce fût.

— L'affaire d'aujourd'hui est d'une tout autre importance. Les noms de plusieurs personnes de la Cour ont déjà été prononcés. Et, parmi eux… (ici, et bien qu'il fût assez sûr de lui, le policier hésita un instant) celui de Mme la marquise de Montespan.

D'un coup, le roi comprit que le discours du policier donnait chair à ses craintes les plus vives. Voici trois ans, Louis XIV y songeait souvent, Brinvilliers avait été jugée, condamnée, décapitée. Justice avait été faite, donc. Mais le roi en était demeuré sidéré. La Reynie devinait aisément ce que pensait le Bourbon dans son for intérieur. Par-delà l'horreur éprouvée face aux forfaits de la criminelle, Louis XIV reprochait à la parricide de ne pas avoir assez fréquenté Saint-Germain, de ne pas avoir cherché, pour résoudre ses problèmes financiers, à faire sa cour au roi. En demeurant le plus souvent dans son hôtel de la rue Neuve-Saint-Paul, à Paris, en ignorant le Château-Vieux et les fêtes que le souverain avait données au petit château de Versailles, à Fontainebleau ou à Chambord, Brinvilliers avait méprisé le maître de la France. Pour celui-ci, c'était aussi impardonnable que d'avoir tué les siens, voire davantage.

Dans l'ombre d'une Cour que le roi désirait splendide, brillante, lumineuse, solaire, source de plaisirs et de fêtes, qui voulait être un modèle pour l'univers, survivait un monde obscur, pétri de pratiques et de croyances d'un autre âge. Ces superstitions horrifiaient le roi parce qu'elles rabaissaient sa fonction. Louis XIV était contraint d'admettre qu'il régnait sur un peuple de païens qui adoraient le diable, et de la manière la plus répugnante et la plus sotte. Bref, avec ses venins, Brinvilliers avait porté atteinte à la gloire du royaume. Et voici que, soudain, on annonçait à Louis XIV que Montespan, sa maîtresse, la mère de la plupart de ses enfants, avait recours aux services d'une autre empoisonneuse. Le monarque était accablé.

— Vous m'avez parlé d'autres personnes de la Cour. Avez-vous des noms, là aussi ?

— Mme de Carada, qui aurait tué par deux fois des rivales, pour se marier avec un gentilhomme dont elle est éperdument amoureuse. Mme de Baucé, l'épouse du sénéchal de Rennes, y a elle aussi eu recours, selon la sorcière, pour se débarrasser d'un mari importun. Un prêtre de Saint-Eustache, qui reprochait au titulaire des orgues de son église de mal jouer et ne voulait plus le voir s'installer aux claviers, a été lui aussi mis en cause. Et Mme de la Roche-Falaise, qui…

Le roi eut un geste d'impatience.

— J'en sais assez pour le moment. Vous me direz plus tard le reste de la liste. Pour cette empoisonneuse, pour tous ceux et celles qui ont recouru à ses services ou qui les ont couverts, les complices, ceux qui savaient et qui n'ont rien dit, qui ont deviné ou su et se sont tus, la justice doit passer. Je veux que nul ne soit épargné, ni les petits ni surtout les puissants. Même s'il s'en trouve à la Cour.

— Bien, Sire.

— Il nous faut d'ores et déjà réfléchir à la manière dont nous nous y prendrons pour ne pas ajouter le scandale au crime. Je souhaiterais, monsieur le lieutenant de police, que vous me fassiez sans attendre part de vos remarques à ce sujet.

La Reynie s'attendait à cette demande, il était prêt à y répondre. Et il exposa au roi les grandes lignes de son analyse et la manière dont, selon lui, la justice devait être saisie. Sans réussir cependant à comprendre ce que le Bourbon avait cherché à lui dire quand il avait parlé d'épargner la Couronne de la fange dans laquelle il allait falloir fouiller.

À Paris

En contrebas du quai des Célestins, un peu en aval de la pointe de l'île Louviers[1], était établi le port Saint-Paul, domaine d'une agitation jamais calmée, de lourdes senteurs de vase remuée et du fracas des caisses et des ballots déchargés au milieu des clameurs viriles, encouragements mutuels d'hommes qui souffraient, les reins rompus par le travail de la veille, harassés dès le matin, pressés d'arriver jusqu'au soir et au repos. L'endroit attirait les galopins des rues Neuve-Saint-Paul et des Lions, et même ceux de la rue de Jouy, plus éloignée. Les enfants avaient l'habitude de surveiller l'activité du port, attendaient le moment propice, cachés derrière de vieux paniers troués, des tas de détritus rejetés par de molles vaguelettes. Au moment où repartaient les marchands venus s'approvisionner à l'arrivée des barques chargées de

1. Aujourd'hui délimitée par le quai Henri-IV et le boulevard Morland, cette île a été achetée par la ville de Paris en 1671 pour servir d'entrepôt de bois à ciel ouvert et a été réunie à la rive droite au milieu du XIXe siècle.

produits frais apportés des campagnes, et avant que de plus indigents viennent ramasser la marchandise à la mauvaise mine dont personne n'avait voulu, la troupe surgissait. Ce jour-là, les enfants ne convoitaient pas les restes de poissons fraîchement pêchés, mais les fruits d'hiver, pommes et poires tombées à l'eau. Les petits trempotaient, indifférents au froid qui mordait pieds et mollets. La pêche était bonne, leurs chemises retroussées déjà lourdes du butin espéré.

Moins vif que ses camarades, un garçonnet gras et lent demeuré sur la berge était vexé : les autres ramasseraient tout ce qu'il y avait à ramasser, il ne lui resterait rien. L'enfant aperçut une forme, une caisse, sans doute, recouverte d'une toile tachée. Un batelier ou un marchand aurait oublié un plein de petites pommes du Perche ? Quel triomphe ce serait si le garçon ne se trompait pas ! On parlerait longtemps de sa découverte. Il repoussa la bâche, avança une main émue et vivante avant d'en saisir une autre, celle-là blafarde et inerte.

Le garçonnet avait déjà vu des trépassés, la scène était loin d'être inhabituelle, des noyés, des malheureux morts dans la rue, de froid et de misère une nuit d'hiver, quelques victimes, aussi, des vauriens qui avaient leur repaire dans l'une des cours des miracles que recelaient les vieux quartiers de la capitale. Mais cette fois, la surprise, lui arracha un cri strident.

Commerçants attardés, portefaix qui se reposaient après avoir charrié poissons et fagots, vagabonds et bourgeois venus se promener accoururent. Sans compter la marmaille sortie de l'eau en piaillant, afin de se repaître de l'intéressant spectacle : un mort.

Passé la première surprise, le garçonnet craignit, contre tout bon sens, qu'on l'accusât d'avoir tué l'homme gisant là.

— C'est pas moi ! crut-il devoir déclarer, en se tortillant comme un ver accroché au bout d'une ligne.

Un marchand de rubans de la rue du Petit-Musc lui flanqua une bourrade.

— Tais-toi donc, on le sait bien, que tu n'y es pour rien. File, maintenant, tu embêtes.

Le garçon restait interdit, immobile, paralysé par la peur.

— Déguerpis, je te dis, ajouta le rubanier. Ou bien, dès qu'ils arriveront, j'assurerai aux agents du prévôt des marchands que c'est toi qui as tué cet homme, quoi que tu en dises. Et tu seras vendu aux Turcs !

Cette fois, l'enfant ne se le fit pas répéter et il décampa, suivi par ses camarades, plus piaillants que jamais, bien décidés à le fêter pour son extraordinaire découverte, mais aussi à se moquer de lui parce qu'il s'était fait rabrouer.

Deux ou trois hommes qui avaient l'habitude de louer leurs bras à l'année au port Saint-Paul partirent chercher les autorités. En passant par la rue de la Mortellerie, il ne fallait guère de temps pour aller prévenir la police du prévôt de la capitale, Auguste-Robert de Pomereu, place de Grève. Le roi avait créé la lieutenance de police sans pour autant supprimer la prévôté, existant depuis des lustres. Si la première s'occupait des crimes perpétrés dans la ville, la seconde avait, chose étrange, conservé le droit et le devoir d'enquêter sur les méfaits commis sur le fleuve et sur ses berges, sur ses quais, donc aux abords des ports établis tant sur la rive droite que sur la rive gauche.

L'allure souple, habitués à l'effort, les portefaix se jouèrent des embarras de la ville qui, à chaque pas ou presque, auraient pu ralentir leur course. D'autant que, dans ce quartier, nombre de particuliers étaient occupés à faire élargir la porte de leur demeure afin que les carrosses puissent accéder au perron d'honneur puis manœuvrer pour repartir ou être remisés sur place. Ce qui procurerait bientôt plus de commodité mais, pour l'instant, gênait la circulation.

Les gens de M. de Pomereu, eux, mirent moins d'empressement à arriver. Un cadavre avait été retrouvé au port Saint-Paul ? Et alors ? À première vue, songeaient-ils, l'affaire ne présentait rien d'exceptionnel, les crimes n'étaient pas rares, à Paris.

— Laissez passer, écartez-vous ! cria une voix rude.

Enfin arrivés, c'étaient les gens du prévôt, conduits par un commissaire à la très haute taille, le teint rouge, les mains comme des pelles de terrassier. Les curieux, soulagés, espéraient des paroles fortes, à l'image de cette carrure superbe, des actes rassurants. De fait, le temps d'arriver auprès du corps, le commissaire laissa son regard courir sur les promeneurs attroupés.

— Qu'est-ce donc ? interrogea le géant, ravi que sa haute stature effraie depuis toujours, surtout les plus faibles.

Ne pas répondre était risqué, mais parler pouvait l'être aussi : l'homme n'avait pas l'air commode et avait sans doute déjà le dessein, pour résoudre incontinent l'affaire qui le dérangeait, de trouver un coupable, quel qu'il soit, le premier qui relèverait la tête et lui répondrait sans prudence, avec l'air de celui qui est capable, au moindre soupçon, d'envoyer pas mal de monde aux galères ou, à tout le moins, jusqu'à la Nouvelle-France, là-bas, en Amérique, colonie qu'il s'agissait de défendre à la fois contre les ours, les Anglais et les Indiens en la peuplant de qui avait la maladresse de se laisser attraper.

Le commissaire de la prévôté regarda autour de lui, tâcha de trouver le visage le plus apeuré afin de débusquer celui – ou celle, ce serait encore plus réjouissant – qu'il réussirait à effrayer aisément. Il foudroya du regard une jeune fille aux joues rougies par l'émotion, se reput de cette victoire acquise à peu de frais, en considéra une autre, ne dit rien. Telle la bête fauve qu'il rêvait d'être, il gronda, cracha par terre, se pencha sur le trépassé, écarta le pan d'une vieille veste d'un rose fané, tenta de comprendre comment le mort était mort. La réponse s'imposait, évidente : manches remontées et culotte relevée, apparaissaient les longues incisions, faites sur les cuisses et le ventre, par lesquelles, à n'en pas douter, l'homme avait été vidé de son sang comme un poulet.

Ces estafilades mises au jour, restait à savoir avec quelle arme celles-ci avaient été pratiquées. Là aussi, résoudre l'énigme se révélait aisé. Glissée dans la poche d'un gilet de coton grossier, il y avait une dague, dont la lame effilée était encore brune du sang répandu, à demi enveloppée dans un fragment de fourrure sombre et soyeuse, une peau de chat.

Une vieille femme tomba à genoux, se signa.

— Vierge sainte ! Un chat noir, ce couteau, ces blessures... C'est de la diablerie !

— Oui, cet homme a été sacrifié au démon, déclara un badaud.

Faite deux fois, cette constatation terrassa le commissaire de la prévôté, d'un coup abandonné par sa belle assurance. D'une voix à peine audible, le gaillard insista auprès de ses gens, les implora presque :

— Faites au plus vite, qu'on aille à Saint-Paul, c'est l'église la plus proche. Il y aura bien un prêtre occupé à écouter un paroissien lui confier ses péchés. Qu'on l'extirpe du confessionnal s'il le faut, qu'on le traîne ici s'il fait des difficultés. Et qu'il prenne avec lui de l'eau bénite.

Le commissaire se laissa tomber sur une caisse qui gémit sous son poids. Courir l'épée à la main après un larron, lui serrer le cou jusqu'à presque l'étrangler, repousser à lui seul une bande de ruffians, poursuivre un filou, rien de tout cela ne lui avait jamais fait peur. Affronter le diable et ses suppôts était une autre affaire. Pour ce combat, il se savait démuni.

Le commissaire eut à peine le temps d'adresser un signe à ses agents. Pour que ceux-ci rajustent un peu la tenue du mort. Les premières constatations faites, il n'était pas décent que l'assassiné demeure à demi dénudé. Le temps de retourner le corps pour lui repasser ses manches, deux lettres apparurent, tracées à l'encre sur sa peau. Inscrits dans une étoile à cinq branches, un A et un S parfaitement dessinés.

À Vaugirard

Gabriel Nicolas de La Reynie avait, pour se sentir propre, une nouvelle fois changé de chemise et de perruque, s'était essuyé les mains sur une serviette à peine humide mais parfumée au camphre et au bois de santal. Il était sur le point de passer à table mais n'avait pas faim. Le policier du roi se demanda si son épouse se montrerait à lui mais n'eut pas longtemps à attendre pour le savoir. Un valet ouvrit la porte. Antoinette était là, qui attendait, comme souvent silencieuse, descendue de sa chambre sans faire de bruit, et sans même qu'aucune servante l'eût prévenue que le repas était servi. Le policier ne la regarda pas, adressa un bref signal au laquais. Que celui-ci commence à le servir sans attendre, le temps du policier était trop précieux pour le gaspiller ici. Mme de La Reynie, de son côté, s'assit sans rien dire, l'air toujours aussi étrangère à ce qui se passait autour d'elle, mais toujours digne, avec son maintien poli, ses bijoux ternes et ses habits à peine passés de mode.

Une bouchée de pâté de tendrons de bœuf au chou. Une autre, d'un rôt-de-bif de chevreuil, mangée du bout des dents et à la pointe de son couteau, puisque, décidément, La Reynie délaissait la fourchette d'argent, aussi lisse et brillante que le jour où elle était sortie de l'atelier de l'orfèvre. Parce que le policier du roi ne savait trop s'il saurait la manier et, surtout, parce que l'objet constituait un cadeau qu'il ne savait comment recevoir…

Comme de coutume, très vite La Reynie ne put, ne voulut rien avaler de plus. Il se fit servir un verre d'eau, le vida d'un trait, considéra une nouvelle fois sa femme, se contraignit à manger une bouchée de turbot, ne mesura pas que le cuisinier en avait réussi la sauce savoisienne. Du coin de l'œil, le policier regarda encore son épouse. Il grignota, toute petite, une aile de pigeonneau à l'estragon, songea à Saint-Lizier, à la lourdeur de sa charge, à sa fille Gabrielle, recracha un petit os. Le temps que La Reynie redresse la tête… d'un coup, Antoinette avait encore disparu. Comme par enchantement.

Le policier du roi ne s'en étonna pas. Tant il était habitué à ce que le spectre de son épouse aille et vienne ainsi. Un fantôme ? Non, ce n'était pas un spectre, du moins pas tout à fait, savait le policier du roi, qui chassa ce mot de ses pensées. La Reynie ne croyait pas aux revenants. Il savait que l'ombre d'Antoinette n'existait que dans son esprit. Et il n'était pas dupe, ne l'avait jamais été, de son imagination trop fertile. Le maître du Châtelet savait aussi qu'il n'était pas fou, loin de là. Il avait sans doute jadis trop aimé sa femme. Il la convoquait, lui donnait comme une apparence, pour profiter de ce simulacre, l'interroger pour mieux réfléchir. Tant il était certain que cette Antoinette, qui ne prenait forme que grâce à lui, était en mesure de le faire bénéficier de ses commentaires avisés, ou simplement de sa présence rassurante, avec ses charmantes tenues d'autrefois et le souvenir de ses bijoux pâlis. Parce que, par-delà la mort, La Reynie était toujours amoureux, admirait toujours son épouse, avait besoin de la voir et de l'entendre, de sentir – ou presque… – sa présence à son côté. Et parce que parler à sa chère et tendre Antoinette défunte, et l'écouter, constituait, le policier du roi le mesurait, la meilleure manière de voir en lui-même. Et si, cette fois-là, sa femme était restée silencieuse, La Reynie savait que, fort heureusement pour lui, il n'en irait pas toujours ainsi.

Peu après, à Saint-Germain

Dans son riche carrosse – intérieur tapissé de soie, garni de tapis, miroirs et coussins – qui, venu de Paris en passant par le village de Neuilly puis Nanterre, La Malmaison, Bougival et qui, avant les bords de la Seine à Marly, grimpait sur le plateau de Saint-Germain, Montespan exultait. Elle aimait suivre cette route, accomplir ce court voyage qui menait de la capitale à Saint-Germain. Et dans ce sens : ainsi, la marquise gravissait la rude pente conduisant au coteau. Or, à l'image de sa voiture qui paraissait disposée à se hisser, grimper jusqu'au ciel, la marquise se sentait prête à atteindre les plus hauts sommets, plus élevés encore que ceux où son intelligence, sa beauté, son assurance et son esprit l'avaient portée et installée, pour toujours.

À Paris, se réjouit Montespan, tout s'était fort bien passé, l'avenir était assuré. Bientôt, l'arrestation de la Voisin ne serait qu'un souvenir vaguement désagréable, à peine inquiétant et, somme toute, de peu de conséquences. Qu'elle parle, cette marchande si particulière, qu'elle avoue, qu'elle révèle, qu'elle dévoile, la marquise s'en moquait bien. Nul ne croirait la sorcière pour ce qui concernait Montespan. Et si ce n'était pas le cas, s'il se trouvait un policier, un juge assez fou pour accorder attention et crédit à ces propos, le roi ne permettrait pas que la marquise fût accusée de quoi que ce fût, il ne croirait jamais ces allégations.

Passé la rue de Versailles et les premiers hôtels aristocratiques, les demeures qui annonçaient le château royal, le carrosse de la marquise s'engagea dans la rue de la Vennerie. Pour éviter de faire un détour par la rue au Pain, les pieds calés dans la coquille[1], le cocher choisit de pénétrer dans la cour du Château-Vieux en passant par la poterne du Sud. Montespan en conçut une légère contrariété : elle aurait préféré emprunter la porte principale, y être saluée par les gardes, honneur dont elle ne se lassait jamais. Or la marquise ne voulait pas que cette belle journée si bien commencée s'achevât en demi-teinte, et elle balaya ce mince regret. La marquise avait anéanti Chabrière. Elle se sentait assez forte, assez intelligente pour en affronter et en évincer d'autres.

— Chabrière, que j'ai détruite, marmonna Montespan.

De plaisir, ses ongles lacérèrent la main, de soie rembourrée, ce bourrelet qui évitait au passager, en cas de trop fort cahot, de se cogner contre la portière.

Le carrosse s'arrêta. Montespan gagna ses appartements, ne daignant répondre à aucune des salutations que lui adressèrent les courtisans rencontrés en chemin. Elle s'engouffra dans sa chambre, héla

1. Pièce de bois travaillé qui permettait au conducteur d'appuyer ses pieds.

Claude des Œillets au passage, pour gagner du temps.

— Vite, du coton, du fil, des arceaux, un coussin ! Je désire que ma robe soit bien ample.

La suivante voulait obéir, mais ne comprenait pas. Voici déjà plusieurs années, Montespan avait eu soin de cacher ses grossesses à la Cour : sa liaison avec le roi était encore secrète, Louis XIV n'avait pas voulu, par égard pour sa fonction, pour la reine, pour les convenances, que l'on pût comprendre que la marquise était enceinte de ses œuvres. Aussi avait-elle eu soin de dissimuler ses grossesses successives en se faisant confectionner des robes bouffantes sur le devant et larges sur les côtés, afin que ses rondeurs ne fussent pas devinées[1]. Sitôt né, le bâtard était chaque fois emmailloté, emporté, élevé loin de ses parents.

Or, la Cour de France était douée d'intelligence. On n'avait pas tardé à supputer, à imaginer et à discerner. Au bout de deux ou trois délivrances, le secret du roi et de la marquise avait été percé, en dépit des précautions prises. Le roi avait décidé d'afficher et sa liaison et ses bâtards. Reconnus, légitimés, titrés, les enfants étaient revenus à la Cour avec leur gouvernante, devenue marquise de Maintenon.

L'adultère royal affiché, jeté à la face du monde, il ne servait plus à rien que Montespan prît donc soin de revêtir la fameuse tenue à laquelle elle avait eu jadis recours. Des Œillets s'interrogeait, redoutait de nouveaux énervements, une lubie qu'il lui serait difficile de satisfaire.

1. Mme de Montespan passe pour avoir inventé l'ancêtre de la robe à paniers afin de cacher ses grossesses adultérines à la Cour de Saint-Germain.

— Hâte-toi. Je veux la robe vert et jaune, avec la jupe ornée de broderies d'Alençon. Apporte des cerceaux, du crin puis disparais. Couds et pique comme il le faut, même si tu gâtes la jupe, cela n'a pas d'importance du moment que tu arrives à l'effet recherché. Tu sais ce que j'attends de toi.

La suivante avait enfin compris, sourit et se mit à l'ouvrage. Certes, Montespan n'était pas enceinte. Mais la marquise était si satisfaite de son expédition à Paris qu'elle souhaitait s'accorder, pour cette journée faste, un ultime plaisir, et non des moindres. Ce soir, il y aurait réception chez le roi. Montespan paraîtrait devant la reine avec sa robe rembourrée, juste un peu, en prenant bien soin de faire l'embarrassée. Elle demanderait un verre d'eau, avec le sourire forcé d'une femme gênée par une indisposition légère, repartirait dans ses appartements avant son heure habituelle. Bref, la marquise ferait tout pour que Saint-Germain supposât qu'elle était une fois de plus enceinte des œuvres du roi.

Afin de satisfaire l'orgueil de Louis XIV, flatter sa vanité de père et aussi humilier la reine, qui ne réussissait à mettre au monde que des enfants qui, hormis l'aîné, le dauphin[1] né à Fontainebleau, avaient tous eu la sottise de mourir en bas âge alors qu'elle, Montespan, donnait naissance à des petits qui, somme toute, ne poussaient pas trop mal, quelques malformations mises de côté. Demain, Montespan jetterait la robe rembourrée. Et la Cour, le roi et la reine se diraient qu'ils avaient mal vu, que la marquise avait pris un peu d'embonpoint, avant de le perdre tout aussitôt comme cela lui arrivait car

1. Le Grand Dauphin qui, mort en 1711, ne régna jamais.

c'était sa nature[1] ou bien encore qu'elle avait eu le désagrément de faire une fausse couche.

Au demeurant, peu importait, la marquise se serait amusée d'avoir trompé son monde et rabaissé la reine, cette imbécile contrainte de tolérer la présence de Montespan à la Cour et dans le particulier du roi.

En attendant de savourer ce triomphe, la favorite décida de préparer le drageoir dans lequel elle inviterait Louis XIV à piocher avant leur prochaine étreinte, et même peut-être une fois celle-ci menée à son terme. Car le Bourbon était gourmand, il aimait alterner, enchaîner les plaisirs, satisfaire ses sens les uns après les autres, rassasier son ventre puis se vider le bas-ventre et se remplir de nouveau le ventre, songea Montespan, dont l'esprit était depuis longtemps dessalé.

La favorite glissa une main par une fente de sa robe pour fouiller dans l'une des poches accrochées à une ceinture d'étoffe passée sur la chemise[2]. Elle en retira une poignée de douceurs sucrées, friandises préparées d'une certaine manière et dans un certain bouillon, qu'elle venait de rapporter de Paris. Après avoir goûté ces sucs au grand pouvoir, le roi serait plus vaillant que d'habitude, il mettrait cette ardeur sur l'habileté de la marquise et s'en attacherait davantage à celle-ci, persuadé que son plaisir n'était dû qu'au savoir-faire de sa favorite.

1. Montespan finit obèse : plus tard, un voyageur italien écrivit que chacune des jambes de la favorite vieillissante était aussi grosse que son torse.

2. Les poches ne furent pas cousues au vêtement avant le XIXe siècle.

À Paris

L'ennemi de La Reynie pouvait être satisfait, envisager l'avenir proche avec optimisme. Un homme malin, songeait-il, en véritable second sachant prendre de belles initiatives, avait eu la riche idée de tracer sur le cadavre les deux initiales par lesquelles ses adorateurs saluaient l'Ange du Mal et appelaient son règne. C'étaient certes là des balivernes auxquelles ne pouvaient croire que des pervers et des détraqués, ou des esprits faibles qui couraient après l'insaisissable, attendaient que se réalise ce qui ne se réaliserait jamais, qui ne verraient jamais s'accomplir ce que, pourtant, ils escomptaient tant, pauvres fous dont le comportement s'inscrivait à l'opposé de celui de l'adversaire du lieutenant de police, qui se savait pragmatique.

Car la pertinente inscription de ce A et de ce S ne pouvait qu'intriguer ou, plutôt, affoler Paris et Saint-Germain, affaiblir le Grand Châtelet, qui serait bientôt accusé de ne pas savoir identifier et arrêter les sectateurs du diable. Il fallait continuer dans cette voie. Jeter l'opprobre sur les gens du lieutenant de police cristalliserait sur eux le soupçon, détruirait cette force. Ce serait la curée. Ridiculisé, donc touché dans ce qu'il avait de plus cher, sa carrière, l'œuvre de sa vie, La Reynie ne s'en remettrait pas. Il se donnerait la mort. Tout ce que cet intrigant trop ambitieux avait créé et mis en œuvre périrait avec lui.

Et les choses reprendraient leur cours. Leur cours normal, leur cours d'avant.

Ailleurs, à Paris

Le voleur au torse tatoué d'une Vierge de Lorette resta un moment dans une encoignure. Ici, il était droit, toujours très mince mais avait la bouche fermée. Il profita de ce répit. C'était idiot, songeait le malfrat. Car, plus tôt il aurait commencé, plus tôt il aurait achevé son travail. Chaque fois, c'était pourtant la même hésitation, tant il détestait le goût du savon dans sa bouche, la saveur de ce qui lui permettait de gagner sa vie et qui demeurait longtemps après qu'il l'eut recraché. Enfin, il prit sur lui, quitta son repaire, ce véritable nid de gueux où, de notoriété publique, vivaient, plutôt s'entassaient faux amputés et ribauds, faux aveugles et putains, fausses veuves, hubains, francs-mitoux et caymands[1].

— Laissez passer, au nom de Dieu.

1. Respectivement, pour les trois derniers termes : porteurs d'un certificat attestant qu'ils avaient été mordus par un chien enragé puis guéris par saint Hubert ; mendiants si habiles à se faire passer pour des malades qu'ils bernaient même les médecins ; quémandeurs professionnels.

Le truand vit qui venait vers lui et en sourit. Une fois de plus, la chance était avec lui, la Vierge de Lorette venait à son secours en lui envoyant son fils le Petit Jésus, ou quasiment. C'était un prêtre, suivi de son enfant de chœur, qui s'en allait, toutes dentelles au vent, porter l'absolution à un mourant. Courbé, le malfrat se signa, laissa passer le religieux, lui emboîta le pas. Chacun avait le droit de suivre le saint viatique, était même invité à le faire pour ne pas perdre une occasion de processionner. Voilà qui allait lui permettre de parcourir quelques rues sans risquer de se faire attraper par les gens de La Reynie, si un des moins bêtes d'entre eux le prenait pour ce qu'il était : un filou qu'il fallait envoyer aux galères. Certes, une fois attrapé, l'homme aurait pu ensuite, en disant quelques mots, en prononçant un certain nom, se tirer d'affaire. Et pour cause… Mais mieux valait ne rien compliquer, ne pas gâcher pour si peu la carte maîtresse qu'il possédait dans son jeu.

— Écartez-vous, pour un moribond.

De haute stature, le front puissant et l'œil clair, engoncé dans un surplis étriqué, le prêtre avait une voix grave et tonnante. Surtout, il marchait vite. C'était un athlète de Dieu. Car il n'hésitait pas, de ses larges épaules, à bousculer, à se frayer un passage quand il y avait de la presse, de l'encombrement dans une ruelle, sans craindre de faire tomber un étal, de cogner, de repousser, de brutaliser d'un coup de pied, de genou ou de coude le chaland qui ne se rangeait pas assez vite. Une bosse voire un bras cassé contre une extrême-onction administrée à temps, il n'y avait pas à hésiter, songeait l'homme de Dieu. Le mendiant cheminait en suivant la cadence. Dans un instant, il fausserait compagnie au religieux et quémanderait.

Avec l'aide de la Vierge, il ferait encore une fois une bonne journée, amasserait beaucoup, il en était certain : que le curé se fût trouvé sur son chemin était un signe faste, du moins le gueux le prenait-il comme tel.

— Écartez-vous, pour un moribond.

Quelques rues plus loin, le petit cortège parvint à bon port. Les voisins du mourant accueillirent le colosse prêtre, qui les bouscula eux aussi sans égard, tant il redoutait d'arriver trop tard avant de s'engouffrer dans ce qui allait être sous peu l'ultime demeure de celui qu'il était pressé de rejoindre. Le mendiant fit un dernier signe de croix, pour donner le change, et s'éclipsa. Il était attendu non loin d'ici. Et par du beau, du très beau monde.

4

20 MARS 1679

Au Grand Châtelet

Le bureau était jonché de papiers, les uns volants, les autres attachés en liasses. Plusieurs étaient tombés à même le sol et s'y recourbaient, attaqués par l'humidité qui, au travers des tapis, sourdait des dalles de pierre.

— Dans tous ces rapports, dit La Reynie, il n'est le plus souvent question que de voleurs qui ont tué leur victime à petit feu, pour le plaisir, d'enfants qui ont assassiné leurs parents pour les dévaliser, quand il ne s'agit pas de l'inverse, d'un vieux et riche mari devenu encombrant et que sa jeune épouse a fini par faire occire par son amant, de frères et de sœurs, de mères et de pères qui se sont entretués à la suite de disputes affreuses. Sans compter les vols, les indécences, les querelles de laquais qui sèment le désordre sur les ponts, aux Tuileries ou au bord de la Seine. Du désordre et surtout du crime, mais du banal, du commun. Pourtant, aujourd'hui, tout cela est plus que jamais du peu, du rien.

Constant restait coi. La Reynie se saisit d'un maroquin, perdu au milieu des autres, en tira un papier, le parcourut rapidement comme s'il avait voulu s'en remémorer les principales informations. Il reprit :

— Heureusement, M. de Pomereu a eu la courtoisie, c'est même de l'amitié, de m'envoyer un message pour me tenir informé de l'affaire du mort du port Saint-Paul et de l'enquête que ses quarteniers ont entamée. Il n'avait pu le faire auparavant en raison d'un surcroît de travail, ce dont il s'est excusé, bien qu'il n'y fût en rien obligé. Loin d'être un inconnu, le trépassé a pu être identifié : Martin Laboureur. Il était assez connu dans le quartier car, voyez-vous, il a longtemps été valet dans une demeure de la rue Neuve-Saint-Paul, qui se trouve tout à côté du port. Et savez-vous quelle est cette maison dont je parle ? De l'hôtel de la feue marquise de Brinvilliers.

Saint-Lizier s'était préparé à mentir. Ce qu'il fit avec d'autant plus de difficulté que l'assassinat de Laboureur l'émouvait plus qu'il ne l'aurait voulu. Constant n'avait certes jamais été lié d'amitié avec le mort, quoi qu'ils se fussent longtemps côtoyés – il était même soulagé que le gêneur fût trépassé. Et puis il y avait tant de valets qui périssaient ainsi, parce qu'ils avaient simplement fait une mauvaise rencontre[1]... Cependant, le garçon ne pouvait s'empêcher de se demander si l'ancien domestique de la Brinvilliers n'avait pas été occis à cause de son passé, passé que les deux garçons avaient en commun... L'agent de La Reynie était-il lui aussi menacé ?

— J'avais entendu parler de ce mort. Je ne savais rien de sa vie, bien sûr.

La Reynie choisit ici de digresser.

1. Au milieu du XVIIe siècle, un meurtre était commis chaque jour à Paris.

— La police du prévôt et la nôtre sont souvent en conflit, vous ne l'ignorez pas. Rien de plus normal, quand on y réfléchit : les forces de la prévôté existaient avant celle du Châtelet, Pomereu doit s'habituer à ce que nous existions désormais. Quant à moi, il faut que je prenne garde à ne pas empiéter sur les prérogatives qui leur restent et que vous connaissez aussi bien que moi. Tout cela doit être analysé avec rigueur. Mais, en l'espèce, M. le prévôt a agi avec diligence et savoir-faire. Ses gens ont déjà procédé à un tour de ces estaminets. La victime s'appelle donc Laboureur. C'était un bavard. Le jour de sa mort, semble-t-il, il a raconté à plusieurs de ses compagnons de beuverie qu'il venait de retrouver un autre des anciens valets de Mme de Brinvilliers. Et deux lettres ont été dessinées à l'encre sur le cadavre : un A et un S tracés dans une étoile que les suppôts de Satan aiment dédier à leur maître. Selon vous, quel pourrait être le sens de cette inscription étrange ?

Ébranlé par les révélations de La Reynie, Constant tenta tant bien que mal de faire bonne figure.

— Je ne le devine pas davantage…

— Le prêtre appelé auprès du corps, selon ce que m'a rapporté M. de Pomereu dans le mot qu'il m'a passé, a éclairci ce mystère : un A pour *Ave*, un S pour *Satanas*… Nous revoilà avec les sorcelleries du temps de la Brinvilliers.

Saint-Lizier respirait à peine, ne savait trop que dire, que répondre, funambule en équilibre sur une crête. Il avait si bien connu Laboureur, sa vie auprès de Brinvilliers lui était encore si présente, l'inquiétude qui le gagnait de plus en plus palpable, qu'il craignait, en parlant, de trop en dire, de se trahir. Mais s'il ne conversait pas assez, Constant mesurait qu'il risquait d'éveiller les soupçons de La Reynie, l'opposé d'un sot. Sans compter le léger dégoût que le garçon éprouvait pour lui-même et qui le gagnait : il abusait La Reynie, alors que celui-ci l'avait toujours encouragé, favorisé et protégé. Mais Saint-Lizier avait-il le choix ? Assurément pas. Il devait détourner le lieutenant de police de tout ce qui regardait, de près ou de loin, le mort du port Saint-Paul, sous peine que, en enquêtant sur Laboureur, La Reynie ne découvrît que Constant avait été son camarade et avait lui aussi servi Brinvilliers.

Heureusement pour le garçon, le lieutenant de police poursuivait son propos :

— Passé l'exécution de la marquise, l'hôtel de la rue Neuve-Saint-Paul ne put être restitué à aucun des parents de Mme de Brinvilliers… Et pour une bonne raison : celle-ci avait exterminé l'essentiel de sa parentèle. Voici ce que je viens d'apprendre : par la suite, la demeure fut achetée par une autre famille, que ne rebutaient pas les crimes qui s'y étaient préparés et y avaient été commis, du moins pour certains. Celle-ci eut cependant des difficultés à recruter des domestiques : ceux qui se trouvaient déjà à son service ne voulurent pas s'installer dans la maison de la meurtrière. De rares courageux finirent toutefois par accepter de travailler dans la place. Mais ceux-là aussi parlèrent vite de gémissements nocturnes, de pleurs venus de nulle part, de supplications entendues dès que sonnaient les cloches de Saint-Paul ou de l'église des Jésuites, toute proche[1]. Il semble que le mort de la grève faisait partie de ces valets qui

1. Saint-Paul fut détruite pendant la Révolution. En 1802, l'église des Jésuites (rue Saint-Antoine) fut rebaptisée Saint-Paul-Saint-Louis, en souvenir de sa voisine disparue.

se crurent courageux, mais s'épouvantèrent, comme les autres. Il trouva malgré tout à se louer dans une autre demeure, non loin de là. Il habitait donc dans le quartier depuis assez longtemps. C'est pour cela que, même trépassé, il a été reconnu sans trop de mal, et par assez de personnes pour qu'on soit certain de son identité.

Saint-Lizier devait parler, absolument, mais ne parvint à proférer qu'une banalité :

— C'est une chance, si je comprends bien.

— Oui. On ne lui connaît ni femme ni enfants, mais pas mal d'aventures avec les servantes, les petites marchandes des alentours et jusqu'à celles de l'île Saint-Louis, qui se montaient la tête et faisaient les fières, tout ça parce que, toutes manantes qu'elles étaient, elles habitaient là où résidait, en ses beaux hôtels, le plus distingué, le plus gourmé de ce que comptait la noblesse de robe. Dès qu'il en avait le temps, le garçon courait les cabarets du quartier.

De nouveau, le policier du roi parcourut le rapport de Pomereu.

— Cela est bien étrange. Voici quelques jours à peine, la Voisin est arrêtée, ce qui fait remonter à la surface l'affreuse affaire de Mme de Brinvilliers. Dès lors, nous commençons à arrêter des complices, des comparses, des intermédiaires et des clients. Et au même moment, ou à peu près, un ancien domestique de cette même marquise criminelle rencontre l'un de ses compagnons de ce temps-là – c'est ce qu'il a raconté à des compagnons de taverne – et est tué peu après. Convenez qu'il ne peut y avoir là aucune coïncidence.

— C'est plus que troublant.

La Reynie ne sembla pas s'émouvoir du fait que le jeune policier parlât désormais d'une voix sans timbre. Cependant, habitué à interroger, à entendre ce qui n'était pas dit, à saisir ce que d'autres n'auraient pas perçu, il mesura la gêne qui gagnait son protégé. Impassible, il poursuivit :

— Ce Laboureur a peut-être été tué parce qu'il savait, ou avait vu, deviné ou compris quelque chose qui regarde cette affaire. Reste à trouver de quel secret il était le détenteur et, surtout, qui a décidé de l'occire. Vous avez déjà fort à faire avec ce qui a trait à la femme Voisin, mais il serait absurde que je confie à un autre que vous le soin d'enquêter sur la mort de ce garçon. Je joins son cas aux autres. Tâchez d'en apprendre davantage sur son assassinat, efforcez-vous de connaître qui il a vu ce jour-là. Pour ce faire, allez donc vous promener du côté de la rue Neuve-Saint-Paul, il est possible que vous y fassiez des rencontres intéressantes…

Atterré, le jeune policier salua La Reynie. Il ne savait pas où, sitôt après avoir quitté le Grand Châtelet et ses pièces ténébreuses, il allait diriger ses pas. Quoiqu'il fût certain, tant son trouble était grand, de ne pas s'approcher de l'ancien hôtel de Brinvilliers avant longtemps.

Le lieutenant de police le regarda partir. D'une manière ou d'une autre, comprenait-il, Saint-Lizier lui mentait, du moins par omission, par évitement. La Reynie en était pourtant plus stupéfait qu'inquiet : son protégé avait toute sa confiance… Pour autant, à cet instant, et sans qu'il sût pourquoi, il se sentit saisi par un certain découragement, un sentiment qu'il n'avait jamais éprouvé ou presque et qui avait commencé à sourdre tout à l'heure. Le policier du roi savait qu'il était à la tête d'un édifice qui ne tenait que grâce à lui. Lui seul avait l'œil sur tout, et il ne pouvait compter sur personne, en vérité, afin de le seconder. Or la charge de lieutenant de police était neuve encore, peut-être de création trop récente pour lui survivre si La Reynie abandonnait la partie, était démis ou venait à périr, que ce soit de maladie ou de mort violente. Qu'adviendrait-il alors du Grand Châtelet, de ses policiers, de leurs enquêtes et du maintien de l'ordre, de l'œuvre de sa vie ? Le policier du roi le devinait aisément : Paris retournerait à l'état de demi-sauvagerie.

Envisager cette évolution était impensable, intolérable, songea La Reynie. Mais le policier du roi était assez sûr de lui, de sa détermination et de son savoir-faire pour se dire que ce regain de barbarie ne se produirait jamais, du moins de son vivant.

À Saint-Germain

Contrairement à son père Louis XIII, Louis XIV habitait au Château-Vieux de Saint-Germain avec ses proches et logeait au Château-Neuf des personnages de seconde catégorie ou moins bien en cour. Ce dernier était en bien moins bon état que le Château-Vieux, pourtant plus ancien. La construction en avait probablement été bâclée. Mais, surtout, ce palais délicieux, édifié au rebord du coteau, s'affaissait doucement sur des fondations incertaines, une superposition de terrasses, d'escaliers aménagés à flanc de colline, que les pluies qui rongeaient le calcaire fissuraient et menaçaient peu à peu d'entraîner vers le bas de la vallée de la Seine.

Il n'empêche. Perché sur ces terrasses empilées qui lui composaient une sorte d'immense piédestal, le Château-Neuf offrait encore un aspect grandiose. Le roi le savait, qui aimait se promener dans ces jardins suspendus. À ses yeux ces rampes constituaient une vaste scène de théâtre à ciel ouvert, à la mesure de son orgueil.

Ce matin, justement, Louis XIV voulut descendre jusqu'à la Seine, sous ce beau soleil de fin d'hiver.

Plus que jamais, le Bourbon avait envie de parader au milieu de ses courtisans. La reine ne serait pas de la partie. Elle se sentait dolente depuis qu'elle avait croisé Montespan, l'autre soir, portant de nouveau une robe à paniers, dont la contemplation avait mortifié l'épouse du roi, comme escompté par la comploteuse. Dès l'instant que l'absence de Marie-Thérèse fut connue, la présence de Montespan à cette promenade ne fit plus aucun doute. La favorite tiendrait par-dessus tout à être là. De manière à montrer qu'elle était bien la véritable reine, en multipliant les bons mots comme à son habitude, en donnant à voir sa beauté, afin de souligner, s'il en était encore besoin, que la souveraine légitime, elle, était décidément parfaitement inutile.

Et, peu après, ce fut tout un flux moutonnant d'habits rutilants, de dentelles, de rubans et de plumes qui dévala lentement les jardins du Château-Vieux. Quand le roi faisait un pas en avant, tout le monde faisait un pas en avant. Quand le roi regardait d'un côté, pour mieux apprécier une perspective, un parterre de buis, un bassin, tout le monde regardait cette même perspective, ces mêmes plantations, cette même fontaine. La Cour descendit ainsi jusqu'à la terrasse de Mercure.

Montespan était donc là. Et Maintenon aussi, ce qui étonna un peu les courtisans, car celle-ci n'aimait guère les jardins de Saint-Germain, le faisait savoir et trouvait souvent à aller à Paris, quand le roi annonçait à l'avance qu'il se promènerait au milieu de ces parterres. La gouvernante était accompagnée de quelques-uns des bâtards royaux dont elle avait la garde, troupeau aussi chamarré que celui des adultes. Le roi, ses admirateurs à sa suite, descendit l'une des rampes qui encadraient le mur des Lions[1]. Cette chaussée double avait été jadis conçue pour que les chevaux puissent la gravir : Henri IV, quand il venait de Paris, traversait la Seine sur un bac et gagnait Saint-Germain en escaladant la pente sur sa monture. Or, en gravissant ces degrés pensés pour les sabots, les pieds des aristocrates se firent maladroits, la Cour de Louis XIV dut claudiquer.

Gigotant sur eux-mêmes, les promeneurs arrivèrent au bout de la galerie dorique, dont les entrailles recelaient plusieurs des fameuses grottes à automates de Saint-Germain. Près du roi, un jeune cœur commençait à battre très fort, trop fort : Vexin, craignant que le cauchemar de l'autre jour ne se reproduisît, n'en menait vraiment pas large. Louis XIV marcha vers la première grotte.

— Allons voir, aujourd'hui, comment se porte Persée, et si les bêtes qui l'accompagnent lancent toujours de droits jets d'eau, bien loin et bien fort, par leurs naseaux et leur gueule. Et, surtout, voyons si ce héros va tuer une nouvelle fois le monstre marin sorti de l'écume, afin de délivrer Andromède.

Peu après, le roi et sa suite pénétrèrent dans la caverne ornée de coquillages incrustés, de statues. Parmi elles, des chevaux aux crinières mêlées d'algues, prêts à bondir… Manteau, chapeau à plumes et cravate rouge, le jeune Vexin se tortillait sous ses rubans, il était une fois de plus pris au piège : ces tritons et ces sirènes, là-bas, paraissaient l'attendre, le fixaient de leurs yeux de cuivre et d'étain. C'était certain, Louis XIV avait déjà donné des ordres pour que son jeune fils fût aspergé dès qu'il passerait devant ces

1. Ainsi nommé en raison des têtes de lion qui l'ornaient. Ce mur a été en partie restauré et récemment mis en valeur.

créatures malfaisantes. Pourquoi était-il donc toujours la cible des plaisanteries du roi son père ? Il détestait être trempé par cette eau froide et savait que, mouillé, il serait cependant contraint de poursuivre la visite des jardins. Il s'enrhumerait à coup sûr.

À présent, le petit comte était tout près des automates les plus menaçants.

— Ces tritons ne vont donc pas s'éveiller ? s'amusa le roi dont la question faussement naïve, dite à voix haute, n'avait d'autre but que de prévenir les fontainiers qui, en retrait, recevaient ainsi l'ordre de tourner les clefs des vannes, comme l'avait deviné Vexin.

Complice du roi, ou indifférente au supplice qui allait broyer son pupille, crut Vexin, Maintenon gardait le jeune comte auprès d'elle. Soudain, une idée s'imposa au garçon, l'esprit aiguillonné par le désir de se sortir sauf de cette aventure. Il échappa un instant à la surveillance de sa gouvernante, pivota sur ses talons et, de toutes ses forces d'enfant ivre de vengeance, poussa sa sœur, Mlle de Nantes[1], d'un an seulement sa cadette. C'est à ce moment, conques en avant, que les tritons se transformèrent d'un coup en autant de fontaines jaillissantes. Et la jeune Nantes fut d'emblée inondée.

— Sac à puces ! cria la fillette à son frère.

— Bique, mauvaise joueuse ! répliqua Vexin. En plus, tu louches.

C'était vrai, et la remarque déplut à la petite demoiselle.

— Toi, tu es bossu !

C'était vrai aussi, et le jeune duc se rembrunit. Nantes décida de confirmer l'avantage pris dans cet échange.

1. Louise-Françoise de Bourbon dite Mlle de Nantes.

— Quand je serai grande, je serai princesse et je te déclarerai la guerre[1].

— Tu ne pourras pas, car moi, je serai roi de France.

Nantes n'avait pas encore six ans. Or elle avait déjà parfaitement compris quelle était sa position à la Cour : certes fille du roi, elle n'était en revanche pas la fille de la reine, pas plus que Vexin, et le savait. Elle siffla entre ses dents :

— Tu n'es qu'un bâtard, tu ne régneras jamais. Jamais.

Ni le roi ni Maintenon n'entendirent cette remarque. Le premier parce qu'il riait trop de voir sa fille mouillée, la seconde parce que, décidément, elle n'aimait pas qu'on ridiculisât les enfants en général, ceux dont elle avait la charge en particulier. Plus maternelle que si elle avait été sa véritable mère, Maintenon prit la petite Nantes par la main et l'enveloppa dans son manteau pour la garantir contre le froid de l'eau, avant de se retourner vers Louis XIV.

— Sire, je demande la permission de ramener cette enfant au château afin de la sécher et de l'y changer, il y va de sa santé, elle est trempée.

Montespan aimait que sa progéniture demeurât auprès d'elle quand elle était en représentation : ils disaient sa puissance et sa fertilité, son avenir glorieux. Aussi fut-elle tentée de s'interposer et de contredire la gouvernante des bâtards, puis elle songea qu'il valait mieux ne rien dire en public, ce qui eût été malvenu. Elle regarda ailleurs et fit celle qui n'avait rien entendu, n'avait rien à ajouter sur le sujet parce que celui-ci ne l'intéressait pas.

1. Mlle de Nantes épousa plus tard un Bourbon-Condé car le roi se plut à marier ses bâtards à des membres de la dynastie régnante.

Le roi aimait s'amuser, mais il avait eu son compte de drôleries. Et il n'était pas cruel, du moins avec ses enfants :

— Madame, vous nous manquerez car votre compagnie nous est toujours agréable. Mais je sais que vous placez les obligations de votre charge au-dessus de tout.

Louis XIV accorda un regard entendu à Montespan. Maintenon, elle, salua le roi et sortit sans attendre de la grotte, suivie de ses suivantes et des deux chamailleurs.

— Guenille, grogna sa sœur à l'adresse de Vexin.

La jeune demoiselle n'avait pas dit son dernier mot. Elle était rancunière.

5

22 MARS 1679

À Paris

Saint-Lizier était bien contraint de constater que, plus encore mort que vivant, Martin Laboureur continuait, au bas mot, de l'importuner. Il s'en voulait de concevoir une telle pensée, mais ne réussissait pas à se l'ôter de l'esprit. Pour donner le change, et ne pas tout à fait désobéir à La Reynie, le jeune policier s'était finalement rendu rue Neuve-Saint-Paul, deux jours après avoir reçu l'ordre d'enquêter sur le trépassé. Il était bien entendu décidé à ne faire preuve d'aucun zèle : s'il avait commencé à interroger les voisins, les boutiquiers du quartier, il aurait fort bien pu rencontrer – c'était même plus que probable – certains de ceux qui l'avaient connu valet de Mme de Brinvilliers. Le policier s'était donc contenté de parcourir cette rue et quelques autres alentour, le nez baissé, en prenant soin de passer inaperçu et de ne parler à personne.

Tout à ses pensées, le garçon emprunta, sans bien s'en rendre compte, l'itinéraire qu'il suivait jadis en compagnie de la marquise empoisonneuse. Certes en carrosse et maintenant à pied, mais jadis et maintenant habité par la crainte. Il descendit une partie de la rue Saint-Antoine, tourna, retourna, se retrouva rue du Temple, s'aperçut qu'il était tout près de l'une des boutiques où Brinvilliers se procurait autrefois l'arsenic dont elle avait besoin : l'échoppe de la vieille Catheau Lafontaine, dite la Marraine. Car la mégère – taille épaisse et courte, cheveux frisés, joues striées de veines pourpres et guère plus de dents – avait eu l'habileté, sous couvert de leur offrir le gîte et le couvert, de recueillir un troupeau d'orphelins qui, sans cela, auraient été laissés à eux-mêmes. La Marraine n'avait aucunement la fibre maternelle ni n'était philanthrope. Juste assez nourris pour ne pas mourir de faim, les enfants lui servaient à livrer aux belles dames et aux prêtres qui leur étaient dévoués les philtres, fruits empoisonnés et poudres commandés, et en toute discrétion : qui aurait pu penser que ces petits mal lavés portaient la mort, cachée dans de menus paquets glissés sous leurs habits rapiécés ?

Le commerce était toujours là, étals en façade, deux simples dalles de pierre où la marchande plaçait les plantes, bien innocentes celles-ci, feuilles de tilleul, verveine et sauge, qui servaient à mieux dissimuler son trafic : les autres végétaux, les vénéneux, étaient dissimulés dans l'arrière-boutique, sucs gardés dans des fioles cachetées, bocaux, fatras d'alambics, cucurbites, cornues et réchauds à bain-marie.

Le jeune policier savait que la Marraine, jamais dénoncée par Brinvilliers, n'avait pas été inquiétée par la justice du roi. Il s'étonnait cependant que la sorcière fût demeurée là après la mort de la marquise parricide et n'eût pas ressenti l'ardent désir de s'enfuir. Forte de son savoir-faire, la marchande de mort aurait fort bien pu s'installer ailleurs et s'y refaire une clientèle.

Assommé, ahuri, Saint-Lizier se tenait de l'autre côté de la rue, les bras ballants : il avait peur du passé, peur de la sorcière et, cependant, ne pouvait s'empêcher de regarder ce qu'il savait être une antichambre de l'enfer, un haut lieu du mal. Il crut apercevoir l'empoisonneuse au fond de la boutique, avec ses cheveux crépus qui sortaient de sous son bonnet. Bravant le danger encouru, le policier se contenta de mal se cacher derrière un tombereau. Peu à peu, son regard s'habitua à la pénombre qui régnait dans la boutique, il vit une silhouette qui allait et venait, crut distinguer Catheau, mais n'en était pas certain. Puis, soudain, la silhouette s'avança, franchit le seuil. Le policier retenait son souffle.

Ce n'était pas l'empoisonneuse. C'était une jolie jeune fille, vêtue d'un manteau bleu de nuit. Elle avait sans doute moins de vingt ans, était ravissante. À sa manière de se tenir, de se mouvoir, elle avait de toute évidence reçu la meilleure éducation. Constant crut un instant reconnaître Gabrielle, la fille de La Reynie, mais songea aussitôt qu'il était impossible que celle-ci se trouvât là. La rencontre avec Laboureur l'avait décidément bouleversé, avait altéré son discernement et lui jouait des tours. Il devait, parce qu'il était policier, vite retrouver son assurance.

À Saint-Germain

L'entretien touchait à sa fin. Ce jour-là, le roi avait choisi de recevoir La Reynie dans un cabinet de son appartement, établi au premier étage de l'angle nord-est du Château-Vieux, deux pièces donnant sur la cour, trois autres sur le balcon longeant la façade[1]. Ici, le monarque et le policier seraient plus tranquilles qu'ailleurs.

— De nombreux décrets de prise de corps ont été lancés, récapitula Louis XIV. Je me doute que plusieurs suspects réussiront à nous échapper en gagnant les frontières. Mais il est probable que beaucoup soient jugés : les prisons sont déjà pleines, sans compter ceux et celles qui se cachent, mais que vous réussirez à rattraper.

— Des dizaines, Sire, à en juger par les déclarations de la femme Voisin.

1. Ce logement comprenait, entre autres, un salon figurant une sorte de grotte, avec une cascade, un jet d'eau, des amours, des glaces. Admirateur du Roi-Soleil, Louis II de Bavière le savait-il lorsqu'il fit aménager une fausse grotte dans l'une des petites pièces du château de Neuschwanstein ?

Outre la place qui manquerait pour accueillir tous les accusés, dont beaucoup avaient été enfermés à la Bastille, et aussi les audiences à mettre en œuvre, le Grand Châtelet ne disposait pas du personnel, gardes d'escorte, greffiers, magistrats, qui lui permettrait de mener à bien toutes les procédures : Louis XIV et La Reynie ne l'ignoraient pas.

Le roi réfléchit. Il examina les propositions du lieutenant de police. Puis lâcha :

— Vous avez raison, comme d'habitude. Je me range à vos vues. Une Chambre ardente. C'est ce seul tribunal qui, établi à l'Arsenal, saura démêler cette affaire, avec la célérité, la discrétion, l'autorité, la patience et la ténacité nécessaires. Dès demain, je ferai rédiger la lettre patente créant cette juridiction. J'en confierai la présidence au comte de Compans. C'est l'un des magistrats les plus loyaux et les plus impartiaux du royaume. Un point ne figure pas dans votre rapport mais je l'y ajoute. Je veux que ce soit vous qui instruisiez les procès à venir.

Serviteur fidèle, le lieutenant de police ne montra ni surprise ni réticence quoique cette annonce dît par avance que son travail serait décuplé.

— Or, vous supporterez ainsi le plus lourd de l'affaire. Compans jugera et décidera, certes, mais sur la base de ce que vous aurez soumis au tribunal. Au préalable, vous aurez interrogé, vous aurez rassemblé des preuves, confronté les aveux, rédigé des rapports et des mémoires. Vous aurez à vous garder de tout le monde, hormis des collaborateurs dont vous vous entourerez et dont vous savez qu'ils seront dignes de leur mission. J'ajoute que mon premier valet de chambre, Bontemps – je n'ai pas de secret pour lui –, me tiendra informé : il lira ou entendra ce que je n'aurai pas le temps d'apprendre de votre part, si d'autres tâches me détournent de cette affaire dont je mesure pourtant qu'elle revêt une importance capitale. Je vous ferai donner autant d'archers que vous en aurez besoin pour escorter les prisonniers, perquisitionner, arrêter. Je sais que je vous demande beaucoup. Ne serait-ce que parce que vous devrez aller sans cesse du Grand Châtelet à l'Arsenal, de la Bastille à Vincennes. Je veux, j'exige que la vérité soit connue et que la justice passe. Interrogez, fouillez, questionnez. Lorsqu'il l'a fallu, les monarques qui m'ont précédé n'ont jamais hésité à couper des têtes, y compris celle des plus grands personnages de la Cour. Mon père le roi Louis XIII a fait exécuter le marquis d'Ancre, Concini[1], qui menaçait son pouvoir, puis un des plus grands seigneurs du royaume, Henri de Montmorency[2], pour avoir osé se révolter contre son autorité, sans parler du marquis de Cinq-Mars[3], qui avait pourtant été son ami, son compagnon. Croyez donc que, si c'était mon devoir, je n'aurais aucun scrupule à faire juger et à punir les coupables et les compromis, fussent-ils puissants, et même si je les logeais ici, à Saint-Germain.

Le roi disait sans doute vrai, songea le policier. Ne serait-ce que parce que ces diableries portaient atteinte à sa grandeur.

— J'espère, Votre Majesté, que nous ne serons pas contraints d'en arriver à de telles extrémités.

1. Il gouverna le royaume après l'assassinat d'Henri IV pour le compte de Marie de Médicis.

2. Il conspira avec Gaston d'Orléans, frère de Louis XIII, et fut exécuté en 1632.

3. Grand Écuyer de France, ami de Louis XIII et peut-être son amant, il conspira contre Richelieu et fut décapité à Lyon en 1642.

— Moi aussi. Mais je n'en suis pas certain. Souvenez-vous de l'horreur soulevée lors de l'affaire de Mme de Brinvilliers.

Le roi se tut. Voici quelques années, il avait dissimulé sa liaison avec Montespan. Maintenant, il s'affichait avec elle, sans plus vouloir se cacher de la Cour, mais traquait chez les autres ce qui lui semblait être des dérèglements. Avec d'autant plus de hargne que, Louis XIV s'en rendait compte non sans étonnement, les caresses de Montespan ne lui suffisaient plus et il entendait bien désormais avoir plusieurs maîtresses à la fois, de grandes dames, car le roi aimait leur conversation et voulait les exhiber, sans parler des suivantes, des femmes de chambre, troussées dans le noir d'un couloir, outre la reine. C'est ce désir, ce besoin de se constituer un vivier où il pourrait aller à volonté qui incitait Louis XIV à se montrer intraitable avec les autres, sous peine que ceux-ci, s'ils se révélaient infidèles, lui soient un miroir de ses propres agissements.

Le roi ajouta :

— Nous verrons cela aussi, bientôt.

Là, le roi fit une pause, regarda La Reynie avant de reprendre, la voix à la fois plus lente et plus basse :

— Je vous ai dit, l'autre jour, que nul, à la Cour, ne devait être ménagé. Vous l'avez entendu mais je le répète. Que l'Arsenal questionne un duc, un cardinal ou même un prince si, par malheur, l'un d'entre eux était compromis. Mais une certaine personne, elle, doit être épargnée par cette justice d'exception, elle et ses proches, ceux qui la servent, entendez-vous, monsieur de La Reynie ?

Le lieutenant de police avait saisi. Le souverain lui faisait comprendre que, si le Grand Châtelet avait pour le reste les coudées franches, Montespan, elle, ne pouvait être officiellement accusée. Du reste, le Bourbon estimait sûrement qu'il en avait assez dit et s'abandonna à la contemplation d'une coupe taillée dans une agate.

La Reynie n'était pas surpris d'avoir reçu cet ordre. Sitôt que Constant lui avait fait part des révélations de la servante Fanchon, *a fortiori* après les révélations de la Voisin, il avait d'emblée mesuré que Montespan était coupable et compris, décidé qu'il fallait la protéger, quoi qu'il en pensât. Une part de lui-même s'en voulait de construire une digue infranchissable autour de la favorite, son sens de la justice en était bafoué. Mais une autre part de lui-même, qui avait le pas, lui avait toujours soufflé d'agir ainsi, avec souplesse et pragmatisme, intelligence, pour mieux défendre le roi et la monarchie. Or ce parti, ce choix, venait de recevoir l'appui du monarque en personne. Voilà, songea La Reynie, qui devait balayer ses derniers scrupules, si tant est qu'il en éprouvât encore.

Un instant plus tard, le lieutenant de police saluait le roi. Et s'en alla aussitôt, sans même aller voir Maintenon quoique, en fin policier qui se doublait ici d'un fin courtisan, il devinât que la dame était une étoile montante, une favorite en puissance, une force émergente qu'il convenait de flatter pour ne pas insulter l'avenir. Le temps de regagner son carrosse, il croisa de nombreux courtisans, de grandes charges de la Couronne. Déformation professionnelle, sans doute, il ne put s'empêcher, chaque fois, de se demander s'il se trouvait face à un profanateur de sépultures ou à un égorgeur d'enfants.

Soudain, dans le vestibule menant au vieux pont-levis qui constituait l'un des deux principaux accès au château, La Reynie croisa une créature qu'il connaissait bien, mais dont la rencontre lui causait toujours un certain émoi. Une femme plus que grosse, au teint couperosé et marqué par une ancienne petite vérole, affublée d'une bouche trop grande laissant voir des dents gâtées, la coiffure défaite d'un côté, les colliers et les rubans en bataille. Et avec cela, une stature de bûcheron, une démarche de garde suisse, des mains faites pour planter des arbres sans pelle, une robe fort riche mais mal portée, une senteur mélangée de vieux cuir, celui de la selle et des harnais du cheval que la princesse – c'en était une – venait de monter, mêlée à l'odeur de l'animal lui-même, une solide propension à lâcher rots et pets à tout-va. Bref, un homme déguisé en femme.

La Reynie salua bien bas : ce monstre n'était autre que la Palatine, la seconde épouse[1] de Monsieur le frère du roi, homme aussi fille, avec ses rubans, muscs et perles, que sa femme était garçon. Avec amabilité et franchise, la princesse rendit son salut au lieutenant de police, qu'elle avait bien reconnu et dont elle appréciait la droiture, une qualité trop rare selon elle à la Cour.

Du côté de ce personnage, au moins, La Reynie savait qu'il n'avait rien à suspecter. À Heidelberg, la princesse avait été élevée dans la religion protestante. Elle détestait et méprisait sans doute, songeait le lieutenant de police, tout autant les sorcières et leur sorcellerie que les catholiques dont elle avait été

1. La fameuse princesse donna à son époux de nombreux enfants, en dépit de tout ce qui les séparait.

obligée, raison d'État oblige, d'embrasser la religion lorsqu'elle était arrivée ici pour épouser Monsieur voici déjà plusieurs années et faire du petit Palatinat un satellite de la puissante France. Mais que la Palatine ne fût pas soupçonnable d'être mêlée à l'affaire bientôt jugée à l'Arsenal n'avançait guère le policier : toute la Cour, sauf la princesse, pouvait, ou à peu près, être suspectée.

À Saint-Germain, peu après

Le Château-Vieux de Saint-Germain peinait à contenir la Cour de Louis XIV, d'autant plus croissante et nombreuse que le roi la voulait brillante. Hormis les appartements royaux et ceux des plus grands personnages, les logements des étages supérieurs avaient parfois été partagés en deux, dans le sens de la hauteur, de manière à pouvoir disposer, au lieu d'une seule salle, de deux pièces établies l'une au-dessus de l'autre. L'avantage était patent. L'inconvénient aussi, car le plafond était bas partout. La coiffe de Claude des Œillets, par exemple, frottait souvent le plâtre du logement exigu dont elle devait se contenter, au-dessus des salons de sa maîtresse, Montespan. Or, ce jour-là, cela n'avait pas grande importance car c'est allongée, à la rigueur courbée sur ses quatre membres plus ou moins repliés sous elle, que la suivante allait devoir passer un moment. Un moment qu'elle espérait cependant assez court. Car c'était là du service commandé, non du désir. Et encore moins de l'amour.

— Allons-y, voulez-vous ? dit-elle avec un entrain forcé au soldat, occupé à se déshabiller.

Montespan, en tant que maîtresse officielle, était flanquée de gardes du corps, qui avaient pour mission de ne jamais la perdre de vue surtout quand elle s'éloignait du roi. Louis XIV entendait que sa favorite fût protégée en toute occasion parce qu'il était attaché à elle, qu'il ne pouvait être question que le roi ne sût pas ce que Montespan faisait, et comment, et avec qui, à toute heure du jour.

Ce matin-là, la marquise avait décidé de se rendre une nouvelle fois à Paris. Bien entendu sans les deux soldats d'ordinaire attachés à ses basques : Montespan devait reconstituer sa réserve de poudres empoisonnées. Il avait donc fallu que Mlle des Œillets se sacrifiât une fois de plus, offrît sinon son âme du moins son corps aux deux militaires. Quant à ces deux-là, ils n'avaient pas balancé longtemps et, dès la proposition faite, avaient abandonné leur poste et avaient décidé de suivre cette belle fille jusque dans ses appartements afin de profiter du morceau friand qui leur était offert. Mais, attention, il ne fallait ni rêver ni exagérer : l'un après l'autre, avait prévenu des Œillets, du reste au soulagement général – procéder autrement aurait constitué une nouveauté qu'aucun des trois concernés ne souhaitait expérimenter, on pouvait être intéressé par la chose tout en observant une certaine retenue.

Enfin, le premier militaire était prêt :

— Tu es sûre que le roi ne saura rien ?

Sa crainte ainsi exposée n'altérait cependant pas son enthousiasme, comme put le constater la suivante de Montespan, en baissant un instant les yeux, pour voir ce qui l'attendait.

— Bien entendu, sot, assura la suivante, juste avant de s'allonger. Quel intérêt aurais-je à te dénoncer puisque, ce faisant, je devrais reconnaître que je t'ai détourné de ta mission et me dénoncerais ainsi moi-même ? Allons, hâte-toi, car ton camarade est déjà là, qui attend son tour dans l'antichambre. De plus, nous sommes encore en mars, tu le sais aussi bien que moi et, comme tu peux le voir, il n'y a pas de cheminée ici : je ne suis chauffée qu'à travers le plancher, par le feu qu'on fait chez la marquise de Montespan, dont l'appartement est en dessous du mien. J'ai un peu froid.

Contenter la séduisante suivante, s'enthousiasma le militaire, constituait un programme plus qu'alléchant. L'affaire commença donc dans une fébrilité partagée. D'un côté, on voulait s'amuser. De l'autre, on s'y était résolu. Or on toqua à la porte. Des Œillets s'agaça. Le soldat grogna :

— Il ne peut donc pas attendre son tour, l'autre ?

Mlle des Œillets ne dit rien ni ne bougea. Car, décidée à mener à bien la tâche qui lui avait été fixée par sa maîtresse, elle se trouvait déjà sur le chemin de l'envol et en avait la tête toute tournée. Mais on frappa de nouveau. Cette fois, le garde du corps s'agaça. Il se redressa d'un bond.

— Ah, ça, il ne peut vraiment donc pas patienter, l'animal !

Nu, le soldat se leva, alla en de grandes enjambées mâles ouvrir la porte de la chambre, prêt à dire son fait au mauvais camarade qui troublait son plaisir en ne sachant pas différer un peu le sien. Le soldat agrippa la poignée, poussa le battant.

Ouvert sans ménagement, celui-ci manqua heurter Montespan – car c'était elle, et non l'autre militaire d'élite, qui se trouvait là.

Des deux personnages soudain ainsi mis face à face, ce ne fut pas la maîtresse du roi de France la plus surprise : Montespan avait le cœur bien accroché.

— Je désirerais parler à Mlle des Œillets, dit-elle simplement. Et c'est urgent. Sortez, je vous prie.

La situation était si inattendue et le ton de la marquise souffrait si peu la discussion que le garde oublia sur-le-champ que rien n'avait été achevé, en dépit de prémices encourageantes. Empêtré dans ses affaires ramassées à la hâte, tant pour débarrasser les lieux que pour cesser d'apparaître aussi nu qu'un nouveau-né, le soldat passa devant Montespan sans songer à cacher ce qui aurait dû l'être et sans que celle-ci y prît garde. La marquise ferma elle-même la porte et, sans attendre que des Œillets mît de l'ordre dans sa propre tenue, elle débita d'un trait :

— Je reviens de Paris, j'ai fait plus vite que prévu. Finalement, toute cette affaire commencée avec l'arrestation de la Voisin n'aura pas eu trop de conséquences, voire aura été bénéfique à mes affaires. Car figurez-vous que, n'ayant plus la ressource de me rendre à la boutique de la rue Beauregard, je n'ai pas pour autant été embarrassée. Je suis d'abord allée non loin de là, rue de Bourbon[1]. Je savais qu'il s'y trouvait une collègue de la Voisin, dont le nom et l'adresse m'étaient déjà connus. J'ai pu y reconstituer mes réserves de poudre, de figures de cire et de graines variées. Ensuite, j'ai fait un saut rue de Cléry. Dans une arrière-cour, j'ai acheté quelques flacons de mercure sans qu'on me reconnaisse. J'ai fait porter tout cela non pas ici, mais en mon

1. Aujourd'hui rue d'Aboukir.

château de Clagny[1], pour plus de sûreté. Il ne me faut guère de temps afin d'aller y chercher là-bas, depuis Saint-Germain, ce dont j'ai besoin.

Probablement réconfortée par ces heureuses nouvelles, Mlle des Œillets applaudit. Comment aurait-il pu en aller autrement ? songea Montespan. Elle avait toujours eu confiance dans la suivante qui la servait sans jamais faillir. Depuis de longues années, la vie de la marquise n'était qu'une ascension qui ne menaçait ni de faiblir ni de s'arrêter avant longtemps. Montespan emportait des Œillets vers les sommets, et celle-ci lui en était sans doute très reconnaissante. Avec cette fille dévouée, pensa la favorite du roi, durant de longues années, ce ne serait que messes noires exaltantes et sacrifices afférents, profanations en tout genre, mystifications et empoisonnements à foison, pour le meilleur – entretenir et conserver l'amour du roi – et pour le pire – donner la mort, s'il le fallait, afin d'avoir le champ toujours libre, et s'amuser aussi un peu, de temps en temps, car il était plaisant de voir expirer autour de soi quand on était en vie, en bonne santé et plein d'allant.

— Madame est invincible.

— J'en conviens, assura simplement Montespan. Je suis allée ensuite à quelques rues de là. Et pour une tout autre raison. Depuis l'arrestation de la femme Voisin, pour les poisons, je m'en sors bien, je te l'ai dit. Mais tu sais que j'ai du mal à trouver les prêtres qui, auparavant, acceptaient d'organiser ce que je leur demandais. Je viens heureusement de découvrir un

1. Somptueux palais construit pour la marquise près du château de Versailles, dont il était une sorte de copie en miniature. Il était alors en voie d'achèvement et fut détruit un siècle plus tard.

curé qui ne reculera devant rien de ce que je lui réclamerai. Il est même plus enthousiaste, me semble-t-il, que celui auquel nous avions régulièrement recours, celui qui officiait souvent dans les cryptes de l'enclos du Temple, ce Pierre Jacquillard, le curé de Saint-Roch, ce pleutre, ce lâche qui refuse désormais de célébrer ce que tu sais, comme tant d'autres prêtres qui tremblent, maintenant que la femme Voisin pourrait les dénoncer, alors que je ne cesse de leur répéter que, en me servant, ils ne risquent rien, puisque je les protège…

Son propos achevé, Montespan s'assit sans façon sur le lit défait et encore tiède, avant de reprendre :

— Avais-tu fini, avec le jeune homme qui se trouvait ici ?

— Nous commencions à peine. Et son camarade attend toujours là-bas derrière.

— Dans ce cas, il faudrait que tu reprennes le travail interrompu. Il s'agit de contenter ces deux drôles, afin que l'idée d'être mécontents de nous ne s'empare pas d'eux. Je te donne quartier libre pour le reste de la journée, du moins jusqu'à ce soir. Pour me changer, je vais me faire aider par d'autres.

— Je suis aux ordres de Madame.

La marquise se releva. Un instant de repos lui avait suffi pour recouvrer ses forces. Montespan avait plus que jamais confiance en l'avenir, en son destin.

Au même moment, au Grand Châtelet

La Reynie expliqua :

— Tu le sais, voici quelques semaines, le roi a fait interdire la bassette : les princes y perdaient chaque soir jusqu'à des dizaines de milliers de pistoles, ou davantage. Mais voici qu'à Saint-Germain on joue au reversi[1]. Je ne suis pas certain que cela soit un progrès.

De retour à Paris, le lieutenant de police aurait préféré se retrouver seul, afin de mieux réfléchir à ce que le roi lui avait dit, tant il redoutait d'oublier une recommandation, une indication qui, donnée en quelques mots sur le moment, réussirait à lui échapper en dépit de son désir de faire au mieux. Or, en arrivant dans son bureau sombre, il avait eu la surprise d'y trouver sa fille Gabrielle.

Celle-ci était venue lui prodiguer caresses et affection, comme elle en avait l'habitude. Car elle tentait de pallier, certes sur un autre registre, le répertoire

1. À la bassette, sans doute venue d'Italie, les joueurs sont appelés « pontes ». Lui aussi d'origine italienne, le reversi s'organise autour du valet de cœur, surnommé *quinola*.

de l'amour filial, la solitude qui étreignait La Reynie, dont l'épouse était morte et le fils restait au loin, en Italie, depuis longtemps, sans donner de nouvelles. Le lieutenant de police aimait Gabrielle plus que sa vie. Même s'il peinait à le faire comprendre à la principale intéressée : il savait mieux parler aux criminels qu'à son enfant.

Il avait donc réservé un accueil chaleureux à la jeune fille, d'autant que, après y avoir réfléchi un instant, il n'était pas mécontent de penser à autre chose, même pour peu de temps, qu'à l'affaire qui allait être déférée à l'Arsenal. La Reynie raconta son entrevue avec le roi. En taisant ce qui avait fait le fond de l'entretien, notamment la mise en garde voilée concernant Montespan, mais en détaillant à l'envi les ors et les fastes du Château-Vieux de Saint-Germain, la tenue des dames croisées dans les cours et les antichambres, et les nouveaux travaux de Versailles, dont on l'avait entretenu entre deux portes. Il acheva :

— Versailles s'embellit de jour en jour. Certains prêtent au roi l'intention d'installer la Cour là-bas. Je n'en crois cependant rien. Tout y est trop petit.

Son exposé achevé, La Reynie considéra sa fille. Sur le visage de Gabrielle, bien réel, se superposait celui de sa mère, tel que s'en souvenait le policier du roi. La ressemblance était frappante. Le lieutenant de police s'en étonnait encore. Mais, pas plus ce jour-là que les autres fois, il n'en dit rien. Mlle de La Reynie en aurait sans doute été flattée et heureuse, mais troublée aussi. Et, s'il était sûr de lui quand il s'agissait de mettre de l'ordre à Paris, le policier du roi était bien moins habile pour ce qui regardait sa famille, du moins ce qu'il en restait.

La jeune fille, qui n'allait guère à la Cour, car La Reynie n'en faisait pas partie, aimait ce genre de récit, qui lui était une porte ouverte sur la mode, le mouvement, le changement. Gabrielle avait souri. Ce qui avait plu à son père, l'un et l'autre se témoignant ainsi, par un jeu d'anecdotes rapportées et de questions posées, la tendresse mutuelle qu'ils éprouvaient, malgré quelques maladresses.

— Je vais regagner Vaugirard, je dois donner des ordres au cuisinier.

— La route est sûre, répondit La Reynie qui osait à peine penser au désespoir qui serait le sien si, un jour, un malheur survenait à Gabrielle. Mais une bande de ruffians a été aperçue par là-bas depuis quelques jours. Je suis certain que tu ne crains rien, mais je préfère que l'un de mes hommes t'accompagne.

La Reynie appela. Jean Philippont se présenta, reçut les ordres du lieutenant de police et se tint prêt. Quant à Gabrielle, elle obtempéra, en fille obéissante ; cependant, résolument indépendante depuis la mort de sa mère, elle eût préféré faire seule ce court voyage. Gardant les yeux baissés, elle ne discerna pas le rouge qui s'emparait du visage de Philippont. Fin limier, son père, en revanche, s'aperçut immédiatement de cette marque d'émotion. La Reynie s'en réjouit car il songea à cet instant que, s'il n'avait su comprendre son fils, il était en revanche en communion avec sa fille.

Forte de cette constatation, de cette pensée réconfortante, le lieutenant de police se plongea dans la lecture de nouveaux dossiers, se laissant aller à envier un bref moment le prévôt des marchands : depuis que la loi était venue établir un partage entre leurs compétences respectives, Gabriel Nicolas de La Reynie savait qu'Auguste-Robert de Pomereu, pour son bonheur, était moins accablé de travail que lui. Le prévôt n'avait en tout cas plus à s'occuper ni de sorcières, ni d'empoisonneuses, ni de prêtres dévoyés, ni de procès à faire frémir, donc d'interrogatoires à mener, ni de tortures à ordonner, ni de bûchers à commander. La Reynie se surprit à jalouser la position de Pomereu quoiqu'il sût, en serviteur zélé de la monarchie, qu'il regretterait peu après cet instant de faiblesse.

Au même moment, Gabrielle sortait du Châtelet, enveloppée dans un grand manteau bleu. Et Philippont, tout moite, le cœur battant, à ses côtés.

6

24 MARS 1679

À Saint-Germain

Saint-Lizier attendait que l'un des valets d'écurie lui rapportât son cheval. Il était sur le point de repartir du Château-Vieux de Saint-Germain, l'esprit occupé par des pensées partagées. Certes, le policier se félicitait que La Reynie lui eût ce jour-là confié le rapport quotidien dans lequel le lieutenant de police exposait au roi les dernières avancées de l'enquête sur la Voisin et la mise en place de la Chambre ardente. Ce qui témoignait de la confiance dont le garçon était le dépositaire, en dépit du fait qu'il n'avait guère progressé, et pour cause, pour ce qui regardait l'enquête commandée sur Laboureur. Or le jeune homme avait remis le pli cacheté de La Reynie à un autre qu'au souverain puisque c'est le premier valet de chambre Bontemps qui avait reçu le dossier des mains du policier. Certes, Constant n'avait jamais pu sur ce point se bercer d'illusions et avait toujours su qu'il ne rencontrerait qu'un homme de confiance du roi, non ce dernier en personne. Mais enfin, repartir de Saint-Germain sans avoir été admis dans le saint des saints ni avoir aperçu Louis XIV laissait en son esprit une certaine déception.

Constant voulut se consoler : la mission qu'il venait d'accomplir n'était pas rien, pour un homme qui avait son parcours. Mais cette réflexion ne le satisfit pas, car le policier savait que, des splendeurs du Château-Vieux, il n'avait presque rien vu, bien qu'il s'en fût approché. Son cheval enfin revenu des écuries, le policier montait en selle lorsqu'un carrosse pénétra dans la cour du château. Ce qui n'avait rien d'extraordinaire : des dizaines de voitures arrivaient et partaient chaque jour d'ici, transportant de grands personnages qui avaient les honneurs du Louvre[1] et donc le droit d'entrer en carrosse chez le roi.

La voiture était imposante. Il y eut autour d'elle une agitation dont Saint-Lizier comprit qu'elle était inhabituelle, à voir l'allure et la mine des valets qui couraient déjà afin de déployer les marchepieds à peine le carrosse arrêté. Le policier s'attarda à regarder la scène, spectacle où tout était parfaitement réglé. La voiture passa très près de lui. Or, de cette agitation pourtant en tout point maîtrisée, le cheval du policier prit peur. Il fit un brusque écart. Le policier tenta de le retenir mais se montra maladroit, et la bête, agacée, broncha, piaffa. Saint-Lizier manqua lâcher les rênes, se reprit, maîtrisa enfin le cheval. Soudain, le garçon aperçut un visage derrière la vitre de la voiture. Il tressaillit, voulut se retourner pour mieux le considérer.

Mais sa monture l'emportait déjà, et Constant ne souhaita pas la contrarier. Un moment troublé, le policier convint rapidement que, tracassé par cette visite incomplète à Saint-Germain, il avait laissé son

1. Privilège ainsi nommé, quel que fût le palais où il était mis en œuvre.

esprit lui jouer un tour à sa façon, le tromper et lui donner à contempler une illusion, un mirage, peut-être pour le consoler de ce goût d'inachevé. Car comment expliquer autrement que Constant eût pu voir, dans un carrosse de la Cour, le visage de Fanchon, la soubrette trop bavarde par laquelle toute cette affaire avait commencé ?

De cet égarement passager mais si saisissant, Saint-Lizier choisit de sourire. Et c'est même en riant tout seul, franchement, que l'envoyé de La Reynie passa sous le porche qui, de la cour des Cuisines, permettait de gagner le lacis des ruelles enserrant le vieux château. Il en oublia un long moment l'anxiété mortifère qui le rongeait depuis plusieurs jours quand il songeait au piège dont il craignait qu'il ne se refermât sur lui : son si compromettant passé qui ne voulait pas mourir. En tant que valet de Brinvilliers, Saint-Lizier n'avait rien à se reprocher : il avait servi son ancienne maîtresse, veillé sur elle lorsque celle-ci s'aventurait dans les rues, fait pour elle de menues commissions. Mais il y avait davantage, bien que ce souvenir lui fût douloureux. Brinvilliers était de bonne noblesse, en avait les manières raffinées, était une charmeuse. Le garçon, qui était encore jeune et ne demandait alors qu'à être déniaisé, s'était laissé séduire aisément : Brinvilliers savait persuader et, surtout, était la maîtresse à qui l'on devait obéir. Elle avait aussi de l'appétit. N'avait-on pas dit qu'elle avait couché, outre son amant Godin de Sainte-Croix, avec son propre frère ? Et, quoi qu'il sût depuis que la marquise était une meurtrière et en conçût une aversion légitime et sincère, Saint-Lizier ne put s'empêcher de penser au plaisir éprouvé jadis avec l'empoisonneuse, qui n'était pas qu'experte dans l'art d'éliminer. Le fait que cette répulsion voisinât dans son esprit avec le souvenir d'un grand plaisir et le regret que celui-ci ne pût se renouveler faisait que le jeune homme s'écœurait lui-même. Constant s'était trompé parce qu'il avait été jeune, donc inexpérimenté. Était-ce vraiment une faute, une erreur qu'il lui faudrait toujours payer ?

À la Chambre ardente

Flammes en fil d'argent tissées sur les lourdes tentures noires recouvrant la muraille, et qui semblaient luire doucement, éclairées par d'autres flammes, celles-ci bien réelles, celles des torches ou des chandeliers disposés dans les angles de la salle, sur les bureaux des principaux magistrats. Portes closes et gardées par des soldats par devoir sourds et muets, fenêtres obstruées, car rien ne devait être entendu, hors les murs, de ce qui se disait, se révélait devant le tribunal. Telle était la salle de l'Arsenal où se tenaient les audiences de la Chambre ardente voulue par le roi.

Le visage légèrement fleuri car il aimait la bonne chère, Louis Boucherat, comte de Compans, avait de l'embonpoint, mais était large d'épaules et de taille assez haute : debout ou assis, il avait grand air, et cette graisse, loin de lui donner une allure tassée, lui conférait au contraire une dignité mêlée d'assurance. Une perruque à grosses boucles sombres achevait d'asseoir son autorité.

— Mais enfin, tueuse égarée, reprit-il, comment expliques-tu que nous avons trouvé, en fouillant dans ton antre, des flacons de sang, si bien cachetés à la cire que le fluide en était encore reconnaissable ?

Arrêtée peu après la Voisin, la femme Vigoureux niait tout en bloc depuis que son procès avait commencé, mais sans trop de conviction jusque-là, car elle savait son sort scellé. Demeurée debout depuis un long moment et fatiguée, la sorcière s'ennuyait, semblait-il. En tout cas, depuis le début des débats, elle n'avait cessé de regarder ailleurs quand on la questionnait, l'air absent, occupée à chercher l'interstice, laissé par une tapisserie mal tendue devant une baie, qui lui permettrait d'apercevoir un peu de la lumière du jour. Cette fois, cependant, elle répondit assez vite au juge, mais d'une voix excédée :

— Ce sang est celui de ma fille, celui qu'elle perd tous les mois, comme les autres femmes. Il est souverain pour soigner les callosités qui viennent aux pieds quand on marche trop[1].

Le magistrat soupira. Il était fatigué par ce procès, les horreurs qu'il y entendait, la chaleur qui régnait ici, la gêne que lui occasionnaient les dents en os de bœuf qu'un valet de confiance lui avait ficelées dans la bouche pour lui permettre de parler sans trop chuinter. Car mieux valait ne pas chuinter en présidant le tribunal voulu par le roi…

— N'est-ce pas plutôt parce que cette substance, mélangée à celle que l'homme produit lors de l'accouplement, est utilisée dans certaines cérémonies organisées en l'honneur du Malin ?

La Vigoureux parut hésiter, se résolut à répondre :

— C'est possible. En tout cas, je l'ai entendu dire. Mais moi, je n'en ai pas cet usage.

1. C'est en effet ce qu'elle affirma…

Compans comprit que, sur ce point-là, il n'obtiendrait rien. Il consulta l'un de ses substituts puis posa une tout autre question :

— Est-il vrai que tu t'es rendue à diverses reprises à Saint-Germain, à Compiègne et à Fontainebleau, lorsque le roi et la Cour s'y trouvaient, pour faire commerce de tes fioles en compagnie des femmes Poussin et Trébécourt ?

— Je n'en ai pas le souvenir.

— De ces voyages ou d'avoir été accompagnée des personnes que je viens de nommer ?

— Je ne me souviens de rien, je n'ai jamais quitté Paris, il me semble. Le plus loin que je suis allée, c'est pour voir ma cousine, à la barrière du Trône. Elle fait commerce de terrines et d'écuelles. C'est une brave fille, comme moi.

Compans adressa un signe las à deux soldats. Une autre accusée entra, que le magistrat questionna aussitôt :

— Maguelonne Moulin, dite Moulin la Désosseuse, t'es-tu rendue avec la Vigoureux sur le lieu où un condamné avait été supplicié afin de lui couper la main pour en garder les doigts ?

L'irruption de la nouvelle accusée décida cette fois Vigoureux à parler. Elle eut un sourire mauvais.

— C'est vrai, je connais cette femme, mais parce que c'est une voisine. Pour le supplicié, la main, les doigts, je ne sais de quoi vous parlez.

Sans en avoir l'air, la Moulin s'approcha de l'autre empoisonneuse, lui murmura à l'oreille :

— Ça sert à rien de mentir. Les doigts, ils les ont trouvés chez moi. Et les autres ont dit que nous les avions découpés ensemble sur le corps des condamnés restés sur la roue. De toute façon, pour nous, la pièce est jouée. Avoue, Vigoureux. Si nous disons la vérité, ils ont promis de nous étrangler avant de mettre le feu au bûcher. C'est ce qui peut nous arriver de mieux, maintenant.

Dans le regard de la Vigoureux, le mépris laissa la place à la haine.

— Je leur ferai pas ce plaisir. Je dirai jamais rien, même attachée sur le chevalet. Tu verras, nous, nous finirons en cendres, là-dessus, tu as raison. Mais les belles dames et les beaux messieurs de Saint-Germain et du Marais, eux, il ne leur arrivera rien. Pour ça, pour me venger de ce que la justice ne les convoquera même pas, je garderai le silence jusqu'au bout, si le diable m'y aide.

Compans devina que les deux femmes complotaient. Il en avait assez, de ce procès qui n'avançait guère. Les audiences s'enchaînaient. La Reynie préparait parfaitement le travail à mesure. Mais cela était très embrouillé, les accusés trop nombreux. Chaque jour il se créait de nouveaux mystères, que Compans peinait à ordonner.

Sans compter le désordre qui régnait hors du tribunal. À la Bastille, la plupart des accusés de cette affaire s'entretenaient librement et pouvaient ainsi harmoniser leurs dépositions respectives, bien entendu à leur avantage. Le gouverneur de Vincennes, M. de la Ferronaye, était quasiment retombé en enfance depuis que son épouse l'avait quitté pour un abbé défroqué, et c'était son fils qui donnait ses ordres aux gardes, avant de partir au collège. Au Grand Châtelet, même, les prisonniers étaient souvent mal surveillés. On disait que l'un des curés arrêtés pour crime de profanation d'hosties continuait à célébrer des cultes dans sa cellule afin que le démon en fît tomber la muraille.

— Me taire, reprit la Vigoureux, toujours murmurante. C'est tout ce qu'il me reste : je ne leur ferai aucune réponse. Dévorée par les flammes ? Peu m'importe. Au moins, je périrai sans avoir rien renié ni trahi personne, moi.

— C'est pour moi que tu dis ça ! Tu te tortilleras au-dessus des fagots, truie !

La Vigoureux jeta un regard de mépris à Moulin la Désosseuse.

— Putain à chiens !

— Pilleuse de gibet !

— Faut bien vivre, répondit simplement la Désosseuse.

Puis celle-ci jugea qu'elle avait été trop insultée. D'un mouvement d'épaules, elle réussit à échapper à la garde des soldats qui la flanquaient mais ne la tenaient pas entravée. Cette liberté d'un instant lui suffit pour s'avancer, menaçante, vers la femme Vigoureux et la gifler.

Le procès menaçait de tourner au ridicule. Compans donna l'ordre aux gardes de séparer les deux femmes. Pour aujourd'hui, c'était assez, la séance était levée.

À Vaugirard

Le policier du roi avait pris la précaution de fermer à clef la porte de sa chambre et d'en tirer les lourds rideaux. Dans ces moments-là, il parlait seul. Et nul ne devait le savoir, ni les domestiques ni Gabrielle : la jeune fille aurait été déconcertée de constater que son père invoquait Antoinette de La Reynie et, surtout, aurait pu en concevoir une sorte de jalousie – pourquoi son père se confiait-il à une défunte, quand bien même ce fût sa chère et tendre mère, et non à elle, bien vivante et qui ne demandait qu'à l'entendre et à le conseiller ?

D'un bref coup d'œil, le maître du Châtelet s'assura de nouveau que le verrou était bien mis avant de revenir vers son épouse convoquée :

— Vraiment, tu ne m'en veux pas d'être morte ?

— Ne reprenons pas cette conversation, nous l'avons déjà eue. Tu as toujours essayé d'agir au mieux, nous le savons tous deux. Pour le reste, la vie est souvent inattendue et cruelle, voilà tout. Mais parlons plutôt de ces crimes…

— De ceux commis par cette scélérate, cette demi-folle, cette Bretaudeuse ?

La pâle Antoinette parut surprise, hésita :

— Je n'avais pas cette affaire en tête. Même si, j'en suis à peu près certaine, elle recèle des surprises à venir. Je voulais parler de ces cérémonies abominables. Je suis certaine que, là aussi, il y a un mystère à dévoiler.

— Peux-tu m'en dire plus ?

— Hélas non, cher tendre, je ne vois pour le moment que des brumes. Il y a davantage mais c'est si indistinct…

Sa femme était clairvoyante. La Reynie crut que, cette fois encore, elle allait déchirer les nuages qui l'empêchaient d'approcher la vérité, de savoir qui était la Bretaudeuse et où elle se cachait. Il n'en aima que plus son épouse, ferma les yeux. Car il était fatigué. Et, d'un coup, Antoinette s'en alla.

Homme de tête, le policier du roi savait reprendre le contrôle de la situation quand c'était nécessaire, mettre un terme à ces fausses conversations qu'il avait de temps à autre lorsqu'il avait besoin d'aller au plus vite. Son intuition lui suggérait qu'un danger tournait autour de lui, l'entourait, le menaçait, tentait de l'enserrer, de l'étouffer. Mais La Reynie ne pouvait en préciser ni la nature ni les contours. Il avait tout à l'heure convoqué les mânes de son épouse dans l'espoir qu'un nouveau dialogue avec la trépassée l'aiderait à préciser ses pensées. Il n'en avait rien été. Et La Reynie était toujours seul avec ses incertitudes et ses soupçons, guère plus avancé, si ce n'est qu'il avait pu, une nouvelle fois, et il en était un peu ragaillardi, apercevoir, ou presque, le doux fantôme de sa chère épouse, trop tôt disparue.

Quel dommage, quelle pitié que le lieutenant de police fût obligé de se confier à un songe, à une illusion, de n'interroger qu'un spectre ! Il n'avait pas d'ami. Quant à sa fille, elle était trop jeune pour pouvoir le conseiller, sans compter la gêne que La Reynie ressentait toujours en sa présence : le policier s'en voulait de se languir à ce point de son épouse morte et redoutait, si Gabrielle le devinait, que celle-ci n'en fût humiliée, mortifiée, si peu payée en retour des efforts qu'elle déployait pour distraire son père, lui faire comprendre qu'elle l'aimait, attirer son attention ou lui faire des présents – un cure-dents en argent et en ivoire, une paire de gants un jour, une fourchette une autre fois – pour se rappeler à son souvenir.

À Saint-Germain

Montespan et Bontemps avaient depuis longtemps compris que chacun devait tenir compte de l'existence de l'autre, quels que fussent les sentiments mutuels qu'ils se portaient. Le premier valet de chambre était le confident du souverain, il organisait sa vie privée, dédommageait les servantes troussées à la va-vite, filtrait les audiences particulières, était le dépositaire de secrets tant d'alcôve que d'État. Montespan, maîtresse en titre, puissante et jalousée, occupait une place tout aussi inexpugnable.

Même s'il l'avait osé et voulu, Bontemps n'aurait pu s'en prendre de front à la marquise, car celle-ci régnait sur les plaisirs du roi, et ce dernier était largement dominé par une sensualité qui ne restait jamais inassouvie pendant très longtemps. Quant à Montespan, elle pensait avoir trouvé la manière de se servir du premier valet de chambre sans, croyait-elle, que celui-ci eût pu le deviner. Bontemps était le fils d'un simple chirurgien du roi, la marquise, issue d'une famille illustre : le premier valet de chambre ne pouvait que l'admirer en secret, se disait la favorite.

Bref, c'était, depuis le début de la faveur de la marquise, un véritable jeu du chat et de la souris.

La dame avait cependant préparé avec soin cette rencontre, dont beaucoup dépendait. Elle s'était parée, mais sans excès, du moins de son point de vue. Il lui fallait apparaître sûre d'elle-même, de façon à n'offrir aucune faille si l'entretien tournait mal, mais néanmoins pas trop orgueilleuse – la marquise connaissait ses défauts – afin de ne pas indisposer Bontemps.

— Je n'oublierai jamais l'aide que vous m'avez apportée lorsque j'ai mis au monde les premiers enfants du roi, petits qu'il fallait cacher car Sa Majesté voulait taire leur naissance. Votre habileté, votre diligence, vos soins, votre discrétion quand il s'agissait d'emmailloter ces petits et de les emporter sitôt nés loin de la Cour et de la curiosité des méchants étaient parfaits.

La cinquantaine passée, donc proche de la vieillesse, déjà un peu voûté, certes à peine, mais le visage légèrement ridé, le regard las, Bontemps se doutait que la marquise ne l'avait pas convié pour parler de cette époque déjà ancienne. Il attendait donc la suite avec intérêt.

— Le roi avait et a toujours tant de soucis, reprit Montespan. Il était inutile d'ajouter à son tracas. Je tenais à vous redire toute ma gratitude. Je suis tellement attachée à Sa Majesté…

— Nous le sommes tous, répondit simplement Alexandre Bontemps, impassible face à un discours dont la platitude l'étonnait.

— Et pourtant, je me demande parfois si le roi s'intéresse à moi autant que je m'intéresse à lui.

« La conversation se précise », pensa le premier valet de chambre, qui attendait cependant que la marquise s'avançât davantage pour répondre. Du reste, Montespan passa à ce moment aux choses sérieuses et posa enfin la première des questions qui composaient son plan de bataille.

— Je voudrais tant en être certaine. J'avoue que, voici quelque temps, j'ai eu des raisons de penser que le roi faisait moins attention à moi. Ah, si j'osais…

— Osez, je vous prie, assura Bontemps, pressé, car il avait autre chose à faire.

— J'aimerais vous demander, à vous qui le voyez souvent, si le roi vous parle autant de moi que je le désirerais. En un mot, Sa Majesté m'aime-t-elle bien ?

Voilà, c'était dit, c'était demandé, songea la marquise, et quoiqu'il lui en eût coûté de poser cette question. Car formuler une telle interrogation laissait supposer qu'elle n'était pas aussi sûre d'elle qu'il le paraissait et la plaçait en situation de demander à un commis ce dont elle n'aurait jamais dû avouer douter.

Homme de confiance aguerri, Bontemps ne s'attendait cependant pas à cette demande. Il lui fallut poser à son tour une question en forme de pirouette afin de trouver le temps de réfléchir.

— Oui, sans doute, comment pourrait-il en aller autrement ?

Montespan se mordit les lèvres, elle conduisait mal cet entretien pourtant crucial puisqu'il devait l'instruire, si elle s'y prenait bien, sur le succès de l'entreprise qu'elle menait depuis plusieurs jours grâce à ce qu'elle allait acheter à Paris en grand secret. Dépitée, elle choisit de mettre un terme à cet étrange entretien. Retrouvant son aplomb, la favorite mentit : qu'aurait-elle pu faire d'autre ?

— Votre propos m'a réconfortée.

Bontemps prit congé, à peu près aussi perplexe qu'au début de cette conversation inaboutie.

Demeurée seule, Montespan sentit grandir en elle une rage froide. Mais elle n'avait qu'à s'en prendre à elle-même. Elle s'était abaissée, s'était montrée sotte, irrésolue. En pure perte. Pour prix de cette humiliation, elle n'avait obtenu qu'une réponse évasive, qui ne la renseignait guère. Elle s'en voulait tant… Montespan avait bravé le danger en se rendant à Paris. Or elle ne savait pas si affronter le péril avait servi à quelque chose, faute d'avoir pu apprendre si le roi, après avoir avalé force dragées enchantées, l'aimait tout autant, moins, ou bien plus qu'auparavant.

À Paris

L'assassin du valet du roi n'était pas homme à se décourager. Il avait conservé le portefeuille pourpre alors qu'il aurait fort bien pu le jeter pour se défaire d'un objet marqué par un échec douloureux – le meurtrier n'avait pu y consigner ce qui regardait La Reynie et son mystérieux secret d'Italie. Mais, parmi les premiers à savoir ce qui survenait à Paris, depuis l'échec de son plan initial, il y serrait tout ce qu'il avait glané au sujet de l'affaire entamée avec l'arrestation de la Voisin, un événement qui, il n'en doutait pas, lui servirait à bâtir une nouvelle stratégie destructrice, celle-ci couronnée de succès.

La Reynie enquêtait ? La belle affaire. Le criminel aussi. Et même avec autant sinon davantage de succès. Le lieutenant de police dévidait la pelote ? Le meurtrier en avait déjà attrapé le fil. Le policier du Roi-Soleil arrêtait, était sur le point d'interpeller les complices, les relations, les seconds de la Voisin et ses clients ? L'assassin l'apprenait à mesure, rien ne lui échappait car sa toile était tendue depuis longtemps. Ce que le lieutenant de police découvrait, son ennemi juré l'entendait aussi, à peu près en même temps. Il y avait donc à Paris du poison, des empoisonneurs et des empoisonnés ? C'est par là que son ennemi acharné allait frapper La Reynie.

Le criminel avait cru pouvoir s'en prendre de front au lieutenant de police. Il avait compris que c'était là une erreur, une chimère. Mieux valait attaquer le policier du Roi-Soleil dans ce qu'il avait de plus cher et ce qui faisait sa force : l'efficacité et surtout l'honnêteté, l'honorabilité de la maudite force de police du Grand Châtelet.

Ailleurs, à Paris

La Reynie sortit du Châtelet par une porte dérobée. La précaution était sans doute inutile mais il préférait chaque fois l'observer. Le plus simple eût été de cheminer dans la rue Saint-Denis, qui s'en allait tout droit, puis dans la rue Troussevache. Mais le policier du roi préféra prendre, à main droite, la rue Saint-Jacques-la-Boucherie puis tourner dans celle de la Savonnerie[1]. C'était le chemin le plus discret. Parcourue la rue de la Vieille-Monnaie, il tourna ensuite dans celle des Lombards. La Reynie aperçut, de bois et de fer aminci, les doigts géants, plutôt une main gantée, l'enseigne qu'un parfumeur avait suspendue là pour signaler sa boutique aux Parisiens égarés[2]. Un panneau utile, sans doute, mais dangereux, savait La Reynie : par grand vent, ou quand la rouille s'y mettait, il menaçait de rompre ses amarres et de chuter sur les passants ; son poids aurait causé de grands

1. Cette rue disparut lors de l'aménagement du square de la tour Saint-Jacques.

2. Gantiers et parfumeurs appartenaient à la même corporation.

dommages, blessé voire tué. Le lieutenant de police songea qu'un jour il lui faudrait mettre bon ordre à cet état de fait, interdire ces enseignes, qu'elles fussent feuille de vigne pour indiquer un cabaret, un saint Julien[1] pour une auberge, un couteau pour un rémouleur, un heaume pour un armurier, et bien que le heaume ne fût plus porté en temps de guerre depuis bien longtemps. Mais le policier savait qu'il ne pouvait tout faire, et d'un coup, d'autant que la plupart des neuf cent douze rues que comptait la ville possédaient des boutiques, donc de tels panneaux par dizaines…

La Reynie était arrivé à bon port, à quelques pas de la petite église du Sépulcre-de-Saint-Joseph. Le lieutenant de police tira de ses habits une clef, ouvrit une porte que rien ne distinguait d'une autre, la ferma derrière lui. Voilà, il était chez lui, du moins un autre chez-lui que Vaugirard, dans la petite maison, inhabitée et discrète, connue de lui seul, qu'il avait la première achetée quand il était arrivé à Paris, voici tant de temps, soupira-t-il.

L'emplacement de cette demeure était pour le moins idéal, pensait-il[2]. À quelques pas du Châtelet, il pouvait s'y réfugier en toute discrétion. Pour y réfléchir ou y recevoir qui il voulait. Surtout, par les arrières, la maison donnait sur la rue Saint-Martin, du moins une fois traversées deux ou trois courettes. La Reynie pensait à cette commodité lorsque, justement, on toqua à la porte de derrière. Il savait qui venait le voir, s'empressa d'aller ouvrir. Son visiteur entra

1. Patron des voyageurs.

2. L'emplacement de cette maison est incertain. Elle se trouvait sans doute dans l'actuelle rue Quincampoix ou non loin de là.

mais n'eut pas le temps de reprendre son souffle, car le policier du roi l'interrogea d'emblée :

— Alors, cette Bretaudeuse ?

Maigre et en hardes, le regard intelligent, la bouche encore sale de bulles qui n'y étaient plus, le nouvel arrivé hocha la tête :

— Monsieur, je vous prie de me croire, elle ne vient pas de chez nous, ne se cache dans aucun de nos repaires, personne ne la connaît, on ne sait d'où elle sort. Elle ne dort ni ne se réfugie, après ses crimes, rue Saint-Denis. Ni dans la cour de la rue de la Mortellerie ni dans celle de la rue des Forges.

La Reynie considéra son informateur, une des mouches qui travaillaient en secret pour lui tout en étant truand à ses autres moments. Il avait l'air dubitatif. Le nouveau venu s'en aperçut, qui reprit, avec son accent italien :

— Par la Vierge qui m'est si chère que je porte son image tatouée sur la peau, je vous jure que tout ce que je viens de dire est vrai…

Cette protestation agaça le policier du roi :

— Nous savons, toi et moi, la solidité de ton attachement à la mère de Notre Seigneur. Aussi épargne-moi, je te prie, ces fausses marques d'attachement, d'autant que nous ne sommes dans ce cas pas loin du blasphème, tant je te sais mécréant. Tu es une canaille, nous ne l'ignorons ni toi ni moi, un gredin qui se savonne la bouche pour faire croire qu'il est malade, apitoyer et faire peur. Tâche donc, et hâte-toi, de savoir où habite la Bretaudeuse. Car je dois avoir cette information. Et voilà longtemps que tu ne m'as rien dit, ou pas grand-chose, qui m'ait aidé à traquer le crime. Tu ne m'es guère utile, depuis quelque temps. À quoi sert-il donc que je te protège, que je te relâche lorsque tu es attrapé par mes gens et que je te laisse voler à ta guise ?

Le faux malade savait que La Reynie disait vrai. Mais était-ce sa faute, aussi, si cette Bretaudeuse échappait aux truands comme à la police du roi, apparaissait soudain et disparaissait aussitôt ? L'homme savait que la patience de La Reynie avait des limites, craignait de perdre sa protection. Il mentit :

— Il y a peu, j'en ai appris sur elle. Je vous prie, monsieur, de me laisser quelques jours, disons jusqu'à la fin de la semaine… Je vous ferai savoir quand j'aurai du nouveau, dès que je l'apprendrai, à la minute même. Je le jure sur la Vierge qui…

— Tais-toi, ne mêle pas davantage la mère du Seigneur aux accommodements avec la morale et le droit auxquels je dois consentir.

— Monsieur…

— Ce nouveau, que tu m'annonces, je souhaite qu'il me soit vite dit.

La Reynie s'était exprimé d'une voix ferme et froide. Pour signifier au plus simple que l'entretien était fini, il montra à la mouche la porte de derrière. L'autre comprit, salua et repartit.

7

9 MAI 1679

Au Grand Châtelet

La chaleur était étouffante, écœurante la lourde senteur des corps tendus, des efforts, de l'eau jetée sur les fers et les marteaux pour les empêcher de trop chauffer, l'odeur des respirations oppressées, de la peur, celle de souffrir, de mourir. Comme les autres, l'aide du bourreau suffoquait. Le cachot avait connu maintes horreurs. Mais, cette fois, l'épouvante y était plus grande que jamais car la femme ne criait pas. La Vigoureux gémissait tout juste : que pouvait-elle faire d'autre, après deux mois de torture ? Et ces minces geignements, accompagnés par le bruit mat des maillets et des coins de bois manœuvrés, enfoncés par les enquêteurs entre la chair et la planche, n'en rendaient la scène que plus pénible. Mais, depuis un moment, la femme Vigoureux restait muette, dodelinait seulement de la tête, comme pour nier. Mais nier quoi ?

— Répondras-tu enfin ? reprit l'un des hommes que La Reynie avait mis sur l'affaire. Diras-tu qui tu as rencontré, à Saint-Germain ? Nous savons que tu y as porté des chemises enduites de poudre d'arsenic à diverses reprises, tes complices ont avoué.

La femme ouvrit la bouche. Le bourreau en second crut qu'elle allait enfin vider son sac après avoir subi de tels sévices. Les gens du Châtelet ne la maltraitaient pas par plaisir, n'en éprouvaient aucune joie mauvaise. C'était la manière de faire, habituelle et codée : il fallait torturer un accusé pour en obtenir un bel aveu, bien détaillé, qui permettrait ensuite d'établir une belle condamnation assise sur une belle preuve : la confession. Les bourreaux s'approchèrent, pour mieux entendre l'épanchement tant attendu.

Mais la suppliciée laissa simplement échapper un flot de bile mêlée d'un peu de sang et d'eau régurgitée, qui tacha sa chemise, éclaboussa les policiers. Elle eut un grognement faible, à peine audible. Puis plus rien.

— Elle se moque de nous.

Aucun des gens du Grand Châtelet n'avait la force de poursuivre cette séance, le bourreau encore moins qu'un autre. Ils gardaient la tête baissée. Un policier releva enfin le nez, son regard croisa celui de la Vigoureux, ficelée sur une sorte de chaise très large. Il s'attarda un instant, s'efforça de comprendre l'expression de la femme. La trouva étrange, fixe. Affolé, il comprit.

— Dites, regardez-la. Elle…

Il n'osait pas achever sa phrase. Un de ses camarades le fit à sa place :

— Tu as raison. Elle est morte. Pitié de nous !

L'empoisonneuse venait de succomber aux mauvais traitements, les yeux ouverts, et pourtant encore droite sur la chaise où elle était ligotée. Les brodequins que les policiers s'apprêtaient à poser ne serviraient pas, non plus que les huit coins de bois déjà préparés.

— On l'a trop obligée à boire. Il y a des cas où cela suffit à les faire mourir, comme si l'eau les emplissait jusqu'à leur gâter toutes les entrailles, du ventre jusqu'au cœur.

La stupéfaction fut totale. Il était rarissime qu'un supplicié succombe ainsi pendant qu'on lui faisait subir la question : afin d'éviter de tels aléas, d'ordinaire, la douleur infligée était progressive et calculée, pour maintenir en vie la malheureuse, lui laisser le temps, entre deux interrogatoires, de panser ses plaies, de reprendre son souffle. La femme avait trépassé. Cela avait en soi peu d'importance, mais les bourreaux savaient qu'à cause de leur maladresse les juges seraient privés des aveux attendus, donc toute une partie du procès mené à l'Arsenal serait avortée. Ils avaient fauté.

Le bourreau craignit qu'à cette erreur majeure ne s'ajoutent des accusations mutuelles, chacun cherchant à rejeter sur l'autre la maladresse fatale. Une querelle n'arrangerait rien. Pour la tuer dans l'œuf, il alla trouver La Reynie, lui apprit en quelques mots affolés ce qui venait de survenir.

Une fois de plus, La Reynie se montra à la hauteur de la situation. Sitôt entré dans la salle de la question, d'un seul coup d'œil, en homme habitué à contempler des corps sans vie, le lieutenant de police comprit ce qu'il fallait faire, décida ce qui s'imposait. Mais il se garda toutefois de s'emporter contre ses policiers et les bourreaux. La mort de la Vigoureux était un accident, dont nul n'avait voulu qu'il survienne. Il fallait cependant mentir. Il y allait de l'honneur du Grand Châtelet et de ses gens.

— Nous ne pouvons reconnaître que cette femme a succombé à la question. Ce serait admettre que nous avons mal fait le travail qui, pourtant, devait permettre que la vérité éclate et que passe la justice du roi. Sur le registre du greffe, nous indiquerons que la femme Marie Vigoureux est morte d'un abcès dans la tête qui aura crevé à la suite des justes émotions subies quand elle a pris conscience de l'ampleur de ses crimes.

La mort soudaine de la sorcière n'émouvait guère le lieutenant de police : celle-ci avait eu une vie ignominieuse, sa mort misérable était méritée, du moins ne saurait être déplorée. La Reynie, qui avait déjà eu le temps de réfléchir, ne s'inquiétait pas même, finalement, que l'enquête en soit entravée : les prisons de la Bastille, de Vincennes et du Châtelet regorgeaient de prisonniers depuis que le roi lui avait confié l'instruction de l'affaire et créé la Chambre ardente. Ces inculpés seraient interrogés. Peu à peu, au fil de ces interrogatoires, toute l'affaire serait éclaircie. La Reynie le savait.

À Saint-Germain, le même jour

— Des Œillets, tu te souviens que, voici quelque temps, j'ai choisi d'aller voir Bontemps. Tu le sais, je n'ai alors pas rencontré un homme, mais une énigme, une muraille. Je ne cesse d'y songer.

La dévouée suivante ne répondit rien. Elle savait que Montespan n'interrogeait que sa propre personne pour affiner ses pensées. Du reste, la favorite de Louis XIV continuait :

— Car ce Bontemps m'est indéchiffrable. Je ne sais s'il a noté un changement dans la manière d'être du roi – ce que j'attends avec l'impatience que tu mesures – et qu'il ne veut rien m'en dire, ou bien s'il n'a vraiment rien observé, rien entendu. C'est possible, puisque, en définitive, les hommes sont bien moins fins que nous autres, les femmes. Mais si Bontemps n'a rien noté de particulier, c'est encore plus fâcheux, car cela voudrait dire que le mal que je me donne, que tant de voyages à Paris, de poudres rapportées, de cérémonies, de sacrifices n'ont pas porté leurs fruits. Ce serait désespérant.

Vêtue de soies de toutes les couleurs ou presque, emperlée, endiamantée, la marquise s'approcha d'une fenêtre. Elle aperçut, accompagnée de Maintenon, la marmaille qu'elle avait eue du roi, occupée à jouer au milieu d'un parterre coloré de fleurs printanières. Elle en conçut un trouble désagréable. Montespan détourna la tête. Puis revint vers Claude des Œillets, le regard dur. Sa volonté de domination était immense, son désir de puissance, son besoin de demeurer au zénith aussi. Pour parvenir à ses fins, elle était prête à tout.

L'atmosphère devenait pesante. Il fallait que la favorite se détendît un peu. Montespan ne voulait pas demeurer dans son appartement. Or elle avait depuis longtemps épuisé les ressources de Saint-Germain. Elle n'avait ni l'envie de faire jouer le jet d'eau que François d'Orbay avait installé sur son balcon, ni celle de se promener sur la Grande Terrasse, ni le désir d'entreprendre une promenade sur la Seine à bord de l'une des barques dorées que le roi lui avait offertes.

— Allons à Clagny, ordonna-t-elle.

Là-bas, dans la grande galerie de son palais, presque achevée, elle serait la reine, elle ressourcerait sa puissance, elle réfléchirait.

— Commande des carrosses, improvisons une fête, fais-y envoyer sur-le-champ des musiciens qui nous attendront, ajouta-t-elle. Et des comédiens. Car les enfants viennent avec nous. Nous déguiserons Maine et Vexin en Turcs, Nantes, Tours et Blois en Persanes. Nous les ferons boire et danser, et boire encore, un peu trop. Ils tituberont, ce sera amusant. Et pour nous et pour eux, ajouta-t-elle.

8

10 MAI 1679

À Paris

Il faisait très chaud dans les cellules du Grand Châtelet, très chaud et humide. On y étouffait. Dans son bureau, La Reynie suffoquait lui aussi. Mais il demeurait impassible sous ses dentelles, sous sa lourde perruque, car son devoir, entre autres charges, l'obligeait à faire bonne figure et à montrer l'exemple, à faire preuve de dignité et d'abnégation.

Il allait cependant se servir un verre d'eau lorsqu'on vint le chercher : la Voisin, toujours emprisonnée au Grand Châtelet, demandait à le voir. Sans rien attendre de ce nouveau face-à-face, le lieutenant de police se rendit dans le cachot où croupissait la sorcière, que ni la chaleur ni l'humidité ne semblaient incommoder, peut-être parce qu'elle était habituée à travailler au-dessus des chaudes pestilences de ses fourneaux et alambics. Après avoir parlé, après s'être tue, puis confiée au prêtre, la femme Voisin était retombée dans le mutisme, sans doute heurtée par la mort de la Vigoureux. La sorcière de la rue Beauregard était-elle cette fois décidée à révéler ce qu'elle savait ? C'était possible, se dit le policier, sans trop y croire.

Or, à quelques pas du cachot, il l'entendit qui parlait déjà et criait, même, à travers la porte :

— C'est la reine Marie-Thérèse !

Le temps de croiser deux ou trois gardes, terrorisés d'avoir entendu ce cri qui pourrait les compromettre, La Reynie entra dans la cellule. Assise comme si elle avait été chez elle, bien droite, la Voisin reprit, encore plus fort :

— C'est Marie-Thérèse qui organise tout dans la coulisse. Sous ses airs de niaise incapable de tuer un moucheron, c'est la véritable, la plus grande criminelle de la Cour. Est-ce que j'aurais pu mener mon commerce sans la protection de la reine de France ? Réfléchissez à tous les petits qui ne sont plus…

Le propos était plus que surprenant : fou. Si insensé que la curiosité piqua La Reynie, désireux de savoir où l'emprisonnée voulait en venir, quoique sa déclaration fût absurde :

— De qui parles-tu, femme Voisin ?

— Des enfants morts au Louvre ou à Saint-Germain. Ceux que la reine avait donnés au roi… La petite Anne-Élisabeth, née au Louvre en 1662 et morte au bout de quelques semaines seulement. Sa sœur, Marie-Anne, et qui ne vécut guère, elle non plus. Et Marie-Thérèse, prénommée comme sa mère, qui, elle, vit le jour à Saint-Germain en 1667 et y expira peu d'années après. Et, nés au même endroit, Philippe-Charles et Louis-François, qui ont rejoint leurs sœurs dans la tombe, le premier au bout de quelques années d'une vie si courte, le second après avoir seulement vécu une poignée de mois[1].

1. Aucun de ces enfants ne vécut longtemps, en effet. Seul leur frère aîné, le Grand Dauphin, perpétua la lignée.

La Reynie ignorait encore ce qui allait suivre. Mais la Voisin s'exprimait posément, ne semblait nullement possédée par la folie ni même le désespoir. Surtout, une évidence s'imposait au policier du Roi-Soleil : la sorcière savait ce dont elle parlait. Comment aurait-elle pu autrement citer de manière aussi précise le nom des enfants du roi et de la reine, dont La Reynie n'avait lui-même jamais connu l'existence ?

— L'histoire, la triste histoire de ces mouflets, je la sais bien, aussi sûrement que si c'était moi qui les avais pondus, les marmots.

La sorcière paraissait lire dans l'esprit du lieutenant de police. Elle ajouta :

— D'ailleurs, comment je saurais leur nom à chacun, si je ne…

La Reynie retenait son souffle et redoutait que, à la moindre contrariété, prétextant du plus petit incident, la Voisin ne se taise de nouveau. Il craignait en vain. La femme cracha :

— Marie-Thérèse avait rempli son contrat. Puisque le royaume avait un dauphin. Alors, à quoi lui servait-il d'avoir d'autres enfants, surtout des filles, des pisseuses juste bonnes à être mariées ? À rien. Aussi, pour conserver sa place et écarter les maîtresses qui se sont succédé auprès du roi, la reine a sacrifié les petits princes et leurs sœurs. Songez : cinq enfants, trépassés les uns derrière les autres, sans que jamais aucun réussisse à survivre. N'y a-t-il pas là un mystère bien aisé à dévoiler ?

— Explique-toi. Quel rapport entre ces enfants et les favorites du roi ?

— Je suis une femme de rien, répondit aussitôt la Voisin, je ne sais ni lire ni écrire. Je n'en ai jamais eu besoin. Dans la sorcellerie, tout est affaire de coup de main. Je connais le pouvoir des plantes, des animaux hachés et cuits d'une certaine manière, des minéraux pilés et mélangés à d'autres. Et, en fréquentant les grands de ce monde, j'ai beaucoup engrangé. J'ai appris en particulier que, encore infante d'Espagne, notre future reine n'avait guère le droit ni l'occasion de sortir du vieil Alcazar où résidait son père, le roi Philippe IV, ou de l'Escurial, si étouffant, si austère. Là-bas, ce n'étaient que des divertissements sombres et ennuyeux, des plaisanteries étranges lancées par les nains, les bouffons contrefaits de la Cour de Madrid. C'est qu'il en traînait encore, voici pas longtemps, de ces nabots, à Saint-Germain, qui étaient venus avec la Marie-Thérèse et qui étaient si petits qu'ils me passaient entre les jambes, à moi, même si je ne suis pas bien grande. Depuis l'enfance, la reine aime le bizarre, elle fait croire qu'elle entend la messe dans la chapelle de son appartement ! Ce qu'elle fait, c'est honorer le diable.

À présent, la sorcière rayonnait. Exultait, même :

— Certains des enfants ont été empoisonnés : je le sais bien, c'est moi qui ai donné les herbes pour qu'ils cessent de respirer. Pour les autres, ils furent offerts… offerts à qui vous savez : ils ont été remis à Satan. En offrande, en hommage. Et savez-vous où la plupart ont été sacrifiés, à Saint-Germain ? Non, pas dans la chapelle du château. La reine, en dépit de son rang, n'aurait pu organiser cette cérémonie à cet endroit-là. Il a fallu se contenter du petit sanctuaire dédié au bon archange saint Michel. Ce furent de belles cérémonies. Le prêtre savait bien débiter sa messe en commençant par la fin. Et il n'avait pas son pareil pour saigner…

La Reynie en avait assez entendu. Il recula, prêt à quitter l'empoisonneuse. D'une grimace, celle-ci le retint.

— Attendez, je ne vous ai pas tout dit…

Mais le policier sortit du cachot bien que la femme Voisin continuât à vociférer derrière lui :

— Vous n'avez jamais ouï dire qu'il y avait pas mal d'enfants enlevés, dans les environs, des petits rien-du-tout sitôt nés, sitôt disparus ?

La Reynie n'écoutait plus. Il savait à quoi s'en tenir.

À Saint-Germain

Ce jour-là, Louis XIV comptait une fois de plus se rendre à Versailles, avec ses courtisans. Or, au moment de monter dans le carrosse du roi, Montespan eut la désagréable surprise de voir arriver Maintenon. L'escapade à Versailles proposée par le roi en était déjà gâchée. Cela rappela à la marquise des temps incertains, lorsque sa position et sa fortune n'étaient pas pleinement établies.

Certes, Montespan ne songeait pas un instant que Maintenon pût espérer obtenir une autre place que celle qu'elle détenait, celle de gouvernante des enfants bâtards du roi. Mais enfin, se trouver dans le même carrosse que cette femme venue de l'obscurité et assez ennuyeuse lui enlevait son plaisir. La marquise se vengerait. Au roi, elle demanderait des embellissements hors de prix dans son palais de Clagny. Quant à l'appartement des Bains, aménagé au rez-de-chaussée du château de Versailles, où le souverain aimait demeurer de longues heures en sa seule compagnie, et si possible dans la grande vasque de marbre rouge[1] assez vaste pour accueillir les ébats de deux baigneurs à la fois, la marquise exigerait que le sol de marbre en soit refait. Et Montespan ne s'arrêterait pas là. Elle parierait des sommes folles aux cartes, aux dés et au hoca[2]. Si elle gagnait, la marquise le ferait savoir, ce serait toujours bon pour sa renommée, pour nourrir le récit, qu'elle défendait sans relâche, destiné à entretenir sa légende, celle d'une femme à qui rien ne résistait, qui gagnait sans cesse. Si elle perdait des fortunes au lansquenet ou au trou-madame[3], quelques centaines de milliers de pistoles à tout le moins, ce serait encore mieux. Elle s'en amuserait, en rirait à gorge déployée. Puis la favorite demanderait, ordonnerait au roi d'éponger ses dettes. Et là aussi, la Cour comprendrait qu'elle pouvait puiser à pleines mains dans le trésor royal, à plaisir. Car le roi lui était soumis.

Montespan monta dans la voiture, en prenant soin de passer devant Maintenon. Quant à la reine, elle était de la partie, bien entendu. Car, s'il la trompait depuis toujours, le roi la traitait avec les plus grands égards : elle descendait de Charles Quint, sa famille régnait sur l'Espagne, la plus grande partie des Amériques et de l'Italie, sans compter les Philippines. Surtout, Marie-Thérèse était par deux fois cousine

1. Après divers déménagements, cette véritable piscine se trouve dans l'Orangerie de Versailles.

2. Jeu de hasard alors à la mode. Chacun dispose sa mise sur un tableau, le banquier tire une boule numérotée (il y en a trente au total). Il rembourse vingt-huit fois la mise du gagnant et ramasse celle des autres.

3. Le lansquenet est un jeu de cartes et de hasard ; le trou-madame se joue, sur une table, avec de petites boules que l'on doit faire passer sous des arcades.

germaine du souverain[1] : parce qu'elle était épouse et cousine du Soleil, elle méritait d'être considérée avec la plus grande prévenance.

Mais, quoique installée à côté du roi, l'épouse du Bourbon était, des trois femmes qui voyageraient dans le carrosse, celle qui paraissait être la moins reine, tant son regard était vide, sa conversation insipide. Sans compter qu'avec le fort accent castillan dont elle n'avait jamais pu se départir, son mauvais français mêlé à des mots de sa langue natale, la reine ne pouvait bien se faire comprendre. Ce qui n'avait guère d'importance, Marie-Thérèse n'ayant jamais rien à dire. Elle était déjà comme morte et il n'y avait pas à s'en soucier, ni même à la combattre, pensa Montespan.

1. Son père était Philippe IV, frère d'Anne d'Autriche, la mère de Louis XIV. Sa mère était Élisabeth de France, sœur de Louis XIII.

Au Grand Châtelet

En quelques mots, La Reynie raconta à Saint-Lizier ce que la Voisin venait de lui révéler.

— Allez-vous répéter tout ceci au roi, puisque Sa Majesté a demandé qu'on ne lui cache rien des ignominies qui ont pu se tenir jusqu'auprès de lui ?

La Reynie ne répondit pas tout de suite et considéra longuement Saint-Lizier. Il réprima un soupir et, enfin, demanda :

— Vous ne sentez donc rien ? L'odeur ne vient pas jusqu'à vous, cette senteur atroce ?

Le jeune policier ne saisissait toujours pas. Le chef de la police parisienne le comprit, qui haussa un peu le ton :

— Avez-vous donc oublié ? Cette senteur de chair grillée, c'est la femme Bosse[1], celle qui n'avait pas son pareil pour fabriquer des venins avec rognures d'ongles et jus de crapaud. En ce moment, elle est

1. Compromise dans l'affaire des Poisons, Marie Bosse, dite la Bosse, une empoisonneuse, fut brûlée vive le 10 mai, devant l'Hôtel de Ville, en place de Grève.

brûlée vive en place de Grève, à peu de distance de cette prison. D'ailleurs, fermez la fenêtre, je vous prie, le vent recommence à souffler de l'amont, je ne tiens pas à respirer la moindre particule de cette femme affreuse.

Troublé par cette annonce, Constant se hâta de repousser le vantail et revint vers La Reynie, sans deviner où celui-ci voulait en venir. Le policier du Roi-Soleil ne le laissa pas longtemps dans l'expectative et reprit aussitôt :

— C'est sur le fondement de l'enquête que nous avons menée ensemble que la Bosse a été convaincue d'empoisonnement par la Chambre ardente. Mais changeons de sujet, voulez-vous : de toute façon, je n'ai pas le goût des bûchers, même de ceux qui servent à punir de grands criminels. Et pour vous répondre, non, je ne dirai rien au roi. Réfléchissez un peu : la Voisin n'ignore pas que la Vigoureux est morte soudainement. Tout se sait dans une prison comme celle du Grand Châtelet. De plus, la Voisin ne peut ignorer que la Bosse vient de finir en place de Grève. Elle a réfléchi et a pris le seul parti qu'elle pouvait saisir. Elle entend gagner du temps. Et, pour cela, elle est prête à servir n'importe quel récit, même le plus extraordinaire, de manière à tenir en haleine et à ce qu'on lui demande des éclaircissements, de jour en jour, pour mieux la comprendre. Cela prolonge d'autant sa misérable existence.

Constant rosit de honte en se rendant compte qu'il était tombé dans un piège grossier. Il se chercha une excuse, songea que la rencontre de Martin Laboureur ne cessait de lui brouiller l'esprit.

Une fois de plus, La Reynie se montra magnanime et généreux. Son désir de se comporter en père lui dictait cette conduite.

— Ne soyez donc pas trop dur avec vous-même. Vous êtes jeune et vous avez à apprendre. Et la Voisin manie la ruse depuis des années pour commettre ses méfaits. Elle a eu tout le temps d'apprivoiser le mensonge, le calcul et la dissimulation. Sans cela, comment aurait-elle pu tromper ses voisins, peut-être ses parents, durant tant de temps ?

À présent qu'il avait exposé à Saint-Lizier, avec tout le tact requis, ce qu'il avait à lui dire, le policier du Roi-Soleil devait de nouveau réfléchir au parti qu'il allait prendre, et vite, pour toujours donner l'image d'un homme qui savait décider, sans s'être un instant laissé berner par une empoisonneuse avide de vivre quelques jours de plus.

— Oubliez les sornettes de la Voisin. Avant de périr, la Vigoureux a eu le temps de prononcer le nom d'un prêtre, attaché à Saint-Roch, la nouvelle église de la rue Saint-Honoré, là où habitent désormais les gens de la finance : le curé Pierre Jacquillard.

La voix de La Reynie se fit plus ferme. Il ajouta :

— Allez-y sans attendre : à Saint-Germain, le roi s'impatiente. Il juge que l'enquête ne progresse pas assez à son gré, que la Chambre ardente ne juge pas suffisamment vite. Et restez sur vos gardes !

S'assurer d'un religieux n'était pas une mince affaire. D'autres prêtres, assassins ou voleurs, s'étaient débattus lorsque les gens du Grand Châtelet étaient venus les arrêter. Saint-Lizier s'inquiéta :

— Ne puis-je prendre des archers avec moi si je juge bon de me saisir de ce prêtre ?

— Je crains qu'une bande trop nombreuse ne donne l'alerte si celui-ci, coupable comme je le pense, se sent menacé. Allez seul à Saint-Roch. Voyez ce qu'il y a à y apprendre, à y observer, à y trouver. C'est le mieux, le plus efficace. Ensuite, faites comme bon vous semble, imaginez et improvisez. Car je vous redis ma confiance.

Saint-Lizier salua, il était sur le point de s'en aller lorsque La Reynie le retint d'un geste. Il considéra le jeune policier, se troubla imperceptiblement. Sa gorge se serra.

— Prenez garde à vous.

Dans les jardins de Versailles

Immobiles quoiqu'ils fussent pris sous la pluie ruisselante d'un fin jet d'eau qui venait de surgir d'un assemblage de coquillages, de silex aux formes parfaites et de flammes en pâte de verre, ni la cigogne ni le renard ne paraissaient vouloir s'enfuir, et bien qu'ils fussent scrutés par une petite foule qui s'esbaudissait. Ils étaient pourtant épiés de toutes parts. Il y avait là le roi, son frère et Madame, la reine et Montespan, et guère plus, hormis les courtisans assez proches de ces grands personnages pour avoir eu le droit de les accompagner ici. La Reynie, que Louis XIV avait convié à cette promenade, savait qu'il était l'un des seuls, avec le premier valet de chambre Bontemps, à ne pas être d'une naissance illustre, et il en gardait la tête froide.

Or le roi s'approcha de lui :

— Voyez, monsieur de La Reynie. Là-bas, si vous vous retournez, au droit du chemin, c'est le jet d'eau du Perroquet et du Singe. Nous serions passés devant tout à l'heure si, après être entrés, nous n'étions pas d'abord allés voir la fontaine du Duc et des Oiseaux.

Que le souverain eût convié le lieutenant de police à venir passer un moment à Versailles avec des courtisans triés sur le volet était surprenant. Mais que Louis XIV lui fît en personne les honneurs du Labyrinthe l'était plus encore, tant ce plaisir n'était accordé qu'à peu d'élus. Il n'empêche. En dépit de la faveur royale, La Reynie ne se sentait ni chez lui ni en compagnie d'amis. Si les courtisans lui adressaient des mines et des manières, ils le faisaient de telle sorte que le policier comprît qu'il n'était pas des leurs.

Le bosquet du Labyrinthe avait été créé par Le Nôtre, comme tant d'autres. Voilà dix ans, le jardinier avait tracé un réseau de sentiers capricieux, enserrés de charmilles. Aux intersections que faisaient ces chemins, dans les coudes qu'ils dessinaient parfois, une sculpture animalière fondue dans le plomb et abondamment peinturlurée amusait ici et là le promeneur[1]. Le roi, en ce lieu, était ravi. Il allait d'un bassin à un autre, le détaillait à haute voix. Parmi les ornements, cet aigle et ce renard, ce loup et ce porc-épic, le bassin du Serpent à plusieurs têtes lui rappelaient les bêtes des grottes de Saint-Germain, mais en plus moderne. Surtout, tout était aussi féerique ici qu'au Château-Neuf, car ces décorations-là avaient été imaginées et façonnées pour le Roi-Soleil.

La Reynie, donc, gardait la tête froide. D'autant que le spectacle qu'il découvrait à chacun des détours de ces étroits sentiers l'étonnait. Le lieutenant de police s'amusait, comme les autres, de ces figures peintes.

1. Il y eut jusqu'à trente-neuf sculptures, souvent inspirées par une fable d'Ésope. Louis XVI détruisit le Labyrinthe, remplacé par le bosquet de la Reine, moins pittoresque et théâtre de l'un des épisodes de l'affaire du collier.

Il avait des lettres et, comme les autres, tentait de deviner quelle fameuse fable illustraient ces effigies. Cependant, le policier du roi ne pouvait s'empêcher de comparer ce labyrinthe de fantaisie à ceux qui striaient Paris, ruelles tortueuses, autant de veines par lesquelles circulaient de mauvaises humeurs. Ici, une société de soie et de satin s'amusait à se perdre en pouffant, s'esclaffait en feignant de s'égarer. Elle ne risquait rien, hormis de se trouver nez à nez avec un lièvre ou une tortue statufiés et de tarder ainsi à sortir de cet écheveau grand comme un mouchoir. À Paris, il en allait tout autrement. À se perdre dans ses ruelles, on risquait de se faire voler sa bourse voire sa vie.

Mais La Reynie n'eut pas le loisir de pousser plus loin la comparaison, Louis revenait vers lui :

— Vous êtes pensif… Sans doute est-ce à cause des soucis que vous cause votre charge. Mais si, un jour, il vous prend l'envie de vous promener de nouveau dans ces allées et que je suis occupé ailleurs, sachez que c'est M. Bontemps qui garde la clef de ce bosquet, car ces animaux, ces fontaines sont trop fragiles pour être laissés libres d'accès. Moi-même je suis obligé de la lui demander lorsque je désire venir ici.

L'orgueil du roi se plut à préciser ce point, ce qui lui procura un agréable frisson, tant la situation était incongrue, qui le faisait dépendre d'un subalterne, lui, le Roi-Soleil, à qui rien ni personne ne résistait en Europe. Toujours désireux de montrer qu'il était le maître, le Bourbon reprit :

— Là-bas, la sculpture du chat pendu et des rats nous attend. Sa disposition a été changée voici quelques jours, selon les ordres que j'ai donnés. Les maçons ont, je crois, bien travaillé.

Suivi des courtisans, il s'éloigna. La Reynie demeura en arrière, examina une autre fontaine. Une poule et ses poussins, lorgnés par un milan qui planait au sommet d'une alcôve de treillage où le groupe était installé. L'ensemble était bien composé, les oiseaux semblaient sur le point de se mouvoir. Mais sur la margelle du socle où ils étaient placés, il manquait des fragments d'améthyste et de quartz, des fleurs de porcelaine, quelques ormeaux, c'était patent : la bordure était par endroits comme une bouche édentée. Le policier sourit. Même ici, et en dépit des précautions du roi et de Bontemps, les gredins sévissaient et dérobaient. Au moins, songea La Reynie, la police des lieux n'était pas de son ressort.

Le lieutenant de police pensa qu'à côté des hommes et des femmes qui avaient péri et mouraient encore d'avoir bu un philtre fatal, à côté des enfants qui, il le savait, étaient encore victimes de rituels infâmes, ces vols présentaient peu d'importance. En quelques semaines, La Reynie avait certes appris que des poisons mortels étaient encore fabriqués, et en grand nombre, dans l'arrière-boutique d'officines borgnes. Or il avait la quasi-certitude, bien que sa science fût nouvelle, que les pierres volées, même réduites en miettes, en poussière, n'entraient pas dans la recette de ces venins, pourtant si riches en tant d'autres substances. Il ne servait donc à rien, songeait le lieutenant de police, qu'il s'efforçât de trouver de quelle manière ces vols de silex et autres minéraux pouvaient s'articuler avec l'affaire dépendant de l'Arsenal. C'était inutile. Et, même, risquait de l'empêcher de se concentrer sur l'essentiel : rechercher, poursuivre et châtier les empoisonneurs.

La Reynie considéra le roi et les siens qui, là-bas, se pâmaient devant la fontaine du Paon et de la Pie. Il se demanda si ces grands personnages occupés à le toiser étaient de ceux qui faisaient dire des messes noires et répandaient des poudres mortelles sur leur passage.

Fallait-il suspecter Monsieur, le frère du roi ? C'était impossible, Louis XIV accordait à son cadet à peu près tout ce que celui-ci demandait : châteaux, rentes, diamants, pensions pour ses amants[1]. Alors son épouse, Madame, la Palatine ? La supposition était absurde, La Reynie l'avait déjà compris, tant la belle-sœur du Roi-Soleil était d'un naturel droit, avait un esprit aussi éloigné que possible de tout ce qui ressemblait à une superstition ou à une incantation au diable et, surtout, n'aurait jamais songé à tuer qui que ce fût. Quant à la reine, il ne fallait pas y penser, conclut-il : sa peur de la damnation éternelle la garantissait de toute mauvaise action.

Restait Montespan. La Reynie la considéra, de loin. La favorite était vraiment magnifique, rayonnante, au sommet de sa gloire. Il imagina que, si le roi l'avait convié ici, c'était pour lui délivrer, lui répéter un message sans en avoir l'air… Le Bourbon entendait une nouvelle fois signifier à son policier que Montespan ne pouvait, ne devait pas être soupçonnée, que sa culpabilité fût ou non établie, et ses serviteurs pas davantage. « Cela n'a rien d'étonnant », pensa le lieutenant de police. Si sur ce plan Louis XIII avait toute sa vie semblé être un glaçon qui n'avait que rarement consenti à dégeler ce qu'il avait fallu pour

1. Le couple Orléans eut, on l'a vu, une nombreuse descendance, dont le Régent, Philippe Égalité et son fils, Louis-Philippe Ier, etc.

que la dynastie se perpétuât, Louis XIV, lui, aimait les femmes plus que tout. Ni son corps ni son esprit ne pouvaient se passer de Montespan, habile à aiguillonner l'un et l'autre. Le Roi-Soleil voulait probablement, sans le lui dire, dissuader son homme de confiance de trop s'intéresser à la favorite.

La Reynie réfléchit un instant, décida de ne pas obéir sur ce point au Bourbon. Depuis qu'il était en âge de raisonner, il s'était promis de traquer le crime. Il se garderait d'accuser en public la favorite mais continuerait à s'intéresser à elle, en secret, quand bien même sa charge serait en jeu. Et le policier n'aurait jamais peur d'accuser Montespan devant le roi, quoi que celui-ci en pensât. Rien ne le ferait dévier du chemin qu'il devait suivre : la moitié de son temps serait désormais consacrée à surveiller Montespan, quelles que fussent les autres tâches qu'il aurait à mener à bien.

Il n'était pas exclu que le roi finisse par se lasser de la favorite, comme il s'était fatigué de celles qui avaient précédé cette dernière. Ce jour-là, le Bourbon remercierait La Reynie de lui avoir désobéi. Et si ce jour n'arrivait point, le policier n'aurait au moins jamais à se reprocher de s'être comporté en courtisan lâche et servile. Au demeurant, *a fortiori* depuis que son épouse était morte, le lieutenant de police avait placé sa vie sous le signe de la rectitude. Poursuivre et éradiquer le mal sans faillir était sa raison d'être. Agir autrement l'aurait conduit à se trahir lui-même, à ne plus pouvoir admettre de vivre.

Donc bien décidé à ne jamais renoncer à exercer sa charge dans sa plénitude, le lieutenant général se hâta de rejoindre Louis XIV.

À Paris

Saint-Lizier confia sa monture à un aubergiste dont le modeste établissement était installé dans un renfoncement que prolongeait une cour intérieure. L'homme garderait le cheval le temps qu'il faudrait et, moyennant une pièce, lui donnerait à boire.

Établie à quelques pas du pavillon de Pomone[1], la pointe avancée du palais des Tuileries vers le nord, l'église Saint-Roch avait pris la place, voici déjà quelques décennies, d'une modeste chapelle dédiée à sainte Suzanne. Or, malgré un plan ambitieux, les dons appréciables faits par les pieux commerçants du quartier, des millesoudiers[2] qui ne regardaient pas à la dépense, surtout quand il s'agissait de faire plaisir au bon Dieu, ainsi que la pose, par la défunte mère du roi, Anne d'Autriche, de la première pierre du nouveau sanctuaire, celui-ci était loin d'être achevé. Le chœur seul était à peu près terminé, et encore était-il protégé

1. Plus tard appelé pavillon de Marsan.
2. Ainsi surnommés car ils passaient pour avoir les moyens de dépenser au moins mille sous chaque jour.

de la pluie par de simples planches. Ni le transept, ni l'abside, ni le clocher n'existaient encore.

Depuis plusieurs semaines, le chantier était même arrêté, l'entrepreneur avait été appelé ailleurs. Aucun ouvrier ne se trouvait là pour renseigner Saint-Lizier. Se fiant à son instinct, celui-ci trouva le passage, ménagé entre de vieilles masures demeurées en place, qui menait à la cure. Celle-ci était établie, à titre provisoire, dans une maison branlante qui regardait, par-derrière l'église, vers la rue d'Argenteuil, dont le tracé sinueux témoignait de son origine ancienne. Le policier monta quelques marches, vit une porte, la dédaigna, poursuivit son chemin, gravit encore un étage. Là, une autre porte s'offrit à lui. Constant s'en approcha, s'aperçut qu'elle était entrouverte.

Fort des incitations à la prudence que lui avait prodiguées La Reynie, le jeune homme tâcha d'entendre ce qui pouvait se passer et se dire de l'autre côté, crut entendre des pas furtifs, le bruit d'une fenêtre qu'on ouvre. Il n'y avait là rien d'extraordinaire ni de très inquiétant, c'était le calme remue-ménage d'une vie domestique.

Saint-Lizier poussa doucement la porte. Il vit des meubles pauvres ; quelques gravures pieuses accrochées au mur, surplombées d'un crucifix, de sages habits rangés sur une chaise paillée. Tout cela était triste et banal, inhabité. Soudain, il y eut un mouvement indistinct. Constant tressaillit. Là-bas, un homme apparut, le dévisagea. Puis tout alla très vite, tout s'enfuit, fila brusquement comme du sable dans un sablier.

Jacquillard – c'était lui – considéra le jeune policier. Avec stupeur, colère et désespoir. Se figea, leva haut la main, fit un geste à la fois glaçant et déconcertant :

le pouce et l'index joints, les autres doigts écartés. Saint-Lizier comprit. C'était le démon qui était ainsi salué. Il en fut surpris, choqué, en perdit sa vivacité. L'autre en profita, s'élança, se jeta par la fenêtre, disparut. Et ce fut le bruit fatal, sourd, d'un corps qui s'écrase sur le sol.

Saint-Lizier s'avança, regarda. Tombé sur le ventre, le curé avait les bras étendus, les jambes englouties dans une bordure de buis, le visage à demi enfoui dans une terre meuble. Mais son bonnet carré le coiffait toujours. Demain, l'archevêque Harlay de Champvallon expliquerait sans doute aux ouailles du défunt éplorées que celui-ci était tombé par maladresse et qu'il se trouvait désormais au Ciel, en bonne compagnie. Il faudrait couper court aux rumeurs qui ne manqueraient pas de se répandre. Car, tôt ou tard, on apprendrait que le prêtre Pierre Jacquillard était suspecté par le Grand Châtelet. Parce qu'il était mêlé aux odieuses cérémonies qui attentaient au bon sens et à la morale, surtout offensaient Dieu et horrifiaient tant le roi, et avait préféré se tuer plutôt que d'affronter la police et la justice… En ces années où les protestants et les jansénistes de Port-Royal contestaient le pouvoir de l'Église et du roi, il était hors de question de reconnaître que Jacquillard se serait donné la mort. Et pourtant, Saint-Lizier ne pouvait que le constater.

Le garçon devina ce qui s'était passé : par cette fenêtre qui donnait sur la rue, le curé avait vu arriver Constant. La force de police mise en place par La Reynie ne portait pas d'uniforme, hormis les cérémonies où des étoiles d'argent brillaient alors sur d'onéreux habits galonnés. Mais l'air décidé de Constant, le strict et martial habit de drap bleu avaient suffi à alerter le religieux, trop conscient d'avoir commis l'irréparable pour ne pas s'affoler à la moindre alarme. Sur le qui-vive, Jacquillard avait aussitôt compris que le garçon était d'une manière ou d'une autre mandaté et en avait après lui. Il s'était aussitôt jugé perdu, avait voulu éviter de connaître un procès, la torture. Il s'était tué.

Le policier se reprocha de ne pas s'être montré plus prudent, de ne pas avoir anticipé que la mauvaise conscience du prêtre n'émoussait en rien sa lucidité, tout au contraire. Jacquillard trépassé, ses secrets demeureraient inconnus à jamais. Il regarda encore un moment le corps, en contrebas. L'échec était total. Saint-Lizier craignait que La Reynie ne lui fît des observations, méritées, du reste.

Constant songea cependant que chaque instant passé accroissait le risque de voir survenir la femme de charge qui prenait soin de la maison du prêtre, ou un sacristain venu régler une affaire, parler du nettoyage de l'église dont le toit inachevé laissait entrer la poussière et le froid.

Le jeune homme pensait à sa vie, encore si peu avancée, mais pourtant déjà si remplie. Il n'avait pas grand-chose à regretter. Bien entendu à l'exception de son service auprès de Brinvilliers. Mais ne s'était-il racheté au centuple, puisque, après avoir mûrement réfléchi, dans sa retraite de Sées, à la meilleure manière de se réconcilier avec lui-même, il avait proposé, avec succès, sa candidature à La Reynie ? Au début, Constant avait traqué les représentations théâtrales dont le propos portait atteinte à la sûreté publique ou à la bonne moralité. Il s'était ainsi fait la main. La Reynie lui avait ensuite confié le soin d'enquêter sur la circulation de monnaies, frappées en Hollande, dont le dessin et la maxime latine se moquaient du Roi-Soleil. Là aussi, Saint-Lizier avait contribué à mettre sous les verrous plusieurs trafiquants. Mais tout cela ne portait guère à conséquence.

Or voici qu'avec l'affaire attribuée à La Reynie et à la Chambre ardente le jeune homme retrouvait un passé qu'il s'efforçait d'oublier, fait d'empoisonnements, de sorcellerie, de sacrifices. Sa vie devait-elle, qu'il fût d'un côté ou d'un autre de la barrière, être donc tout entière assaillie par le vice, le crime, le blasphème ? Et, surtout, être couronnée par un naufrage final, lorsqu'on s'apercevrait qu'il avait travaillé pour l'empoisonneuse ? Saint-Lizier continua de s'abîmer dans des pensées sombres. Il songea ensuite à cette Fanchon, la servante du cabaret du Radis couronné. Sot, le garçon avait un temps cru que les révélations de la fille lui apporteraient le succès, assureraient sa réussite et son avenir. Or il n'en était rien, et il s'emporta contre la soubrette. Même, Constant envisagea un temps de retourner voir celle qui était la cause de sa perte annoncée. Mais, rapidement, Saint-Lizier dirigea sa colère contre lui-même : qu'avait-il donc à suivre et croire, à désirer, peut-être à aimer des femmes plus âgées que lui, comme Brinvilliers et Fanchon, à leur accorder sa pleine confiance de manière un peu sotte ?

Enfin, le jeune homme se décida à quitter la cure. Il redescendit, hésita à aller voir le cadavre de plus près, renonça. Cela n'aurait servi à rien, voire à contempler de plus près son échec. Le plus urgent était de regagner le Grand Châtelet, de prévenir le lieutenant de police et de requérir des exempts afin de venir chercher la dépouille du suicidé.

Dans Paris

L'assassin du valet du Roi-Soleil avait maintes raisons d'être satisfait, comblé. Avant même le lieutenant de police, il avait appris l'existence du prêtre Jacquillard. Avant La Reynie, il avait compris que celui-ci s'intéresserait bientôt à ce prêtre dévoyé. Avant le policier du Roi-Soleil, il avait envoyé un homme de confiance voir ce qu'il y avait à voir et à repérer à la cure de Saint-Roch. Les renseignements ainsi engrangés lui avaient fourni une précieuse avance sur La Reynie, lui avaient permis d'anticiper sur les décisions du lieutenant de police. Et, sitôt mis au courant de la mission attribuée à Saint-Lizier, de faire suivre ce garçon jusqu'à Saint-Roch par un homme de confiance, muni de toutes les autorisations, doté de toutes les audaces, parfaitement propre à nuire à Constant et, à travers celui-ci, à Gabriel Nicolas de La Reynie.

La machination se mettait en marche, lentement mais sûrement, rien ne pourrait l'empêcher d'aller à son terme ni de broyer.

Il se reput d'un triomphe annoncé… Que le lieutenant de police profite et jouisse des succès qu'il croyait avoir engrangés : l'arrestation de la Voisin et les aveux arrachés à cette sorcière, sa nomination à la chambre de l'Arsenal. Bientôt, La Reynie serait à terre. Voire sous terre.

Au Grand Châtelet

Sitôt revenu de Versailles, La Reynie s'était fait conduire au Grand Châtelet, en dépit de sa lassitude, sans même s'arrêter à Vaugirard. Le cabinet noir. Il lui avait fallu retrouver ce qu'il gardait là et qui, d'une certaine manière, était ce que le lieutenant de police possédait de plus précieux, du moins de plus nécessaire. Celui-ci referma derrière lui la porte de la chambre secrète. Il éprouvait une impression étrange et balancée. Dans un instant, il allait être la proie d'une sorte de nausée, impuissant à contenir l'onde de dégoût et de découragement qui allait l'envahir. Mais La Reynie savait que, du spectacle ignoble qu'il contemplerait, son assurance se ressourcerait. Alors, très vite, il ouvrit le meuble, saisit l'objet haï.

Un accessoire, plutôt un instrument de torture retrouvé dans l'un des antres où pullulaient des mendiants sans aveu. Un casque d'ignominie, avait jadis compris La Reynie, après l'avoir longuement regardé, cherché à en comprendre l'usage. Une espèce de cage dans laquelle des truands plus odieux que d'autres enserraient la tête, la retenaient prisonnière. Du moins le crâne de ceux dont ces monstres voulaient, avant d'en faire des solliciteurs pitoyables, crever les yeux d'un double tour de vis. Pour avoir dès lors sous leur coupe des enfants bien misérables et obéissants, incapables de leur échapper, surtout des sources de revenus, que des proches, des parents peut-être, s'étaient souvent plu à estropier afin d'en faire une force mendiante, si pitoyable et si attendrissante, à leur botte. Ce n'était pas chrétien. C'était atroce. C'était pour en finir avec cette abjection que La Reynie, au péril de sa santé, ne pouvait ménager sa peine.

À Paris

Il ne s'était pas laissé faire. Mais, peut-être irrité d'être attaqué par une femme, en tout cas surpris, il n'avait pas crié, s'était d'abord contenté de se débattre et d'essayer de la mettre hors d'état de nuire, cette créature qui l'attaquait, contre toute attente. Il avait d'abord cru qu'elle n'en voulait qu'à son argent, désirait le détrousser sans rien donner en échange, le soldat avait déjà vu ça. Puis l'homme avait compris ce que la fille désirait exactement – le tuer, et pire encore –, mais il était trop tard pour reprendre le dessus. La force et la puissance avaient été vaincues par la rapidité et la détermination. La criminelle avait profité de l'effet de surprise pour aller au fait, empoigner et sectionner. L'homme avait été vidé de son sang, il était mort, sans jamais avoir compris pourquoi il avait ainsi été occis ni comment sa meurtrière avait pu parvenir à ce résultat.

Et un de plus. Un morceau de choix, un gaillard, une belle bête. Il y avait eu de l'horreur, dans cette affaire, la fille n'était pas assez folle pour l'ignorer. Mais la satisfaction effaçait, et de loin, cette abjection. Trancher avait été plus que réconfortant, ça l'avait rassasiée. La scélérate était si comblée qu'elle en était transportée, hébétée. À plusieurs reprises, elle avait songé à sa capture, la jugeant probable, même inéluctable. L'autre fois, elle avait manqué être prise. Mais qu'elle soit aujourd'hui parvenue à surprendre le soldat qu'elle venait de trucider la transportait, l'amenait à triompher. Tous les assassins n'étaient pas pris, bien des crimes demeuraient mystérieux. Elle appartenait peut-être à la race de ceux qui n'étaient jamais rattrapés, encore moins jugés, qui n'avaient jamais à rendre compte et qui faisaient peur, par-delà les frontières et le temps qui passait. Cela n'aurait été que justice, du reste.

Avant de quitter la chambre, la massacreuse remit de l'ordre dans sa tenue, que le soldat, quoique finalement vaincu, avait cependant un peu chahutée, déchirée à plusieurs endroits, le chien, l'imbécile qui avait cru pouvoir échapper à son sort. Quelques épingles firent l'affaire. La meurtrière tapota sur son corsage pour en aplatir les froissures. Elle était maintenant à peu près présentable, et, une fois son bonnet remis, nul ne verrait que son front et sa nuque ruisselaient encore du rude combat accompli.

La fille considéra le soldat, plus mort que mort, baignant dans un sang répandu avec abondance. Quant à ce que celui-ci ne possédait plus, elle le repoussa du bout du pied et d'un œil morne, pour ne plus le voir car, si cela l'avait jamais été, ce n'était plus très beau à regarder. Cela fait, la tueuse ne s'y intéressa plus. L'exercice lui avait donné faim et soif. Une fois de plus, elle porta la main à son ventre. Aurait-elle été à ce moment tentée de renoncer que ce simple geste aurait suffi à ressourcer sa haine et sa détermination.

Pourtant, la meurtrière n'en avait pas besoin : la soif si particulière qui était la sienne n'était pas tarie, loin de là. Il fallait qu'elle exécute en estropiant. Encore et encore.

À Saint-Germain

Rageuse, Montespan rejeta les papiers, les cahiers que Claude des Œillets avait disposés sur la table. Et, faute de pouvoir se quereller avec l'architecte, c'est à ses plans que la marquise choisit de s'en prendre.

— Ce projet d'agrandissement du château ne vaut rien ! Que voit-on sur ces dessins mal conçus, mal pensés ? Que l'appartement du roi s'en trouverait agrandi. Mais que celui de la reine aussi ! Il serait même doublé, avec ces pavillons ajoutés de part et d'autre de l'aile où elle demeure. Et l'on pourrait croire que c'est pour elle que le Château-Vieux de Saint-Germain est agrandi. C'est hors de question !

Claude des Œillets ramassa les dessins que Jules Hardouin-Mansart avait soumis au roi et qu'à son tour, celui-ci avait montrés à sa favorite. Depuis plusieurs années, le roi peinait à loger sa Cour dans les deux châteaux de Saint-Germain. Pendant un temps, Louis XIV avait envisagé de construire un troisième palais sur le coteau, puis y avait renoncé : la Cour aurait été encore plus dispersée qu'aujourd'hui. Cette fois, Hardouin-Mansart proposait d'ajouter cinq gros pavillons à chacun des angles du Château-Vieux. Ces ajouts auraient le mérite d'agrandir le bâtiment et de lui donner un peu de la symétrie qui lui manquait[1].

Or la suivante se moquait bien de ces projets, mais elle s'étonnait cependant : l'appartement de Montespan, situé sous celui de Marie-Thérèse, qui occupait l'étage noble, était aujourd'hui étendu et meublé de manière aussi splendide que celui de la reine, si ce n'était plus. Demain, après les agrandissements projetés, il serait aussi vaste, et rien n'empêcherait Montespan de l'enrichir davantage. Elle n'osait rien dire, mais comprit bientôt ce qui indisposait tant la marquise.

— Et moi, qu'y gagnerai-je ? De nouveaux salons, sans doute, mais je serai toujours contrainte de vivre sous l'appartement de la reine, je serai toujours logée à l'entresol.

Ce mot lui fut difficile à articuler. Pire, il était inconvenant, inadmissible. La marquise se reprocha aussitôt de l'avoir prononcé : même devant des Œillets, qui connaissait tout de sa situation, de sa noirceur, de ses manœuvres, de ses crimes, Montespan avait honte de reconnaître ce qu'elle considérait comme une indécence, une incongruité. Or son appétit de puissance chassa bientôt ce sentiment pénible. Montespan avait déjà le pouvoir, les finances, l'influence de l'épouse d'un roi. À présent, elle devait non plus se contenter d'être la favorite en titre, mais bien plus que cela…

— Je monterai sur le trône ! s'exclama la marquise. Quoi que je doive accomplir pour cela. J'aurai droit à tous les honneurs.

1. Ces cinq pavillons, disgracieux, édifiés à partir de 1680, ne furent jamais achevés. Ils furent détruits sous Napoléon III, lorsque le Château-Vieux retrouva son aspect Renaissance.

Et elle exigerait, même, d'être sacrée dans la basilique de Saint-Denis[1], comme c'était jadis l'usage pour les reines de France.

Montespan se tourna vers sa suivante. Celle-ci savait ce qu'il lui restait à faire. Avant longtemps, des Œillets devrait se rendre à Paris pour y découvrir de quoi sacrifier à Satan et, ainsi, attirer les bonnes grâces de l'Ange noir sur sa maîtresse.

Avec l'air décidé qu'elle arborait en permanence, la suivante sortit pour mettre en musique les volontés de Montespan.

1. Marie de Médicis, épouse d'Henri IV, fut la dernière reine à être couronnée : elle le fut la veille de l'assassinat du roi. On préféra ensuite ne pas renouveler ce type de cérémonie…

À Paris

— Comme je vous l'ai écrit dans mon message, expliqua Pomereu, des bateliers ont découvert la dépouille. Ils ont couru pour nous prévenir. Le corps est là, derrière ces caisses de marchandises. Laissé tel qu'il a été trouvé.

Le prévôt, ainsi que plusieurs de ses quarteniers, La Reynie et quelques membres de sa propre police se trouvaient près de la rivière, un peu en amont du pont Notre-Dame. Ici, entre le port au blé, un peu plus au nord, et le quai Pelletier, édifié en belle maçonnerie, la berge était demeurée à l'état de nature. Elle descendait en pente rapide vers le fleuve, et il fallait prendre garde de ne pas glisser sur le sol visqueux.

Aussi anguleux que La Reynie était trapu et en rondeurs, Pomereu se comportait en maître des lieux. Il fit signe de s'écarter à des femmes venues laver du linge, les genoux glissés dans des caisses de bois qui les protégeaient des éclaboussures et des vaguelettes, et aussi à des tripiers qui, avant de les vendre, nettoyaient intestins et boyaux dans la Seine. D'autres badauds arrivaient, attirés par la nouvelle qui s'était répandue alentour. D'un regard, le lieutenant de police remarqua que Constant était là, puis se retourna vers Pomereu :

— Je vous remercie de la peine que vous vous donnez.

— Mon devoir m'oblige à agir ainsi. Par-delà les dissensions qui nous ont parfois mis face à face et que nous finirons par faire taire, à force de nous consulter l'un l'autre, nous agissons tous deux pour le bonheur et la tranquillité de la ville.

La tenue dérangée par sa course, Saint-Lizier n'avait pas encore eu le temps, l'occasion de parler à La Reynie de sa faute, de la mort imprévue de Jacquillard. Mais la foule grossissait et il y eut comme une bousculade : on voulait à la fois voir le cadavre, mais ne pas se mouiller les pieds. Pomereu s'en retrouva rejeté sur le côté par des promeneurs ignorant qui il était. Constant en profita, s'approcha de La Reynie pour murmurer à son oreille :

— Monsieur, je... j'ai fait au plus vite, je voulais vous prévenir : le prêtre Jacquillard, il s'est tué. Il doit encore se trouver là-bas, dans sa cure.

Surpris par les paroles du jeune homme, La Reynie se tourna vers Constant et lui lança un regard noir. Le jeune policier aurait souhaité en dire davantage, mais il n'en eut pas le temps, les gens de la prévôté réussissaient enfin à écarter les curieux. Pomereu put alors s'avancer. Il prit La Reynie par le bras, le mena près du corps, couché dans la boue.

— Un missel à son nom est demeuré dans sa poche. Mais nous n'en aurions pas eu besoin pour l'identifier. Sa vieille mère habite là, par-derrière, il venait souvent la voir et était connu de tout le quartier. Et regardez, sur ce bras, là, un A et un S, comme sur le corps du valet retrouvé voici plusieurs semaines.

Saint-Lizier avait entendu. Un autre religieux ? Soudain saisi par une intuition, un pressentiment qui ouvrit un gouffre sous ses pieds, blême, il s'avança. Allongé de tout son long, sur le dos, en habit de prêtre, Pierre Jacquillard le considérait avec un regard qui aurait pu être narquois s'il n'avait été mort. Constant était sidéré. C'est à peine s'il entendit, lui arrivant de très loin, la voix de La Reynie, qui répondait à Pomereu :

— Vraiment, je vous suis très reconnaissant de m'avoir prévenu de cette découverte sans attendre. C'est davantage qu'un geste destiné à exprimer la bonne intelligence qui doit nous guider, c'est de la véritable courtoisie…

Maintenant, on tirait le corps un peu plus haut sur la rive, avant de l'emporter. Le prévôt invita La Reynie à se détourner du gisant, afin de pouvoir lui parler sans témoin :

— À mon tour de faire preuve de franchise. Je ne vais pas m'embarrasser de précautions oratoires. Lorsque la lieutenance de police a été créée par le roi, la prévôté a redouté d'être dépossédée de ses prérogatives.

— Je sais que nous avons tous deux une trop haute opinion de notre mission pour chercher à nous mesurer l'un à l'autre.

Saint-Lizier, qui n'entendait pas ce que se disaient les deux responsables de la police parisienne, n'en était que plus anxieux. Il ne pouvait détourner son regard de Jacquillard. C'était bien lui, l'homme qu'il avait vu se jeter dans le vide. C'était impossible… N'avoir pu annoncer plus tôt au policier du roi que le curé de Saint-Roch s'était tué devant lui n'avait soudain plus d'importance. Dès lors que le cadavre du curé de Saint-Roch était retrouvé ici, tout se compliquait, et de beaucoup. L'esprit vide, Constant s'éloigna à reculons, se donnant la contenance du promeneur occupé à regarder l'animation qui régnait sur la Seine et ses berges, pour se changer les idées.

Là-bas, La Reynie et Pomereu continuaient de s'entretenir. Le prévôt faisait part de son sentiment :

— Tout cela est étonnant. D'abord, ce fut ce Martin Laboureur, ce valet de Mme de Brinvilliers découvert mort au port Saint-Paul ; et maintenant, ce prêtre, mis en cause par la femme Vigoureux, retrouvé lui aussi sans vie près du fleuve... Tout cela a bien entendu à voir avec l'affaire déférée à la Chambre ardente.

La Reynie acquiesça. Puis chercha Saint-Lizier, qu'il était maintenant pressé de questionner. Il se demandait ce que le garçon avait bien pu faire à la cure de Saint-Roch, ce qu'il avait vraiment vu et ce qu'il lui cachait aussi, puisque le court exposé qu'il venait de présenter ne s'articulait pas avec ce que La Reynie entendait et constatait de ses propres yeux. Le lieutenant de police s'interrogeait, mais, dans le même temps, devait continuer à remercier Pomereu.

— Je vous suis redevable. En tant que lieutenant de police, j'ai à connaître des crimes perpétrés dans Paris. Mais pour ce qui est des méfaits les plus graves commis sur les boulevards, près des anciennes portes, sur les berges de la Seine, ses quais, ses ports, c'est votre juridiction qui est reconnue, même après la réforme voulue par le roi.

— Vous savez que rien n'est clair en ce domaine, sourit Pomereu, et que certains de vos juristes affirment que la ville n'a que le droit de s'occuper des petits trafics, des filouteries de peu d'envergure, en vous laissant vous occuper de toutes les autres affaires, les plus tragiques, quel que soit leur théâtre. Nous nous sommes trop heurtés, mesurés, nous avons trop débattu de nos attributions respectives afin de tenter de cantonner l'autre hors de ce que nous estimions nous appartenir respectivement. Mais le roi n'a jamais clairement délimité ce qui vous regardait et ce qui me concernait[1]. Bref, je vous remercie de votre grandeur d'esprit : elle vous conduit à défendre mes propres prérogatives, même si je n'en demande pas tant.

— Je vous propose d'associer nos efforts et nos forces pour résoudre ces mystères, expliquer ces crimes.

Circonspect, le prévôt des marchands regarda La Reynie.

— Je ne veux pas profiter de ce que les assassins redoublent d'ardeur, ces jours-ci, pour en tirer un avantage. Je vous propose de continuer à nous tenir informés l'un l'autre des crimes dont nous penserons qu'ils ont à voir avec l'affaire déférée à l'Arsenal. S'il se confirme que les empoisonneurs, leurs clients et leurs complices demeurés dans l'ombre continuent à défier la police et la justice du roi, alors nous aviserons. Cela vous convient-il ?

La Reynie réfléchit rapidement, d'autant plus pressé de clore cet entretien qu'il souhaitait, avant même de retourner au Châtelet ou à la Chambre ardente, s'entretenir, vite et sans le ménager, avec Saint-Lizier.

— Votre proposition est généreuse et raisonnable, la mieux à même de protéger les Parisiens, c'est là l'essentiel.

Le lieutenant de police balaya l'assistance du regard, en fut interloqué mais n'en laissa rien paraître. Il devait se rendre à l'évidence : Constant avait disparu.

1. Il fallut attendre un édit publié en 1700 pour que ce conflit de compétences fût quasiment réglé.

9

11 MAI 1679

À Vaugirard

Vêtus de drap sombre et dispensés d'avoir à se boucler les cheveux comme c'était alors la mode même chez les gens du peuple car, sur ce point aussi, le policier du roi aimait la simplicité, les serviteurs avaient servi le repas à même le bureau de La Reynie, du moins sur une large moitié, recouverte d'une lourde nappe, pour ne pas trop déranger les papiers et les cahiers empilés. Il avait avalé, seul, une mince collation, et mangé avec les doigts, à l'accoutumée. Il ne pouvait, décidément, se résoudre à manier la fourchette que Gabrielle, soucieuse de policer les manières de son père, parce que c'était à la mode et qu'elle cherchait à lui faire plaisir, simplement, lui avait offerte et le priait instamment d'utiliser depuis longtemps, bel objet à son chiffre mais inutile, qui demeurait dans son écrin. La Reynie s'en voulait un peu. Non pas de résister à une mode assez nouvelle, somme toute une fantaisie, mais de ne pas contenter sa fille…

Il s'essuya les doigts sur une serviette humide, se promit, une prochaine fois, d'essayer de recourir à l'instrument, quoique le roi lui-même ne s'en servît point, se tourna vers la moitié laissée libre de son bureau, s'apprêtait à ranger quelques papiers dans un portefeuille lorsque, soudain, Antoinette lui apparut.

— Tu viens m'aider ? interrogea La Reynie.

Le fantôme de son épouse soupira :

— On t'en veut.

— Que dis-tu ?

— Garde-toi. C'est quelqu'un que tu connais et fréquentes. Tu le crois ami, loyal et pourtant il n'en est rien. Tu penses qu'il est dévoué et t'aide, qu'il est prêt à te conseiller voire te seconder, mais tu te trompes.

— Il faudrait que tu m'en dises plus.

Là, Antoinette se tut. Or La Reynie était pressé et se demandait ce que son épouse – donc sa conscience, plutôt sa perspicacité – entendait lui révéler. Il fallait que le spectre lui en dévoilât davantage. Puisqu'il était seul dans sa chambre, La Reynie pouvait parler à haute voix, sans craindre d'être vu ou entendu. Et, songea-t-il, puisqu'il convenait d'en passer par là pour que sa pensée s'affermît, il reprit, parlant moins à son épouse morte qu'à lui-même :

— Tout cela est trop flou, trop plein d'allusions. Il faut me donner du concret, du plus solide.

La défunte parut alors hésiter. Ce qui n'étonna pas La Reynie. Il était dans le brouillard. Du reste, Antoinette pâlit, son visage et son corps s'estompèrent, l'éclat de ses bijoux plus assourdi que jamais, et elle disparut. Le policier du roi se retrouva seul avec ses doutes et ses hésitations. Un instant, il se demanda s'il agissait bien en convoquant ainsi sa femme. Il hésita un moment, puis balaya ce scrupule. Qu'il ait besoin d'évoquer la défunte prouvait qu'il l'avait aimée autrefois. Où qu'elle fût, de cela, Antoinette ne pouvait ni s'en offusquer ni le lui reprocher.

Restait néanmoins, pensait le lieutenant de police, à sonder les doutes, les soupçons qui regardaient sa mission et qui faisaient leur chemin dans son esprit. De qui son épouse – donc une part de lui-même, la plus solide, sûrement… – avait-elle bien pu vouloir parler ?

À Paris

Claude des Œillets avait fait ce qu'il fallait et tout organisé, en quelques heures à peine. Un tour de force, quel que fût son entraînement en la matière.

Nue comme au jour de sa naissance, Montespan s'allongea sur l'autel, le ventre – mais pas que cette partie de son beau corps – tendu vers la voûte de la crypte, sa chevelure dénouée, aussi blonde que si la marquise eût été un ange. Le prêtre prit le calice. Il y avait écrasé deux cœurs de pigeon gorgés de sang, les avait malaxés et pétris jusqu'à en obtenir une substance mi-pâteuse, mi-liquide. Il leva bien haut la coupe devant un crucifix accroché à l'envers sur le mur. Puis se pencha sur la marquise.

— Ma fille, Lucifer est là, je le sais, qui est avec nous, nous regarde, nous aime, nous protège et nous soutient.

Il versa quelques gouttes rouges sur la favorite, juste en dessous des seins, et reprit :

— À présent, prononcez votre requête.

Sous la voûte, le silence était complet.

— Je demande l'amitié du roi et celle de Mgr le Dauphin, que cette amitié me soit continuée, commença la marquise.

La voix de Montespan était aussi ferme, aussi impérieuse que lorsqu'elle lançait un bon mot, le soir, au jeu du roi, une saillie dont pâtissait un courtisan qui avait eu le tort de prêter le flanc à la moquerie et faisait rire toute la Cour.

Cette fois, la crypte avait été choisie pour sa configuration commode. Elle n'était guère étendue. Mais, au moins, dans cette chapelle-là, il n'y avait pas de colonnes, de piliers qui eussent pu gêner les fidèles, les empêcher de bien distinguer tout ce qui se déroulait du côté de l'autel profané.

À présent, l'officiant laissait couler le sang des oiseaux sacrifiés sur la poitrine de la favorite.

— Que la reine soit désormais stérile, reprit Montespan. Que le roi quitte son lit et sa table pour moi, que j'obtienne de lui tout ce que je demanderai pour moi et mes parents, que mes serviteurs et domestiques lui soient agréables.

L'officiant dévoué au diable versa alors le jus de pigeon sur le bas-ventre de l'orante. Or il n'y avait là qu'un mince filet qui aurait à peine empli un verre. Ce fut tout juste si la marquise en conçut un frémissement.

— Chérie et respectée des grands seigneurs, que je puisse être appelée aux conseils du roi et savoir ce qu'il s'y passe. Et que, cette amitié redoublant plus que par le passé, et que la reine étant répudiée, je puisse épouser le roi.

— Oui, qu'elle puisse épouser le roi, reprit en chœur l'assistance, chacun s'efforçant de donner toute sa voix pour que, le jour des récompenses venues, la marquise sût qui l'avait ainsi soutenue.

Si, en effet, elle devenait reine, songeait Montespan, elle saurait se souvenir de ses véritables amis, ceux qui n'auraient pas hésité à défier la justice du roi et Dieu pour assister à ces séances d'envoûtement. Ce qui leur attirerait une solide reconnaissance de la part de la nouvelle souveraine : après tout, on arrêtait, on emprisonnait et on jugeait, ces temps-ci, on questionnait sans ménagement et on brûlait, même… Parce qu'ils auraient surmonté leur peur, méprisé la Chambre ardente et ses juges, tous ces fidèles, ces courageux amis obtiendraient des charges, des places à la Cour, des rentes et des honneurs. Autant qu'ils en demanderaient et que Montespan en réclamerait, à cor et à cri, à son tour au roi.

Lors des cérémonies précédentes, la marquise s'était contentée de sacrifier quelques chats, sans jamais ôter ses habits. Puis les prêtres dévoyés qui, le jour, célébraient la messe à l'église en glorifiant Dieu et qui, le plus souvent la nuit venue ou bien rideaux tirés, comme cette fois, invoquaient Satan, avaient procédé à des cérémonies beaucoup plus particulières, les atours sacerdotaux passés à l'envers. Pour pimenter ces cultes démoniaques, on avait pensé à dévêtir de belles filles. Montespan avait d'abord regardé, puis décidé d'offrir elle aussi au diable la contemplation de sa chair. Mais, reste de pudeur ou amour de la mascarade, elle avait voulu demeurer masquée.

Aujourd'hui, c'était la première fois que la marquise apparaissait à visage découvert. Sans doute parce qu'elle voulait proclamer, devant l'assistance, qu'elle ne craignait plus rien ni personne.

— *In nomine Dei nostri Satanas, Luciferi Excelsi.*

Cette dernière exhortation prononcée, le prêtre leva la coupe, but avec ostentation ce qui restait du sang. La bouche toute barbouillée d'un rouge sombre, la langue pâteuse, le palais envahi par une saveur fade, il avait envie de cracher, mais se retint, craignant de gâcher la fin de cette belle cérémonie.

Au Grand Châtelet

Le lieutenant de police n'avait aucune envie de se montrer indulgent. Au demeurant, la présence, toute proche, de l'autre côté de la muraille, du casque d'infamie, ne cessait de lui rappeler, s'il en avait été besoin, qu'au Grand Châtelet la mollesse et la bienveillance n'étaient pas de mise. Il répéta :

— Mais enfin, vous disparaissez hier et ne revenez que maintenant ?

Pâle, Constant Saint-Lizier se taisait. Le propos de La Reynie était clair. Il était accusé, d'une part, de ne pas avoir alerté sur-le-champ du trépas du prêtre Jacquillard et, d'autre part, d'avoir abandonné son poste alors que le corps du curé venait d'être découvert au bord de la rivière.

Mais, surtout, La Reynie cherchait à comprendre pourquoi la version de son adjoint différait de celle que lui racontait le cadavre des bords de Seine. Et, là, il raisonnait non plus en tant que père adoptif, mentor ou parrain attentif, mais bien en tant que policier du roi.

— Je vous supplie de me croire ! finit par lâcher Saint-Lizier. Je vous jure que je suis allé à Saint-Roch, comme vous me l'aviez demandé. J'ai pénétré dans le logement. Mais Jacquillard, qui m'a sans doute vu approcher, s'est donné la mort en se jetant dans le vide. J'ai contemplé son corps sans vie en contrebas de la fenêtre !

La Reynie se demanda un court instant si, comme beaucoup d'innocents, Saint-Lizier était peu doué pour assurer sa défense, ou bien s'il était coupable – mais en ce cas, de quoi ? –, tant les propos que tenait son adjoint avec ardeur étaient saugrenus. Impatient de connaître la vérité, le lieutenant de police insista :

— Comment expliquer alors que le cadavre du prêtre ait été trouvé au bord de la Seine alors que vous me jurez par tous les saints que vous avez vu le cadavre gisant dans le jardin de son église ? Est-ce pour cette raison que vous avez quitté la grève de façon inopinée ?

Malmené par la mort de Jacquillard, plus encore par le mystère qui entourait le déplacement de son corps, Saint-Lizier tenta de se défendre avec plus de sincérité que de hardiesse, tant il se savait en mauvaise posture :

— Comme vous, je ne comprends pas comment un homme que j'ai vu tomber d'une fenêtre et se fracasser sur le sol de son jardin a pu être retrouvé quelques heures plus tard dans un autre quartier de Paris. Et c'est pour mieux réfléchir à cet affreux prodige que j'ai quitté les abords du pont Notre-Dame. J'ai certes eu tort de partir, j'en conviens avec honte. J'aurais dû demeurer là-bas, attendre vos ordres. Ou, à tout le moins, vous prévenir que je m'en allais. Mais c'est parce que cette affaire me travaille trop l'esprit que j'ai agi sans bien mesurer les conséquences de ma conduite.

La Reynie dut en convenir : les excuses, les explications de Saint-Lizier ne manquaient pas d'une certaine logique. Néanmoins, elles le laissaient sur sa faim. Car le policier du Roi-Soleil pressentait qu'il y avait là un mystère. Mais il peinait à découvrir le premier fil qui, une fois tiré, lui permettrait de défiler la pelote de cette obscurité.

— Restons-en là pour le moment, assena-t-il après quelques longues secondes d'un lourd silence. Je vous décharge de tout ce qui concerne les arrestations, les interrogatoires, les audiences qui regardent les affaires déférées à la Chambre ardente. À partir d'aujourd'hui, et jusqu'à ce que je vous donne d'autres instructions, vous vous consacrerez exclusivement au rapport que je veux voir achevé dans les prochaines semaines. Vous verrez comment accroître les effectifs de la garde de nuit chargée de veiller à la sécurité de Paris [1], après le coucher du soleil. Ne vous occupez de rien d'autre, je vous le commande. En tout cas pas de ce qui se passe dans les rues de la ville.

La tâche confiée était utile, mais peu exaltante, administrative, bien moins prestigieuse et beaucoup moins gratifiante que ce que traitait l'Arsenal. Brisé par cette annonce, Saint-Lizier n'osa rien dire. Il était dans son tort et le savait, quand bien même il n'avait pas voulu la mort du prêtre dévoyé. La mine défaite, le jeune policier était sur le point de se retirer. Mais La Reynie le retint d'un geste.

— Occupez-vous aussi, parce que cela a à voir avec la sécurité, de dénombrer les lanternes à chandelle dont la lieutenance de police a demandé l'installation

1. Cette garde fut créée en novembre 1679.

voici déjà plusieurs années[1]. On m'a rapporté que, souvent, la qualité du suif est mauvaise, ou bien que la lanterne est mal entretenue, mal placée, ou qu'il est impossible d'en allumer la mèche. Allez avec méthode. Commencez par les abords du Grand Châtelet. Vous irez ensuite vers l'Hôtel de Ville puis les Halles. Vous pouvez disposer, à présent.

Accablé, Constant aurait voulu crier son innocence, à quel point il était contrit de décevoir celui qui pour la première fois de sa vie lui avait accordé sa confiance, mais il se tut. Les épaules basses, il quitta le bureau du lieutenant de police.

1. Un arrêt du Conseil de 1668 ordonna un premier dénombrement. L'usage de ces lanternes, à la charge des quartiers, se généralisa peu à peu.

Ailleurs, à Paris

Sa main se fit plus hardie, même inquisitrice. Du milieu, elle alla vers la gauche, à droite, en bas. Mais rien. La Bretaudeuse fouilla encore, repoussa l'étoffe, chercha et y mit enfin les yeux. Toujours rien ou, du moins, pas ce qu'elle avait cru trouver en acceptant de s'enfermer ici avec ce soldat au visage fin. Et, enfin, la criminelle comprit. Elle s'écarta :

— Mais tu n'es pas un garçon !

L'autre ne chercha pas à détromper, qui jeta une poignée de pièces à même le sol :

— Non, et alors ? En quoi ça t'ennuie puisque je m'apprête à te payer. Tu es une ribaude, j'ai de l'argent. Que je m'habille en soldat, que je veuille te voir, t'approcher de plus près, fricoter avec toi, ça ne te regarde pas, puisque je t'achète. N'est-ce pas ce que tu cherches, après tout ? L'argent n'a pas d'odeur, tu ne le sais pas ? Alors, fais pas ta rosse, et allonge-toi.

La femme grimée désigna la couche, puis s'approcha, voulut prendre dans ses bras celle qu'elle convoitait. Mais la Bretaudeuse se tortilla pour échapper à l'étreinte qu'elle refusait. Le désir auquel elle était soudain confrontée ne l'indignait pas, bien que ce fût la première fois qu'elle en connût l'existence. Mais enfin, elle n'était pas montée dans cette chambre pour s'y faire peloter. Loin de là. Et, depuis un long moment, elle s'était même préparée à un tout autre combat. Y renoncer était douloureux, impossible. Elle était venue dans cette pièce pour tuer et estropier. Le passage d'une idée, la sienne, à une autre, celle du faux soldat, était brutal. D'autant que la criminelle avait de nouveau envie de cisailler. Tout cela était du temps perdu. Rendue furieuse, la Bretaudeuse s'emporta :

— Va-t'en ! Ça vaut mieux.

Mais la tribade, de son côté, avait bel et bien l'intention de conclure. D'autant que cette embrouille, finalement, ne faisait selon elle que pimenter l'affaire. Elle avança les bras, tendit les seins, les lèvres. Plus qu'un instant à attendre avant la félicité… La Bretaudeuse sentit son haleine, sa chaleur. D'un sursaut, elle brisa l'étreinte, tira de sa jupe le couteau qui avait déjà tant servi :

— Tu la vois, cette lame ? J'ai l'habitude de la planter dans le ventre de celui qui ne me plaît pas. Et une panse, c'est une panse. Que tu sois une femme ne change donc rien à la situation.

Elle moulina dans l'air soudain devenu épais. Pointa l'arme, s'avança, batailleuse. La déguisée comprit enfin que son interlocutrice ne plaisantait pas ni ne céderait à sa demande. La Bretaudeuse saisit que l'autre faiblissait et fit mine de la piquer de sa pointe menaçante. Cette fois, la travestie s'affola :

— Attends ! Arrête, je m'en vais…

Son envie tout à fait évanouie, maintenant craignant même de mourir alors qu'elle était venue ici pour trouver le plaisir, elle ramassa son chapeau, oublia ses bottes et déguerpit.

La tueuse l'entendit dévaler l'escalier, attendit encore un peu, pour être sûre, et rangea son couteau. Au moins, avec un tel déguisement et de tels désirs, qui vaudraient bien des ennuis à la femme si elle était prise, celle-ci ne dirait jamais à personne ce qui venait de se passer ici.

Au Grand Châtelet

Gabrielle de La Reynie était coutumière de ces courtes visites impromptues. Qu'elle vienne trouver son père au Grand Châtelet agaçait le policier du roi, sa fille le savait, mais l'amusait aussi, cela égayait une vie de travail. La jeune fille avait donc surgi, joyeuse, tout en blanc et rouge, le temps de recevoir un baiser sur le front, d'échanger quelques propos affectueux. Puis, après avoir juré, sans songer à tenir sa promesse – ce que La Reynie savait au fond de lui-même et dont il s'amusait en secret –, de ne plus jamais venir ici déranger son père, s'en était déjà repartie.

Elle s'avançait maintenant dans le noir, marchait à tout petits pas pour ne pas tomber dans un escalier dont elle n'aurait pas deviné à temps la présence. Surtout, la jeune femme s'amusait de la situation : en sortant du bureau de son père, elle avait voulu faire la futée, explorer un peu, en ne prenant pas le chemin le plus court, ce Grand Châtelet qui l'intriguait tant. Et elle s'était perdue dans le dédale qui faisait du siège de la lieutenance de police un labyrinthe où seuls les plus anciens savaient se déplacer. Un moment, elle sentit un souffle sur son visage, songea que ce courant d'air était de bon augure, annonçait une issue. La jeune fille avait lu sa mythologie, se souvenait des proies de Minos perdues dans le dédale où vivait le monstre, et en sourit. Donc toujours divertie de s'être ainsi égarée, la fille du lieutenant de police avança la main, frôla une étoffe, sans doute une tenture qui masquait une porte, voulut repousser cette portière, rencontra une résistance inattendue, n'en comprit pas la cause. Un instant encore, et une poigne solide s'assura d'elle.

Gabrielle n'était pas peureuse. Attisée par la pénombre, la surprise fut cependant totale. L'effroi s'y mit. La jeune fille voulut se défaire de l'étreinte, se débattit. Fort de l'avantage que lui conférait la surprise, son assaillant, un homme, était bien plus vigoureux. La traquée se vit déjà impuissante, prise au piège. L'autre se colla contre elle, avança ses lèvres, violentes du plaisir qu'elles voulaient arracher. La malheureuse serra les mâchoires, tenta de repousser le visage plaqué contre le sien, n'y parvint pas, chercha d'une main à saisir elle ne savait quoi. L'ombre ne desserra pas son étreinte, s'en prit soudain à une autre partie de ce corps si mal désiré. Gabrielle s'affola, rassembla ses dernières forces, voulut frapper, griffer, mordre, si effarée qu'elle ne songeait pas à crier. Sa main rencontra une cuisse, ne put la repousser, remonta, voulut attraper l'oreille, comme elle l'avait vu faire un jour lors d'un combat de rue, n'y réussit pas car l'espace obscur lui demeurait incompréhensible, rencontra une épaule, nerveuse, tendue. Ses doigts se perdirent dans un flot de rubans, les agrippèrent, les arrachèrent en un geste inutile. Ils furent tout à coup agrippés par une main, puissante, large, qui broya la sienne.

Son agresseur était décidément le plus fort, Gabrielle comprit que sa robe était déjà à demi troussée.

Elle pensa qu'elle allait connaître, de la pire des manières, ce que, précisément, elle n'avait encore jamais connu. Elle redoubla d'efforts, se résolut enfin à hurler. Sa voix s'étrangla d'abord, puis l'assaillie réussit à appeler. L'autre, qui croyait aboutir, fut surpris, lâcha aussitôt prise, hésita un moment, insulta, s'écarta, s'évanouit dans le noir.

Enfin libre, Gabrielle reprit sa respiration. Son cœur battait à tout rompre. Elle entendit venir, des paroles, des pas pressés, cette fois amis. Or elle n'avait plus besoin d'être secourue ni ne voulait être vue. Où aller ? Nulle part où les gens du Châtelet pourraient contempler son désarroi. Où courir, donc ? Dans le bureau de son père, retourner là-bas, elle n'avait d'autre choix, quelle que fût sa honte. Gabrielle voulut rebrousser chemin, vit qu'on arrivait de ce côté aussi, tourna de nouveau, décida de s'en aller par là où s'était enfui son assaillant, quelque répulsion que lui inspirât ce parti. Haletante, elle se hâta de déguerpir, arriva dans un corridor, une pièce sombre. Eut le temps de distinguer Saint-Lizier, qui filait. Gabrielle fut alors soulagée d'apercevoir cette silhouette familière. Elle ne connaissait que très peu le jeune policier ; mais il lui avait semblé, lors de leurs rares et brèves rencontres, que le garçon était un être bon, courageux, et surtout totalement dévoué à son si cher père.

Une pensée affreuse saisit cependant la demoiselle : comment Constant avait-il pu ne pas la voir, ne pas l'entendre appeler, s'il était si proche ? Se pourrait-il que… Impossible ! Gabrielle tenta de se raisonner, mais le doute s'était insinué en elle, avec d'autant plus de force qu'elle venait, surprise, presque culbutée, de lutter pour défendre son honneur. Le cœur encore battant du combat livré, de la terreur et de la rage éprouvées, mais aussi désormais en proie à un trouble horrible, pantelante, la jeune fille courut, trébucha jusqu'au bureau de son père.

À Saint-Germain

Pour se rendre du Château-Vieux à l'extrémité de la Grande Terrasse, le chemin le plus court aurait normalement dû conduire le carrosse du roi à emprunter la promenade, aussi longue qu'une cérémonie royale, qui bordait le coteau. Or Louis XIV avait préféré passer par le bois, ce qui ne rallongeait du reste que peu le voyage, très bref : en empruntant d'abord le chemin des Loges, puis le chemin de Maison, c'était l'affaire de quelques minutes.

— Tu vois, nous sommes dans la forêt, murmura Nantes à l'oreille de son frère Vexin. Et elle est obscure.

La petite fille laissa son aîné jeter un regard terrifié par la portière. Puis feignit de se comporter en sœur prévenante :

— Et il y a aussi des loups, là, derrière ces fourrés, bien noirs et bien affamés. Tu ne vois pas leurs yeux qui luisent et leurs crocs couverts de salive ?

— Je ne vois rien. Tu mens, méchante !

— Pas du tout. D'après toi, d'où vient le nom du chemin des Loges ? Il s'agit de cabanes jadis construites pour permettre aux enfants des forestiers poursuivis par les fauves de se réfugier en lieu sûr, le temps que les bêtes se lassent et s'en aillent chercher une autre proie.

— Ce n'est pas vrai.

Nantes mentait. Mais mal, et elle l'avait fait exprès, afin de donner plus de poids à un second mensonge dont elle voulait que son jeune frère l'avalât d'un coup, celui-là. Elle désirait se venger de l'affaire de la grotte, survenue l'autre jour, lorsque Vexin l'avait poussée sous les jets lancés par les tritons de Persée.

— Vois, ce château, tu l'aperçois, sous les futaies ? C'est là que nous allons. Et c'est là que tu resteras à jamais.

Arrivés, en effet, dans une sorte de vaste clairière taillée dans la forêt, le roi et ses équipages s'arrêtèrent devant une longue demeure de pierre que Vexin contemplait pour la première fois. Les occupants du carrosse en descendirent. Et, de nouveau, Nantes murmura à son frère :

— Nous allons entrer là, notre père le roi va nous offrir une collation, avec des confitures, à Mme de Maintenon et aussi à nous-mêmes. Mais c'est pour mieux endormir ta méfiance. Car, à un certain signal donné, sans que tu t'en aperçoives, nous repartirons tous. Sauf toi. Et tu resteras seul dans ce château éloigné de tout, sans compagnie ni lumière.

— Tais-toi.

Vexin n'osait croire sa sœur. Et, pourtant, il vit que, à la suite du roi et de la gouvernante, il fallait pénétrer dans l'inquiétante demeure inconnue…

Quatorze toises de long, six de haut et six aussi de largeur, c'était un simple rez-de-chaussée, doté d'un perron de cinq marches, de sept fenêtres en plein cintre et d'un toit plat, une sorte de maison de plaisance italienne. À l'intérieur, un salon sous dôme, quatre appartements, le tout meublé avec luxe, dans le goût nouveau. Tout était plus clair, plus riant, plus agréable aux sens qu'au Château-Vieux.

Aussitôt, le roi convia Maintenon à s'asseoir de manière à avoir la vue sur les jardins que Le Nôtre avait tracés au nord-est de cette résidence d'agrément. Un parc agréable dont les fontaines étaient alimentées par une eau pompée dans la Seine, en contrebas, par la machine du moulin de Pallefour[1].

La gouvernante des bâtards était en brun et rouge, col et manches bordés de zibeline car elle était frileuse. Le Bourbon, lui, était en bleu et violet, et très diamanté :

— Que pensez-vous, madame, de mon petit château du Val[2]? N'est-il pas agréable ?

— On s'y sent en paix, on y est tranquille, comme à la campagne.

Des valets apportèrent des boissons contenues dans des aiguières de cristal et d'argent. Une table était déjà servie, couverte de gâteaux, d'entremets, de fruits confits.

— Je te l'avais dit, souffla Nantes à Vexin. Vois les confitures.

Vexin, qui aimait d'ordinaire les desserts, sentit cette fois son gosier se serrer. Il ne pourrait rien avaler.

1. Machine hydraulique, inventée par un ingénieur liégeois, René Sualem (1645-1708), capable d'élever l'eau de la Seine jusqu'au château du Val pour alimenter les canaux, bassins et jeux d'eau du parc dessiné par Le Nôtre.

2. Préfiguration du Grand Trianon, situé non loin de l'extrémité de la Grande Terrasse, le château du Val fut délaissé après Louis XIV. Il appartient aujourd'hui à la Légion d'honneur.

Tout se passait, au détail près, comme sa sœur l'avait annoncé. La jeune rancunière enfonça le clou. Elle répéta :

— Et après, nous repartirons au Château-Vieux. Sauf toi.

C'en était trop. Vexin éclata en sanglots.

Louis XIV fronça le sourcil. Vive, Maintenon se leva, prit le garçonnet par la main pour l'emmener dans le salon d'à côté, s'efforcer de connaître les raisons de son chagrin et le consoler. Nantes, elle, se jeta sur les pâtes d'angélique confite, ses préférées. Elle avait réalisé un coup double. La fillette s'était vengée de Vexin et pouvait piller le buffet sans que celui-ci la gênât. Quant au roi, passé un premier mouvement d'humeur, il était enchanté de la patience et du dévouement dont faisait encore preuve la gouvernante de ses bâtards. D'ailleurs, on n'entendait déjà plus Vexin pleurer, seulement la voix maternelle et rassurante de Maintenon sa gouvernante, qui lui prodiguait des paroles apaisantes.

Louis XIV sourit. Il songea que, si elle avait été de cette partie de campagne, Montespan, elle, n'aurait pas eu la patience de s'occuper de Vexin, pourtant son fils. Elle l'aurait renvoyé sur-le-champ au Château-Vieux ou bien aurait convié le roi à gagner les jardins afin d'échapper à ces criailleries. Du reste, Maintenon revenait déjà, Vexin à côté d'elle, ses yeux séchés, souriant.

Le roi n'en fut que plus émerveillé, ému par les talents de la gouvernante. Certes, il aurait peut-être mieux fait de venir ici sans les enfants, il aurait été plus tranquille. Mais, dans ce cas, il n'aurait pu vérifier une fois de plus que Maintenon était une femme aimable et douce, dotée d'une autorité naturelle. Ce qui plaisait au monarque. Il lui faudrait revenir ici, songea Louis XIV, bientôt, en compagnie de Maintenon mais sans les enfants. Ce serait plus commode pour y faire tout ce à quoi le roi pensait déjà.

Au Grand Châtelet

— Constant… ? répéta La Reynie, dubitatif.

Face à sa fille, La Reynie ne put retenir son étonnement. Lors de leur dernier entretien, il avait adressé à Saint-Lizier des reproches plus que mérités. Cette fois, l'affaire était d'une tout autre ampleur, d'une tout autre nature. Constant aurait tenté d'abuser de Gabrielle. C'était en tout cas ce que celle-ci avait conclu après son agression. Celui en qui le lieutenant de police avait mis toute sa confiance serait-il donc en vérité une canaille, un criminel qui ne respectait rien ?

Gabrielle s'y était reprise avant de présenter un récit complet de ce qui venait de se passer, tant elle en était encore bouleversée ; son père interrogea et affirma dans le même temps :

— Es-tu bien certaine que personne d'autre n'aurait pu commettre cette infamie… il fait si sombre, dans ces couloirs… ?

Gabrielle avait eu peur, très peur. En dépit de l'assurance qui lui était une seconde nature, elle peinait à ordonner ses pensées, à réfléchir sans que resurgissent à chaque instant l'attaque subie, ce corps étranger qui pressait le sien, ce baiser contraint, la main qui, en retroussant sa robe, lui avait touché la cuisse… La jeune fille avait été attaquée, cela, elle en était certaine. Elle s'était débattue, ce n'était pas non plus en doute. Ensuite, elle avait appelé à l'aide, avait couru. D'avoir aperçu Saint-Lizier, elle en était convaincue aussi. Du moins à peu près maintenant, ne sachant plus, dans son trouble, si c'était bien ce garçon-là. Elle en convint, du reste. Mais son père ne l'accabla pas :

— Tu n'es pas sûre de toi ? Compte tenu de ce qui vient d'arriver, sache que c'est normal.

Gabrielle avait l'esprit encore malmené par l'horreur ressentie lors de cette attaque insensée. Oui, elle avait vu Constant. Mais était-elle maintenant persuadée que Saint-Lizier était bien celui qui s'en était pris à elle ? Elle n'en était plus du tout certaine, mais n'avait ni l'envie ni la force de continuer la conversation avec son père. Gabrielle n'aspirait qu'à rentrer chez elle, ne sentir contre elle que l'inoffensive et rassurante tiédeur de ses édredons. La Reynie le comprit.

— Je vais donner l'ordre à mes hommes de t'escorter jusqu'à la maison. Tu dois impérativement te reposer.

— Je me sens de taille à retourner seule à Vaugirard, père. Il suffit que vous me donniez un cocher, il me reconduira à bon port.

Passé l'émotion due à ce qu'elle venait de vivre, Gabrielle se montra aussi sûre d'elle-même et courageuse, ce qui ne déplut pas à La Reynie. Celui-ci protesta cependant : il ne pouvait être question que sa fille repartît seule après cet épisode. Elle était *de facto* sa seule famille, son enfant unique. Et même si elle ne l'avait pas été, le policier du roi aurait aimé la jeune fille avec la même force, de tout son cœur.

Mais Gabrielle était décidée à le convaincre :

— Il me faut surmonter cette épreuve avec mes seules forces. Sinon, je risquerais de flancher à la prochaine adversité, d'être à jamais une peureuse qui craindra son ombre, ma vie en sera gâtée, perdue. Et il ne faut pas que mon assaillant remporte cette victoire, je m'en sentirais aussi avilie que lorsqu'il a porté la main sur moi. Laissez-moi aller, je vous en prie, tout ira bien. Je grelottais en arrivant ici, je ne tremble plus maintenant.

Le lieutenant de police, qui n'osa pas, en la circonstance, contrarier sa fille, se rangea à son avis, non sans certaines réticences. Il ne savait comment la réconforter, craignait de se montrer maladroit, d'autant que la pudeur de sa fille avait été mise à rude épreuve, face à son agresseur et ensuite face à son père, confident forcé. Le lieutenant de police voulut se montrer proche, attentionné, léger :

— Gabrielle…

— Père ?

— Je te promets que désormais je manierai la fourchette que tu m'as offerte. Du moins vais-je m'y efforcer… Tu sais, il n'est guère facile, à mon âge, de changer ses habitudes. Même pour te faire plaisir.

Gabrielle sourit. À peine maladroite, inattendue ici, sans doute hors sujet, cette promesse futile lui allait droit au cœur. Cette fourchette valait à ses yeux beaucoup plus que le métal dans lequel elle avait été forgée.

Le temps que la jeune fille rajustât sa tenue, le policier du Roi-Soleil s'abîma cependant dans des pensées sombres. Devait-il se réjouir de ce que Gabrielle eût fait preuve de détermination et se fût montrée assez courageuse pour mettre son attaquant en fuite au risque que cela atténue son indignation ? Et Constant, sermonné par La Reynie, avait-il voulu se venger en avilissant Gabrielle ? Ce ne pouvait être écarté, quoique ce fût insensé.

La Reynie se sentit soudain très accablé. Le roi lui avait accordé toute sa confiance, et, lui, il avait fait entrer le loup dans la bergerie. Car Saint-Lizier avait eu connaissance d'à peu près tout ce qui s'était dit, décidé, entendu, jugé dans l'affaire à multiples facettes déférée à l'Arsenal et n'était donc pas le collaborateur de confiance que le lieutenant avait cru. Loin s'en fallait.

— J'ai failli, murmura le lieutenant de police.

C'était même la première fois que le policier du roi échouait si complètement. Or, décidé et pragmatique, jamais défait, La Reynie en tirait déjà les conséquences. Le coup était plus que rude, mais il n'était peut-être pas fatal. Saint-Lizier, songeait le policier. C'était donc contre lui que la défunte Antoinette avait mis en garde son mari ? L'hypothèse devait être prise en compte mais surtout vérifiée.

À Paris

L'ennemi de La Reynie aurait certes aimé avoir déjà triomphé du lieutenant de police. Mais après tout, se disait-il, resserrer peu à peu ses filets et ses lacets sur le policier du Roi-Soleil, que rien ne pourrait sauver, était amusant. Puisqu'il était certain de remporter le combat livré, conduire à mesure La Reynie vers l'abîme, sans que celui-ci pût l'imaginer, causait un plaisir d'autant plus puissant qu'il allait croissant. Certes, pourtant si prometteuse, la piste de l'Italie s'était révélée vaine. Certes, la découverte du corps du valet assassiné n'avait guère fait de bruit, contrairement à ce que le possesseur du portefeuille rouge avait espéré : de ce côté-là, donc, il n'y avait pas eu de profit. Mais pour ces déconvenues, somme toute minces, que de raisons de se réjouir ensuite… Découvrir l'existence du prêtre Jacquillard en même temps que le policier du Roi-Soleil, apprendre, dès que ce dernier lui en avait donné l'ordre, que Saint-Lizier devait se rendre à Saint-Roch, faire suivre ce garçon par un homme de confiance, tout cela constituait une longue suite de satisfactions profondes, de petits bonheurs. Mais que, de surcroît, ce chargé de mission fasse preuve d'un tel sens de l'improvisation était une bénédiction.

— Vous avez vraiment eu une riche idée de demeurer sur place après que Jacquillard fut tombé par la fenêtre de Saint-Roch. Et de faire ce que vous avez fait ensuite.

L'espion buvait du petit-lait, d'autant qu'il était conscient de son habileté : avoir décidé, sans prendre la peine d'en demander l'autorisation à celui qui l'employait – il n'en aurait pas eu le temps –, de s'emparer de la dépouille encore tiède du curé suicidé, l'avoir transportée jusque sur la berge du fleuve et l'avoir laissée là tenait du génie. Ainsi mis en difficulté, Saint-Lizier ne pourrait sortir de cette nasse. Et sa chute contribuerait à celle de La Reynie.

Mais le grand ordonnateur de ce véritable complot reprenait déjà son discours :

— Poursuivez, continuez votre œuvre. Il nous faut maintenant frapper un nouveau coup. L'adversaire est étourdi, il titube, il vacille. Les meurtrissures qui lui ont été infligées sont graves. Les prochaines blessures doivent être mortelles. Ce Constant Saint-Lizier est perdu, il ne pourra jamais se disculper, même si La Reynie le protège à peu près comme s'il s'agissait de son propre enfant…

Là, l'ennemi du lieutenant de police marqua un temps d'arrêt, ce qui lui permit d'aller au bout de l'idée que ces derniers mots venaient de faire naître dans son esprit. Il reprit très vite :

— Multiplions les coups. Puisque nous avons mis le presque-fils hors d'état de nuire, pourquoi, d'une manière ou d'une autre, ne pas cette fois nous en prendre à la fille, la vraie ? Gabrielle, Gabrielle de

La Reynie. Il faut la tuer. Rien ne peut davantage détruire son père que d'assassiner celle qu'il chérit plus que tout.

Si l'on se mettait à la place de celui qui venait de la formuler, cette proposition était de bon sens. Elle fit pourtant naître une étrange lueur dans le regard de celui à qui cette remarque était adressée. D'abord, le comparse avait été surpris, presque bousculé, vaguement choqué. Elle lui aurait été présentée voici encore quelques semaines, voire quelques jours, cette suggestion – plutôt ce commandement – l'aurait surpris, il l'aurait même repoussée, avec horreur. De l'eau avait coulé sous les ponts. Aujourd'hui, bien vite, par-delà la satisfaction qu'il donnerait à son maître, le sbire avait compris tout le profit, tout le plaisir qu'il pourrait retirer de la mise en œuvre de cette effarante perspective.

À Paris

Le soldat ne jugea pas utile de se déshabiller totalement, mais libéra de sous l'étoffe ce qu'il comptait utiliser et qui, du reste, forcissait à vue d'œil. Derrière lui, il entendit un peu de bruit, crut à un broc ou à un baquet déplacé, pensa que la fille faisait un brin de toilette avant que la chose eût lieu. Et il se retourna, ne triomphant pas encore complètement, mais déjà un peu, car son désir était grand, et depuis plusieurs jours.

— Mais que fais-tu ? T'es folle !

La fille ne s'était pas dévêtue. Elle n'avait manipulé ni pot ni cuvette, mais s'était emparée d'un couteau. La terreur qu'éprouva le soldat égalait en ampleur le désir qui l'habitait l'instant précédent et qui s'était à jamais évanoui. Il connaissait l'histoire de la meurtrière qui étripait depuis peu des soldats. De surprise, il poussa un cri, qui s'étouffa dans sa gorge, bouscula la criminelle avec assez de force pour la faire chuter, fonça dans la porte qui, par chance, ne tenait guère à ses gonds, la défonça et se retrouva sur le palier. Il manqua tomber par-dessus la rampe car celui-ci était étroit, se rattrapa il ne sut comment, prit l'escalier, le dévala et eut le temps d'arriver en bas avant que la fille, qui avait fait une mauvaise chute et s'était cognée, eût pu le rattraper.

Des voisins, des passants, enfants et grands, le regardèrent, surpris, tant son air était au-delà de l'effarement.

— La tueuse, elle est là-haut, elle arrive !

Sa mine affolée, le ton de sa voix, ces quelques mots et, surtout, le fait que tout le quartier connaissait depuis plusieurs semaines l'histoire de celle qui amputait et tranchait à plaisir suffirent pour que l'homme miraculé fût cru. Deux ou trois solides voisins s'avancèrent, dont un boucher qui avait l'habitude d'abattre des bœufs. Un charpentier le suivait de près, tout aussi solide et même plus fort.

La fille arriva, les aperçut, se vit perdue, voulut remonter à l'étage pour se réfugier dans sa chambrette, comprit que c'était absurde, lâcha son couteau, désemparée pour la première fois depuis longtemps. Avec un certain courage, elle se jeta tête baissée, espérant peut-être, devenue anguille, se faufiler entre ces gaillards et s'échapper une fois de plus. Mais les autres n'étaient pas si sots, ils comprirent la manœuvre, la retinrent à plusieurs, par la jupe, la chemise, les bras et les jambes. Dans un vain et ultime effort, la Bretaudeuse se débattit, griffa, cogna, mordit. Mais était déjà mise hors d'état de nuire.

Qu'aurait-elle pu faire contre une demi-douzaine de colosses ravis de pouvoir malmener une ribaude, encouragés par les vociférations d'une petite foule exaltée et haineuse, excitée par le spectacle du soldat à demi nu et encore tremblant de peur, et celui de cette femme hors d'elle et vaincue ?

L'affaire était finie, sa carrière de castratrice aussi. Elle s'en moquait : elle s'était donné assez de bon temps. Elle avait pleinement vécu ces dernières semaines, ces dernières journées, elle s'était bien vengée, et au-delà, même, de ce qu'elle avait décidé et projeté du fond de son malheur.

Au Château-Vieux de Saint-Germain

Désireux de construire et de vivre là où il aurait édifié à son gré, Louis XIV avait fait rebâtir le château du Val et travaillait dans le même temps à agrandir Versailles. Ce qui n'empêchait pas Saint-Germain d'être sans cesse remanié dans ses intérieurs, avant même qu'Hardouin-Mansart eût entamé les agrandissements projetés. Ce jour-là, justement, plusieurs des salons et des corridors que le souverain aurait dû traverser étaient encombrés d'échafaudages. Vêtu et emplumé de bleu pâle galonné d'or, Louis XIV fut contraint de passer par le petit appartement qu'avait jadis occupé Louise de La Vallière[1]. Seul Alexandre Bontemps se trouvait à ses côtés : le premier valet de chambre était l'un des rares à connaître tout le château, jusqu'aux chambres des serviteurs, à pouvoir se déplacer de la manière la plus rapide dans ce dédale.

1. Une suite de quatre pièces basses, deux sur la cour, deux en façade, entre l'aile de la Reine et un escalier intérieur, situées au second étage du château, dans l'aile sud.

Du temps où La Vallière était la favorite du roi, les deux amants avaient l'habitude de se retrouver dans ce logement, où il était plus facile de se soustraire aux indiscrets et aux curieux. Aussi, à mesure qu'il s'approchait de la chambre où il se rendait autrefois enfiévré, Louis XIV se sentit assailli par des sentiments partagés, proches de la tristesse. Il songea à la jeune fille qui l'avait aimé. Depuis le départ de Louise, l'appartement était demeuré vide, bien qu'il y eût pénurie de logements à Saint-Germain, sur l'ordre exprès du roi.

— Nous y sommes presque, Sire, passé cet appartement, dit Bontemps, qui préféra par délicatesse ne pas prononcer le nom de l'ancienne occupante des lieux. Après le logement du premier médecin de la reine et de la marquise de La Vieuville, Votre Majesté trouvera l'escalier menant à la cour. D'après le chef des maçons, demain, Votre Majesté n'aura plus besoin de faire ce long détour car des travaux auront été faits.

— Peu importe, la peine n'est pas grande, répondit le roi, encore tout attendri de ses souvenirs.

C'était là, derrière cette porte, que les deux jeunes gens avaient été heureux, indifférents au monde qui les entourait. Le roi en était nostalgique : en dépit du grand nombre d'aventures qu'il avait vécues depuis, il n'avait jamais été autant aimé pour lui-même. Louis XIV le savait, mais renâclait à l'admettre, car son orgueil en était blessé : pourquoi ne suscitait-il pas d'autres passions aussi pures ?

D'un geste furtif, cédant à une sensibilité que lui-même ne se connaissait pas, Louis XIV effleura le battant de bois lambrissé. Derrière, il crut entendre un frôlement, n'y prêta pas attention, c'était là une illusion, se dit-il. Bontemps s'arrêta pour trouver la bonne clef, dans un trousseau qui en contenait de toutes sortes.

Et, soudain, la porte s'ouvrit. Une femme se tenait là. L'esprit encore tout entier tourné vers la pure Louise de La Vallière, si désintéressée, le roi ne put réprimer un sursaut.

C'était Montespan. Elle était, elle aussi, fort surprise et ne put le cacher.

— Sire… Louis… Vous ici !

Le roi retrouva vite ses esprits, d'autant plus qu'il était assez contrarié que sa rêverie se fracassât soudain, le privant de ce qui était peut-être une douleur, mais aussi un plaisir à peine fané.

— Je pourrais vous adresser la même remarque.

La marquise mesura l'irritation du roi, comprit qu'elle jouait gros, devait se montrer convaincante.

— C'est par intérêt pour vous, Votre Majesté, que je suis venue ici.

Louis XIV s'étonna :

— Je ne vous comprends pas bien. Que je sache, cet appartement était celui d'une autre.

— Sire, nous nous connaissons depuis trop longtemps pour ne pas nous parler avec franchise. De plus, nous savons l'un et l'autre de quoi est fait notre passé. Je sais ce qui vous a uni à Mme de La Vallière. Ses qualités de cœur étaient connues de tous. J'ai voulu venir dans cet appartement afin d'y flâner un instant, pour tâcher d'attraper, de comprendre et de conserver en moi un peu de ce charme si particulier et qui, je le sens, continue à opérer auprès du roi de France, pour mieux le satisfaire ensuite.

Le propos était habile… Il désarçonna d'ailleurs Louis XIV, comme l'escomptait la marquise, roi si flatté que celle-ci cherchât à lui plaire davantage.

— Fort bien. Alors, je vous laisse. Je dois me rendre au Château-Neuf, afin d'y voir quelques travaux que j'ai ordonnés là-bas.

Montespan salua. Contempler cette belle femme se courber devant lui, contempler cette blondeur opulente et bouclée, sentir un parfum capiteux, découvrir des épaules superbes, tout cela éveilla le désir du roi. L'heure n'était plus à la nostalgie, mais à se saisir du présent. Sitôt accomplie sa visite au palais voisin, Louis XIV se promit de revenir le plus vite possible au Château-Vieux et auprès de Montespan.

Demeurée seule, la marquise se laissa choir dans un fauteuil au tissu à peine pâli. Elle était une fois de plus contente d'elle. Du roi, elle faisait décidément ce que bon lui plaisait.

Loin de vouloir saisir ce qui avait constitué le doux charme de Louise de La Vallière, Montespan était venue ici pour savourer son triomphe, apprécier sa position. L'ancienne favorite se plaisait à mourir à petit feu dans un carmel, à jeûner et à ne pas dormir, à grelotter l'hiver et à suffoquer en été, à manger trop peu et à pleurer sur son passé de pécheresse ? Grand bien lui fasse, se réjouissait la marquise. Que cette idiote reste autant qu'elle le voudrait, emmurée vivante, dans son tombeau des carmélites du faubourg Saint-Jacques. Le roi avait jadis bien perdu son temps avec cette sotte, en l'honneur de laquelle avaient été autrefois données les époustouflantes réjouissances de l'Île enchantée, à Versailles.

En tout cas, elle, Montespan, n'était pas lassée des festivités qui lui étaient dédiées, ne le serait jamais. Elle aimait à la folie se trouver à côté du roi lorsque, dans la salle des Fêtes du Château-Vieux, on donnait *Mithridate* ou *Alceste*, *Thésée* ou *Isis*. Elle adorait demeurer avec le roi dans la grotte de Téthys[1], à Versailles, où leurs corps se frôlaient dans la pénombre et dans le frais de jets d'eau mutins. Et plus encore passer de longs moments au Trianon de porcelaine[2], dans les jardins de ce même palais, encore plus près du roi, de son corps.

Si elle était venue dans l'ancien appartement de La Vallière, c'était pour mieux comparer son sort et son avenir à celui de cette pauvre fille, se moquer de celle qui était devenue une recluse. La Vallière faisait désormais maigre à peu près tous les jours ? Montespan, elle, se gavait de pâtés en croûte feuilletée, d'entremêlés de fricassées de tortues et d'œufs au jus de gigot, elle demanderait de manger des figues au printemps, des fraises en hiver, des asperges en automne. Les jardiniers du roi n'auraient qu'à se débrouiller avec leurs brouettes, leurs murets de pierre et leurs châssis pour la satisfaire.

— La sotte, ricana la marquise. Qu'elle meure à petit feu pendant que, moi, je vis, commande et me divertis.

1. Détruite peu après, elle a laissé la place à l'actuel vestibule haut de la chapelle. Ses statues ornent depuis Louis XVI le bosquet des Bains d'Apollon, imaginé par Hubert Robert.

2. Ensemble de cinq pavillons d'agrément inspirés par une Chine fantasmée, plus tard remplacés par le Grand Trianon.

À Paris

Saint-Lizier était rentré chez lui en toute hâte, mais tournait cn rond. Situéc au dernier étage, comme tous les logements de célibataires peu fortunés, sa chambre était chichement meublée. Il n'y avait ni coffre ni même un placard. Tout juste un renfoncement ménagé, dans le mur, entre deux conduits de cheminée qui montaient depuis les niveaux inférieurs. Là, sur deux planches, Constant serrait ses maigres affaires : son chapeau, ses habits de rechange, une bible qui lui venait de ses parents, son broc et un briquet, donc pas grand-chose. Cependant, doux revers de la médaille : ici, le soleil pénétrait, assez largement, alors que, comme dans la plupart des maisons de Paris, étroites, bâties en chêne et plâtre dans des rues encaissées, il éclairait peu le logement du premier, celui d'une vieille aristocrate désargentée qui vivait une chandelle de suif à la main – la bougie était trop chère –, guère plus celui du deuxième où demeurait le marchand qui tenait la boutique du rez-de-chaussée, à peine plus le petit appartement de l'artisan, retiré des affaires, qui vivait au troisième étage. Et les souris étaient ici plus rares qu'ailleurs car des chats avaient élu domicile dans le galetas, tout proche, sous les tas de bois que les habitants de la maison rangeaient là pour l'hiver.

D'un geste machinal, Saint-Lizier saisit le livre saint et fit comme son cousin de Sées le lui avait conseillé : il ouvrit le volume au hasard, lut les premières lignes qui lui tombèrent sous les yeux, en l'occurrence prises dans le livre de Job, au chapitre 27. C'était le verset 11 : « Je vous enseignerai les voies de Dieu, Je ne vous cacherai pas les desseins du Tout-Puissant. »

C'était bel et bon, songea le policier. Mais ne l'avançait guère. Il renouvela l'expérience, sans plus de résultat probant. Fit un troisième essai – ce serait la dernière tentative, pensa-t-il. La Providence ne se montra guère plus diserte. Constant choisit de ne pas aller plus avant dans sa lecture, remit le volume à sa place.

De la rue lui parvenaient le roulement des chariots, les cris des marchands ambulants – « V'la le cresson, la santé du corps ! Pierre à détacher sans mouiller ! Y a à ramoner la cheminée du haut en bas ! » –, les exclamations, les appels, les grognements de chiens errants qui se disputaient une charogne. Ce brouhaha aurait pu réconforter Constant. Il n'en fut rien. Le garçon était trop contrarié d'avoir déçu La Reynie, détestait trop ses propres maladresses.

Il décida de sortir de chez lui. Le front soucieux, marcha vers la Seine. Il espérait que l'animation besogneuse qui en animait les rives et le cours lui changerait les idées. Pensif, Saint-Lizier arriva rue du Petit-Musc. Tout à ses songes, il continuait à marcher. Et, soudain, vit fondre sur lui, sortie de nulle part, une masse de bois, de sabots, de sueur et de bruit, un fracas en marche qui manqua le renverser. Il n'eut que le temps de se jeter sur le côté, s'écorcha à un mur. L'attelage qui l'avait frôlé de si près poursuivit son chemin.

Peu fortuné comme l'indiquaient ses habits en tiretaine, un passant moins indifférent que les autres s'enquit de lui, et expliqua :

— Pour ceux qui connaissent pas le quartier, c'est un piège, ce machin-là. T'es pas le premier à te faire surprendre. Là, dans la cour, il y a une auberge[1]. Ils remisent les chevaux dans les souterrains, avec la paille et le foin qu'il faut. Il y a là-dessous quatre beaux piliers qui font tout tenir debout, sinon, on tomberait tous dans cette cave. Mais depuis en bas, le cocher doit lancer à fond les bêtes pour qu'elles montent la rampe sans rien dire et sans s'arrêter, elles renâclent souvent tellement c'est raide. La prochaine fois que tu viens par là, penses-y et prends garde, il y a déjà eu des morts.

Saint-Lizier remercia, poursuivit sa route. Un peu plus loin, il aperçut un groupe de fêtards attardés, rue des Lavandières. Ces paillards cherchaient sans doute la taverne la plus accueillante. Si tout allait bien, ils trouveraient de quoi boire pour pas trop cher, reboire, trinquer et boire encore, afin d'oublier la dureté des temps.

Un carrosse survint alors, qui n'allait pas trop vite, un des derniers à circuler en cette fin de journée : plus tard, les gens de qualité rechigneraient à se déplacer dans des rues où la sécurité n'était pas garantie en dépit des efforts de La Reynie. Un des fêtards renversa une pile de caisses et de paniers, que les commis n'avaient pas rangés dans la boutique. Boîtes

1. L'Auberge de la Herse d'Or.

et couffins roulèrent sous les pattes des chevaux. Une bête eut peur, se cabra, tomba en entraînant l'autre. Dans un cahot, la voiture s'arrêta net.

Constant regarda autour de lui, voulut appeler à l'aide, chercha comment porter secours. Soudain, il vit les prétendus soiffards se redresser, des épées surgir de sous leurs habits. C'étaient des truands, agiles et décidés, qui avaient bien préparé leur coup. Deux d'entre eux restèrent en retrait, prêts à repousser qui viendrait par ici. Un autre agrippa le conducteur, le fit basculer par-dessus son siège de bois. Le tua aussitôt d'un coup de dague qui signalait le professionnel aguerri. Ce qui restait de la troupe ouvrit la portière.

Saint-Lizier s'élança. L'instant d'après, il était devant le carrosse, transperçait un premier assaillant, étripait un troisième. Les autres s'enfuirent sans demander leur reste. Saint-Lizier eut à peine le temps d'apercevoir un visage, sous un chapeau, ce qui suscita en lui une idée, une impression curieuse – était-ce dû à ce regard, ces yeux si particuliers, un bleu, un marron ? –, vite chassée par l'urgence qu'il y avait à s'assurer que les passagers du carrosse allaient bien. Saint-Lizier s'approcha de la voiture. Il aperçut, au fond, une silhouette incertaine : le soleil commençait à disparaître derrière une maison voisine. Restant en retrait, la forme parla, d'une voix qui se voulait sûre, mais qui tremblait encore, la voix d'une femme :

— Laissez-moi, je connais le lieutenant de police !

Constant s'arrêta net et dit d'un ton rassurant :

— Détrompez-vous, je vous ai secourue, vous êtes sauvée, je les ai mis en déroute.

Rompant avec le tumulte qui venait tout juste de cesser, un silence accueillit cette annonce. Constant s'en alarma, il s'approcha encore, tendit la main. La femme s'en saisit, sortit du carrosse. C'était Gabrielle de La Reynie.

Le garçon ne put cacher sa stupéfaction. Mais à cet ébahissement répondait, non moins grand, celui de Gabrielle. Du reste, celle-ci demeurait immobile, soudain muette. Saint-Lizier s'inquiéta :

— Allez-vous bien ?

Gabrielle fut encore un moment interdite. Ce qui acheva d'alarmer le garçon. Enfin, la fille de La Reynie retrouva la parole :

— Je suis en vie… grâce à vous ! Or vous, vous êtes en grand danger !

Saint-Lizier ne comprit pas, crut que les malfrats revenaient, jeta un bref regard autour de lui, ne vit rien d'alarmant, considéra de nouveau Gabrielle, qui reprit :

— Tout est ma faute ! Qu'ai-je fait, mon Dieu, qu'ai-je fait ?

Ces mots étaient insensés, absurdes, incompréhensibles. C'était la seconde fois, en quelques instants, que Constant éprouvait le plus grand effarement. Gabrielle le mesura aisément.

— Je vais tout vous dire.

Et la jeune fille raconta l'assaut dont elle avait été victime au Châtelet, le récit qu'elle en avait fait à son père. Sans oublier de mentionner que, sur la foi de son propos, ce dernier était à cette heure persuadé, ou à peu près, que Constant était le responsable de cette attaque ignominieuse.

Saint-Lizier tombait de haut, de très haut.

— Je ne sais si c'est moi que vous avez aperçu m'éloignant, mais je n'ai rien ni vu ni entendu, et je ne suis pas concerné par cette affaire.

Gabrielle semblait sincèrement désolée. Et elle le dit :

— Je n'en étais pas certaine tout à l'heure. Pardonnez la crudité de mes paroles, mais l'homme dont j'ai senti le corps se presser contre le mien au Châtelet, ce n'était pas vous, je le sais à présent. Vous venez de me tendre la main. Or ce n'était pas celle-ci que, dans la pénombre où j'ai été attaquée, j'ai sentie se poser sur moi et ai même saisie pour me défendre. Je le sais.

Constant était abasourdi. Il prenait la mesure de la situation catastrophique dans laquelle Gabrielle l'avait placé. Celle-ci était mortifiée.

— Ne me prenez pas, je vous prie, pour une fille qu'un rien affole et rend plus sotte qu'un moineau. J'ai commis une bévue, une grave erreur, même. Mais j'ai quelque excuse : j'ai bel et bien été prise à partie au Grand Châtelet par un homme très malintentionné.

— Je vous crois. Mais il nous faut aller sur-le-champ voir votre père, que vous lui expliquiez votre méprise, que…

Puis Saint-Lizier réfléchit. Et si La Reynie ne les croyait pas ? S'il s'imaginait que Constant avait élaboré, en recourant à l'attaque du carrosse, un stratagème pour s'en sortir à bon compte, se posant en sauveur de sa fille ? Déjà en mauvaise posture auprès du lieutenant de police, il était maintenant acculé.

— N'en faisons rien, ce serait inutile… je suis perdu !

Les deux jeunes gens s'aperçurent qu'un groupe de badauds, déchargeurs, bateliers, s'étaient attroupés autour du carrosse arrêté, mais se tenaient encore à distance, apeurés par les corps du cocher et des truands tués. Gabrielle prit la main du jeune policier.

— Nous devrions cependant continuer à parler en un autre endroit. Laissons là mon serviteur. Nul ne peut plus rien pour lui. Voyez ces gens, là-bas, ils n'osent s'approcher, mais les gens du prévôt vont être prévenus. Ils ramasseront les morts. Vous savez conduire un carrosse, je suppose ? Voyez, les chevaux se sont relevés, ils ne semblent pas blessés. Saisissez les rênes, et partons d'ici.

Constant, défait, accepta la proposition sans réfléchir davantage.

— Où voulez-vous aller ?

— Reprenons notre souffle, voyons de quelle manière tout cela va être ravaudé, du moins si cela peut l'être.

Il commençait à faire très sombre et rien ne servait, songea Gabrielle, que les deux jeunes gens se missent en danger en attirant de nouveaux assassins : en ce lieu, nul ne se souciait d'observer l'ordre donné voici quelque temps par La Reynie d'installer une lanterne suspendue en travers de la rue et à une bonne hauteur afin d'éclairer assez. La jeune fille reprit :

— Conduisez-moi à l'hôtel de la comtesse du Bouffay. C'était la grande amie de ma mère, également ma marraine. La comtesse s'est toujours comportée à mon endroit avec affection, générosité et intelligence. Elle m'accordera l'hospitalité cette nuit sans me questionner davantage. Et je ferai porter un pli au lieutenant de police pour qu'il ne s'alarme pas inutilement de mon absence. Je lui dirai que j'ai eu envie de rendre visite à la comtesse et que celle-ci m'a invitée à demeurer auprès d'elle cette nuit. Il sait que nous sommes attachées l'une à l'autre, ne s'étonnera pas. Vous dormirez vous aussi à l'hôtel du Bouffay. Demain matin, nous aurons les idées claires et pourrons regarder la situation avec la lucidité et l'imagination requises. Cela vous convient-il ? Quant à moi, je n'ai rien de mieux à vous proposer.

Le garçon était jeune. L'adversité l'avait endurci. Ce qu'il venait d'apprendre l'avait jeté à bas mais, déjà, il entrevoyait un espoir, certes mince, qu'il ne fallait pas négliger. Il acquiesça, s'installa à la place de l'infortuné cocher. L'instant suivant, le carrosse s'ébranla en cahotant. Gabrielle de La Reynie n'était pas encore pleinement rassurée. Et elle ne cessait de voir, devant elle, le chef de ses assaillants, cet homme au regard si dérangeant, un œil bleu, un autre marron, qu'elle avait capté, elle aussi.

Au Château-Vieux de Saint-Germain

Montespan s'ennuyait généralement à la messe. La marquise ne croyait pas en Dieu ou, plutôt, s'en moquait bien – elle ne changerait sur ce point que plus tard. Elle laissait son regard maussade courir sur les têtes, des hauts-reliefs grandeur nature, qui décoraient les clefs de voûte de la chapelle, six hommes et deux femmes, de toute évidence des portraits, à en juger par leurs traits finement traités et très expressifs. Là, selon la tradition, c'était Louis IX le Saint et ses frères. Mais ce n'était ni au roi canonisé, ni à Robert d'Artois, ni à Alphonse de Poitiers, ni à Charles d'Anjou que s'intéressait la favorite. Tandis que le prêtre n'en finissait pas de célébrer la messe, elle regardait deux autres des visages sculptés. Ici, à la seconde croisée d'ogives en comptant à partir du chevet, cette femme couronnée, avec une bride sous le menton, c'était Blanche de Castille, qui avait été régente du royaume à la mort de son époux Louis VIII le Lion. Et cette autre, l'épouse de Louis IX le Saint. Or la favorite n'était pas sotte. Elle savait que, depuis le Moyen Âge, cette façon de statufier les puissants de près ou de loin associés à la construction d'un édifice consacré était passée de mode. La chapelle de son château de Clagny sentait encore le plâtre et, tout au plus, elle pourrait commander, pour placer derrière l'autel, une composition peinte où elle serait figurée en sainte ou en pécheresse repentante. C'était dommage, car elle aurait aimé que ses traits fussent ainsi immortalisés dans la matière, pour impressionner les générations futures et se rappeler à elles : la pierre lui semblait moins périssable qu'une toile peinte.

Mais tout cela était bien futile, songea Montespan. Il fallait vraiment que la marquise se débarrassât de la reine. À bien y réfléchir, se dit-elle, le roi ne répudierait pas son épouse : elle était doublement sa cousine et lui avait donné un fils, avenir de la dynastie, le contrat avait été honoré ; on manquerait d'arguments à présenter au Vatican afin que le pape annulât l'union. Si la répudiation, donc, n'était finalement pas envisageable, une solution plus radicale était à envisager.

À Paris

L'ennemi de La Reynie ne savait contre quoi, contre qui détourner la fureur qui menaçait, si elle persistait, de l'empêcher de penser. Or il lui fallait réfléchir, et vite, et bien, et mieux que toutes les autres fois. Gabrielle de La Reynie aurait dû périr, proprement et rapidement. Le destin en avait décidé autrement. La donzelle était saine et sauve, sortie vivante de l'attaque à laquelle elle aurait dû succomber. Et par qui, justement, cette sotte avait-elle été secourue ? Par Saint-Lizier, le protégé de La Reynie que, au travers de sa fille, il s'agissait précisément de terrasser.

L'obstiné désirait cette fois en finir, et il mit en ordre ses idées de vengeance. Et de manière brillante. Constant Saint-Lizier avait sauvé Gabrielle ? C'était décidément lui qu'il fallait abattre. Le garçon se révélait coriace : à demi noyé, non seulement il trouvait la force de se débattre mais, de plus, surnageait et contrait les coups adressés à un autre que lui, en l'espèce la fille du lieutenant de police. Il fallait redoubler d'efforts. Tuer Laboureur, déplacer le corps de Jacquillard, attenter à la vie de Gabrielle de La Reynie… tout cela n'avait pas suffi. Plonger les mains dans la boue, recourir à la violence la plus méprisable, aucun de ces agissements si pénibles à mettre en œuvre et si avilissants n'avait été couronné de succès. Pour abattre Saint-Lizier, et le lieutenant de police par là même, il fallait donc procéder autrement, inscrire son action dans un registre à la fois mieux connu et moins indigne. Après tout, on était entre gens éduqués, qui savaient manier l'écrit. C'est par le papier et la plume que Constant serait perdu, définitivement, et La Reynie avec lui. Et dans cette dernière manche qui s'annonçait, et verrait triompher sans appel l'ennemi du lieutenant de police, un allié silencieux mais précieux, peut-être le plus fidèle de tous, jouerait pleinement son rôle dans la mise à mort enclenchée. L'entêté se retourna, chercha autour de lui, ne trouva pas et se décida à murmurer :

— Cher ami, où es-tu ?

Nul ne lui répondit, et pour cause. Aussi, l'adversaire du lieutenant de police se leva, fouilla, remua, appela de nouveau, contre tout bon sens. Et, enfin, il trouva le compagnon qu'il cherchait, le support de sa vindicte, le talisman qui ne le trahirait jamais : son cher portefeuille, la cartère rouge.

10

12 MAI 1679

À Paris, à l'hôtel du Bouffay

Comme elle l'avait prévu, Gabrielle de La Reynie avait été accueillie à bras ouverts par la comtesse du Bouffay qui, même, lui avait offert de prendre un bain, bien entendu en chemise boutonnée, un bain à l'eau de rose, une nouveauté, une excentricité, avait songé Gabrielle, qui avait pourtant accepté de se livrer à cette étrange opération car elle la devinait signe de modernité. Une fois sa filleule séchée, la marraine lui avait prêté une robe, trois jupes à porter dessous ainsi qu'un corselet et une chemise brodée. Saint-Lizier, lui, avait été logé sous les combles, avec les domestiques. À la demande de la jeune fille qui ne pouvait, par souci des convenances, recevoir un cocher dans la chambre mise à sa disposition, au matin, le garçon rejoignit Gabrielle dans le jardin. Ce fut celle-ci qui parla la première :

— Je n'ai guère dormi, j'ai beaucoup réfléchi. Et je suis certaine que, parce qu'il m'aime par-dessus tout, mon père ne pourra admettre aisément que vous êtes innocent.

— Ma situation est donc désespérée…

— Je ne crois pas. J'ai une idée. Mais, avant de vous la révéler, je souhaiterais y réfléchir davantage. Car la mettre en œuvre entraînerait certaines conséquences que je peine à mesurer à cette heure. Il nous faut gagner du temps, un peu.

Le garçon était plus que chagriné du délai qui lui était ainsi demandé. Mais il ne pouvait que l'accepter. Gabrielle mesura sa déception.

— N'ayez aucune crainte, je ne vous abandonnerai pas. Si j'ai compris hier soir que j'étais responsable de votre malheur, je n'en suis que plus persuadée aujourd'hui. D'autant que vous m'avez sans doute sauvé la vie, rue des Lavandières. Si, par extraordinaire, j'oubliais que je vous ai causé un tort immense, le fait que vous m'ayez sauvée suffirait à ce que je risque maintenant tout pour vous aider.

Saint-Lizier se rendit compte que Gabrielle désirait vraiment réparer la catastrophe qu'avait causée son empressement. Elle était donc, sur ce point, la fille de son père, éprise comme lui de justice et de droiture. Il en prit acte et, pour montrer qu'il acceptait les excuses faites à demi-mot, dévia la conversation de sa personne pour s'inquiéter de la jeune fille :

— Ces brigands, justement… Pour ce que j'en ai vu, cette attaque a été bien étrange. Car il n'y a pas, dans les proches environs de la rue des Lavandières, un refuge d'où ils auraient pu surgir soudain et où ils pouvaient se replier ensuite, après vous avoir détroussée.

— Que voulez-vous dire ?

Constant aurait dû, d'une manière ou d'une autre, éviter Laboureur. À Saint-Roch, il aurait dû se montrer plus prudent. Certes, il savait que son passé, du moins la peur que celui-ci ne fût découvert, était responsable de ses balourdises. Le garçon s'en voulait cependant. Aussi était-il satisfait que, cette fois, il se fût montré à la hauteur de sa charge.

— Je pense qu'ils en voulaient non pas à votre bourse, mais à votre personne. Soit pour vous tuer, soit pour vous enlever. Peut-être vos assaillants savaient-ils que vous étiez la fille du lieutenant de police. Ils auront voulu se venger d'une action policière que le Grand Châtelet aura menée contre leurs intérêts, ou ceux d'un homme qui leur aura ordonné de s'en prendre à vous…

Orpheline de mère, restant seule au côté d'un père trop souvent triste, Gabrielle de La Reynie rêvait depuis toujours à une existence qui fût autre que celle qu'il lui était donné de vivre jusqu'à maintenant, une vie trépidante d'aventures où aucun jour ne ressemblerait au précédent. L'attaque subie rue des Lavandières l'avait effrayée, mais l'enfiévrait aussi. Saint-Lizier, lui, ne prenait pas aussi bien ce qui lui arrivait : loin d'être protégé par le Grand Châtelet, il était la cible du lieutenant de police et, si l'on en restait à la surface des choses, était promis à un sombre avenir. Sauf si Gabrielle de La Reynie, son unique salut, lui révélait enfin de quelle manière elle parviendrait à l'aider. Ainsi, il revint à la charge :

— Ne voulez-vous donc pas me dire quelle est cette idée qui pourrait me sortir de l'ornière où vous m'avez jeté ?

Gabrielle était désolée.

— Inutile d'appuyer sur ma faute, je la reconnais. Mais accordez-moi encore un peu de temps pour penser à mon projet : si celui-ci vous sauve, en revanche… il me perd. Comprenez que je doive peser les choses. La comtesse du Bouffay me prête un carrosse. Je retourne chez moi, à Vaugirard. Savez-vous où vous cacher, d'ici à demain ?

Le jeune homme ne réfléchit pas longtemps.

— Au Radis couronné, rue Simon-le-Franc.

Bien que le lieu suscitât en lui des sentiments mêlés – c'était là que toute son aventure avait commencé, pour le meilleur, avait-il cru, mais surtout pour le pire, du moins pour le moment –, Saint-Lizier ne connaissait pas d'autre asile.

Gabrielle regarda Constant, hésita et ajouta :

— Je vous y retrouve demain, à midi. Vous me prenez pour une demi-folle, une irréfléchie qui sème la tempête, s'en alarme et tente de réparer ce qu'elle a brisé au risque de provoquer une autre catastrophe ? Je ne suis pas une écervelée, tout au contraire, croyez-moi. Me pardonnez-vous ?

Gabrielle était charmante, ce qui était d'autant plus troublant qu'elle avait causé la perte du jeune homme. La voix de Saint-Lizier se fit douce :

— Oui.

— Vous me soulagez.

Gabrielle salua Constant et s'en alla. Ce dernier demeura seul, l'esprit tout empli d'une sensation étrange : il aurait dû maudire la jeune fille, qui l'avait dénoncé sur le fondement d'une erreur et parce que sa liberté, peut-être aussi sa vie, dépendait désormais d'elle. Or il ne la haïssait pas ; il ne lui adressait pas même le moindre reproche. Et Constant assistait alors, en spectateur déjà ému, à la naissance en son cœur d'un sentiment nouveau.

À Paris

— *In nomine Dei nostri Satanas, Luciferi Excelsi.*

Chapiteaux romans aux lignes épurées, beaux murs de pierres taillées par d'adroits ciseaux et dont on devinait la réconfortante épaisseur. L'endroit devait dater d'avant la reconstruction entreprise au XIIe siècle, lorsque de nouveaux bâtiments, de style gothique, avaient remplacé ou recouvert de plus anciens, relégués au rang de caves le plus souvent délaissées.

Les neuf coups de cloche rituels sonnés au début de la célébration avaient peut-être permis, comme escompté, de tenir à distance les influences néfastes. Mais les bougies n'avaient pu purifier l'atmosphère. Bougies blanches d'un côté, dévolues à la divinité honnie et ridiculisée. Les noires du côté le plus faste, le gauche. Cette journée était douce, et on étouffait dans la crypte où l'air chaud était lourd des haleines, des corps trop serrés les uns contre les autres, des cierges qui flanquaient le prêtre et, surtout, de la ferveur des fidèles. L'officiant répéta :

— *In nomine Dei nostri Satanas, Luciferi Excelsi.*

Dans les derniers rangs, on ne distinguait pas bien ce qu'accomplissait le prêtre devant l'autel drapé de sombre, qu'il cachait du reste en grande partie. C'était dommage, c'était frustrant.

Chasuble à dessein passée à l'envers, l'officiant, le dos offert aux fidèles, était toujours occupé à d'obscures manipulations d'hosties profanées, du calice empli d'un fluide innommable. À un moment, il se redressa et parut s'adresser, lèvres closes, à un grand Christ d'ivoire accroché devant lui, au-dessus du tabernacle, la tête en bas. Puis, enfin, le prêtre se retourna et, dans le même mouvement, tira l'étoffe, aussi noire que l'enfer, qui recouvrait l'autel.

— *Elevate corpus Satanæ.*

Un frisson parcourut l'assistance. Il y avait là, insoupçonné jusqu'alors, un couffin dont le jeune occupant était étrangement demeuré silencieux et immobile pendant la première partie de l'office dédié à l'Ange des ténèbres.

— *Ave, ave Antichriste !*

Au fond de l'étroite nef, on se haussait sur la pointe des pieds. Les gorges se serraient. Était enfin venu l'acmé du rite, le moment le plus atroce, le plus attendu. Le prêtre ouvrit le tabernacle. En sortit un ciboire, cracha sur les hosties qui y étaient conservées. C'était là une manière de prendre du courage. Puis il saisit une lame, l'approcha de la victime et fit ce qu'il avait à faire, sans plus de préliminaires.

C'est à peine si un murmure parcourut l'assemblée : l'acte, certes attendu, avait tant de fois été commis, durant ces dernières années. N'empêche, le contempler était toujours revigorant. Le prêtre emplit un calice, le tendit au premier rang des fidèles.

— *Sanguinem bibimus.*

Portée aux lèvres, la coupe passa de main en main. La cérémonie s'achevait sur ce partage. Déjà, les participants du premier rang se retiraient, la bouche emplie d'une saveur âcre mais l'esprit contenté. Quant au prêtre, toujours masqué, il se tenait maintenant face à l'assistance, ne s'occupant plus ni du couffin ni de son contenu.

— *In nomine Satanae sanguis bibimus*, répétaient les présents, sans se lasser.

Bientôt, les derniers participants quittèrent la crypte. On se salua, on se promit de remettre ça avant longtemps. Puis, l'esprit encore empli de tant d'émotions, de belles paroles et de beaux chants, chacun regagna la cour d'honneur afin de retrouver son carrosse, les masques ôtés.

Du reste, ici, dans l'enclos du Temple, il n'y avait guère de danger, les gens de la justice du roi n'étaient rien, les commissaires du lieutenant de police, Gabriel Nicolas de La Reynie, n'avaient aucun pouvoir : on commentait sans baisser le ton le beau culte qui venait d'être célébré. Pourtant, lorsqu'il fut question d'une certaine personne, les voix se firent plus sourdes. Un homme s'approcha d'un autre.

— C'est bien « elle », qui était avec nous, n'est-ce pas, au fond, près des marches ?

— Il m'a semblé, en effet. Et elle a souri, au moment où…

De peur de se compromettre davantage, l'adorateur du diable se tut. Mieux valait ne pas être de ceux qui auraient vu ici Montespan. C'était là un honneur, un privilège qui, à force d'être trop répété, commenté, risquait d'être imprudemment porté à la connaissance d'une audience trop large, donc d'arriver jusqu'au Grand Châtelet ou à l'Arsenal.

Au demeurant, un autre sujet de conversation brûlait les lèvres.

— Avec ou sans « elle », cela fut une belle célébration… Je suis sûr que l'Ange déchu était parmi nous, j'ai senti son souffle sur mon front.

Il y avait, dans la voix, un ton, une intonation qui contredisait la satisfaction énoncée. Sacrifier un chat n'avait pas été une mauvaise idée. Mais une autre fois, songea l'adorateur du démon, il faudrait passer à une créature d'un autre genre, d'un genre qui glapirait et dont le sacrifice susciterait davantage de sensations. Ce n'était pas ce qui manquait, qui allait et mendiait pieds nus par les rues. La sensation éprouvée à l'instant suprême en serait bien plus poivrée.

Au Grand Châtelet

La Reynie avait du métier, surtout une volonté de fer. Il avait donc réussi sans trop de mal à mettre de côté, et bien que ce sujet le crucifiât, ce qui concernait Constant et sa fille pour se consacrer à l'autre grande affaire qu'il avait à clore.

Par la fenêtre de son bureau qui surplombait une étroite courette, La Reynie regardait la jeune femme sans que celle-ci devinât le regard qui se posait sur elle, scrutateur. Il savait de longue date qu'un visage d'ange pouvait cacher une âme noire. Il n'en était pas moins surpris par ce qu'il voyait et ne pouvait quitter des yeux. Cette fille n'était pas grande, avait des poignets fins et un agréable visage, quoique celui-ci fût prématurément vieilli par les malheurs tant subis que causés. On lui aurait donné le bon Dieu sans confession en une autre circonstance, pensait le chef du Grand Châtelet. Elle avait bien plus l'air d'une novice qui s'apprête à prononcer ses vœux que celui d'une meurtrière, responsable de la mort d'au moins quatre hommes et qui avait de surcroît choisi de les estropier d'une manière affreuse. Comment de si petites mains avaient-elles pu avoir la force de faire ce qu'elles avaient fait et, tout simplement, tenir l'arme qui avait permis de commettre tant d'horreurs ? C'était bien la même fille que La Reynie avait vue l'autre jour, de ses propres yeux, le couteau à la main, échevelée, poursuivant sa proie et avide de verser son sang. Mais, sans cette arme et sans aucun homme à traquer, il était bien difficile d'admettre, en dépit de l'évidence, que la furie aperçue et cette créature douce étaient la même personne.

Le policier du Roi-Soleil n'était pas attendri par la jeunesse de la meurtrière ou par sa constitution, sa démarche résignée, la simplicité avec laquelle la criminelle faisait quelques pas hors de sa prison, ni ne craignait l'être. Implacable, la fille avait tué et torturé sans paraître éprouver le moindre remords. Elle méritait la corde. Il ne serait jamais venu à l'esprit de La Reynie de remettre en cause la sévérité du châtiment qui serait bientôt prononcé et exécuté : la peine de mort. Mais, pensait-il, pour accomplir au mieux la mission que le roi lui avait confiée, il voulait comprendre ce qui l'avait conduite à commettre ses méfaits, de façon à saisir de quelle manière il fallait s'y prendre pour empêcher qu'une autre l'imite un jour. De toute évidence, cette massacreuse n'était pas folle. Le fait que cette jeune tueuse aux allures de nonne ressemblât un peu, certes de loin, à sa fille Gabrielle – sans doute quelque chose dans le regard, ou alors des pensées secrètes cachées avec soin – acheva de le troubler. Il fallait que La Reynie parlât à cette créature à l'attitude si dérangeante, à la fois si odieuse et condamnable et si déconcertante, presque touchante, qu'il en sût davantage sur elle, qu'il sondât son âme s'il y parvenait. Il fallait que cet entretien ait lieu, et vite.

11

13 MAI 1679

À Paris, au Radis couronné

Gabrielle de La Reynie n'avait pas un long chemin à faire pour se souvenir que son père était un grand personnage. Elle était agacée, tenait à le faire savoir et répéta :

— Cette servante est une effrontée : elle voulait savoir qui j'étais avant de me laisser monter.

Constant haussa les épaules.

— Nanette ? Elle est curieuse comme une fouine, se mêle de tout.

Aujourd'hui habillée de vert émeraude, rubans et galons jaune d'or, Gabrielle était plus ravissante que jamais. Elle lança :

— Si vous m'obéissez, je suis discréditée. Mais vous êtes sauvé, et c'est l'essentiel.

Constant Saint-Lizier protesta avec sincérité :

— Que vous soyez perdue ? C'est impossible, je m'en voudrais…

Gabrielle l'arrêta d'un geste.

— N'inversez pas la situation. Tout est ma faute, nous l'avons déjà dit : je n'aurais pas dû vous accuser à tort ou au moins le faire en y introduisant un doute.

Le temps travaille contre nous, donc écoutez-moi. Voici l'histoire de ma famille. Celle-ci est honorable, mais n'était pas fortunée. De plus, mon père était le fils cadet de mon grand-père, Jean-Nicolas de Traslage, député aux états généraux de l'année 1614. Il en reçut certes la terre de La Reynie, dont il prit le nom. Mais celle-ci ne rapportait guère. Ce n'étaient que des rochers éparpillés sur un sol maigre, des ronces, des talus. Au total, quelque deux cents livres de rente par an, une misère. Surtout pour quelqu'un qui aspirait à servir le roi au plus près, mais ne savait de qui se recommander, faute de pouvoir répandre les cadeaux et gratifications qui lui auraient permis d'avancer plus vite dans la société et jusqu'à la Cour. Pendant la Fronde, mon père mena sa barque, sans trop avoir à souffrir. Alors que nombre de ses amis mal avisés rejoignaient les rebelles, il eut la présence d'esprit de quitter Bordeaux, où il résidait alors, pour s'attacher au duc d'Épernon, un fidèle de la Couronne, qui le prit à son service en tant qu'intendant. La paix revint. Au début de l'année 1661, mon père apprit qu'un riche avocat de ses cousins germains, un certain Charles de Tavannes, était malade et condamné.

La jeune fille marqua une pause, car elle arrivait au fin mot de l'histoire, son discours atteignait un point crucial. Puis elle reprit :

— Or cet homme avait déjà établi un testament, en faveur d'un autre parent, un certain Jérémie Le Cousin, auquel il avait promis d'être son unique légataire.

Nouvelle pause, ultime hésitation avant de révéler l'effroyable, et Gabrielle lâcha :

— Que vouliez-vous donc que mon père fît ?

Constant avait une haute idée de l'honnêteté de La Reynie, qu'il n'avait jamais pris en défaut de probité jusqu'à ce jour et qui était même, pour le garçon, un modèle de rigueur insurpassable :

— Il est allé trouver en hâte ce Tavannes et l'a supplié de lui laisser une part de son héritage ?

— Mon père s'est en effet rendu auprès de lui, aussi vite que possible. Mais il n'a pas agi comme vous le pensez. L'homme se mourait. À un moment où personne ne faisait attention à lui, Gabriel Nicolas de La Reynie a réussi à se glisser dans le bureau où le testament du moribond était rangé. En raison de son éducation, et de ses études, mon père est rompu à écrire. Il ne lui a pas été difficile, en modifiant quelques lettres et en grattant le papier, de faire disparaître le nom du légataire original, Jérémie Le Cousin, et de le remplacer par son nom à lui, et sa qualité de cousin germain.

Constant tomba de haut.

— Mon Dieu…

— Jérémie Le Cousin s'est trouvé dépouillé de ce qu'il croyait pouvoir récupérer, il a pensé que Charles de Tavannes avait changé d'avis avant de trépasser, n'a pas cherché à en savoir davantage, encore moins à contester le testament falsifié. Et c'est ainsi que Gabriel Nicolas de La Reynie s'est approprié une somme considérable, plus de 300 000 livres. Peu après, mon père est venu à Paris et a acheté une charge de maître des requêtes au Parlement[1]. Ce fut le début de l'ascension que vous savez : un ministre en vue remarqua le jeune magistrat, mesura sa connaissance du droit, sa maîtrise des dossiers abordés, sa capacité à organiser une pensée, à en décider une action. Il parla

1. La Reynie acheta en effet cette charge, moyennant 320 000 livres, dont la provenance semble mal connue.

de lui à Sa Majesté, qui demanda à le voir et auquel mon père plut. Et, six ans plus tard, d'un commun accord, le roi et son ministre créèrent la charge de lieutenant de police et la lui confièrent.

Cette histoire stupéfiait, bouleversait Constant Saint-Lizier, jetait à bas la figure de La Reynie, qu'il avait jusque-là placée sur un piédestal. Donc, l'homme chargé de faire régner la justice dans Paris, de traquer le crime, de défendre l'homme honnête n'était qu'un faussaire, un gredin qui avait dépossédé un parent d'un héritage, sans hésiter à se jouer d'un mourant auquel il avait fait croire qu'il voulait être à ses côtés lors de ses derniers moments… La révélation lui était un séisme.

Or, passé cette surprise, le jeune policier s'interrogeait. Gabrielle lui avait révélé un terrible secret de famille. Fort bien. Mais que pouvait-il en faire ?

— Vous vous demandez, devina alors la jeune fille, pourquoi je viens de vous faire cette révélation. C'est très simple. Mon père vous menace ? Maintenant que vous savez ce qu'il a à se reprocher, vous le menacerez à votre tour de porter son secret sur la place publique. Dites-le-lui de vive voix ou écrivez-lui, peu importe.

Ce propos causa, chez Constant, un nouvel ébahissement.

— Vous me proposez d'exercer un chantage sur le lieutenant de police ?

Gabrielle lui prit les mains.

— Voyez plutôt cette information, que vous garderez précieusement sans la divulguer, j'en suis sûre, comme l'assurance de votre tranquillité…

— C'est indigne !

— J'aime, je révère et soutiens depuis toujours mon père. Vous mesurez ce qu'il m'en coûte de le trahir… De plus, songez que, si vous, vous êtes bien innocent, mon père, lui, est bel et bien coupable. En lui disant ce qu'il est vraiment, vous ne proférerez aucun mensonge…

— Je ne pourrai jamais me conduire ainsi.

— Vous ne pourrez ou bien vous n'oserez pas ? J'ai commis une lourde erreur en vous dénonçant. Réparer cette méprise ne peut se faire que dans la douleur, la mienne.

Saint-Lizier ne répondit rien.

— Réfléchissez, reprit Gabrielle, désireuse de convaincre le garçon à présent qu'elle avait exposé son plan. Vous me semblez en sécurité, ici, comme vous me l'aviez du reste dit. Demeurez dans cette taverne le temps qu'il vous faudra pour comprendre que vous devez vous ranger à ma proposition. Vous allez saisir que ce parti est le seul raisonnable.

— Mais vous m'aviez dit que vous vous perdiez en me sauvant. Je ne comprends pas pourquoi.

— Seules deux autres personnes ont su ce que mon père avait jadis fait pour s'approprier la fortune de Tavannes. Ma mère qui, hélas, n'est plus – et c'est elle qui m'a révélé toute l'histoire, ne voulant pas la garder par-devers elle seule. Et quelqu'un d'autre. Pour une raison que je ne peux vous dire maintenant, cette personne ne pourra être suspectée de vous avoir parlé. Mon père comprendra immédiatement que c'est de moi que vous tenez l'histoire du testament altéré. Et je serai perdue. Mais je n'ai qu'à m'en prendre à moi-même : je n'aurais jamais dû écouter mon imagination et, surtout, tenter de m'intéresser à ce qui ne me regarde pas.

La jeune fille se tut. Le policier hésitait à lui demander de qui elle parlait sans se résoudre à prononcer son nom : celui – ou celle – que La Reynie ne pourrait suspecter de l'avoir trahi. Pourtant, il osa.

— Et qui d'autre connaît cette affaire ?

Cette fois, Gabrielle se fit sèche :

— C'est là un autre secret de famille. Permettez que je ne vous en dise rien, vous en avez d'ailleurs assez entendu pour aujourd'hui. Je sais que tout ce que je viens de vous révéler vous ensevelit sous des montagnes de doutes. Je reviendrai demain, à la même heure, cela vous laisse le temps de réfléchir.

Elle se saisit de son manteau, abandonné sur le lit du policier, s'en revêtit, se ganta, se chapeauta, s'éclipsa.

Aussitôt, Constant fut envahi par une enveloppante solitude. Il passa le reste de la journée dans sa chambre. Dépendre d'une jeune fille qui avait voulu sa perte et disait désormais vouloir le sauver lui était étrange. D'autant plus que le garçon commençait à penser à Gabrielle comme à une jeune fille qu'il pouvait aimer, aimait peut-être déjà, en dépit de l'incongruité d'une telle situation. Alors qu'il aurait dû se trouver au Châtelet, il était caché, et son sort dépendait d'une jeune fille…

12

14 MAI 1679

À Paris

La mouche reprit :

— Monsieur, je le reconnais, ce n'est pas grâce à moi que la Bretaudeuse a été arrêtée.

La Reynie coupa sèchement son informateur :

— Cela, je le sais fort bien. Tu n'as que cette évidence à me débiter ?

Le lieutenant de police avait jadis habité un temps sa maison parisienne. Il n'y demeurait plus depuis longtemps, l'avait à peu près démeublée. La demeure apparaissait ainsi vide et triste, inhospitalière. Le mendiant, qui regardait autour de lui, tout à la fois pour éviter le regard de La Reynie et trouver une idée, une parole qui lui permettrait de se tirer d'affaire, ne voyait que du dépeuplé, du gris, de l'abandonné, rien qui pût inspirer une reconquête. Et pourtant, il lui fallait rebondir, réfuter, rétorquer, sous peine de perdre la protection du policier du roi, donc, d'être à terre, emprisonné et pendu, pour aller droit au but. Il songea à son tatouage, une Vierge, dont le port ne lui avait pas trop mal réussi jusqu'à ces temps-ci. Fort de ce qu'il savait sur le policier du roi, c'était là la condition de leur survie – car les malfrats de Paris ignoraient peu de ce qui concernait celui qui voulait leur perte –, une idée lui vint alors, dont la mise en œuvre était risquée. Mais, en face de lui, La Reynie s'assombrissait, c'était patent. Celui-ci devait à tout prix admettre une fois pour toutes que le gueux tatoué lui était indispensable, songeait ce dernier. Et, en désespoir de cause, le sabouleux commença à débiter :

— Je suis né en Italie, vous l'entendez. Je vis depuis longtemps en France mais j'ai là-bas conservé des amis. Je sais que, je crois que…

Le mot « Italie » avait produit l'effet escompté, constata le mendiant. D'un coup, La Reynie avait changé de mine. Le faux malade fit semblant de ne pas s'en apercevoir, poursuivit :

— Il se dit qu'un jeune homme, qui porte votre nom, réside à Rome et que… Et que…

— Allons, finis, que sais-tu ?

Le malfrat réprima un sourire. Voici, pensait-il, la bête était attrapée, ferrée. Le sabouleux tenait le policier du roi. Il reprit :

— Ce ne sont encore que des rumeurs. Il me reste l'essentiel à apprendre. Les renseignements mettent quelque temps à arriver d'Italie. Mais ils cheminent quand même et il se pourrait que j'en sache bien plus d'ici à quelques jours.

L'homme n'improvisait pas trop mal, il n'oubliait rien, en tout cas pas ses carences dans l'affaire de la Bretaudeuse. Aussi prit-il les devants :

— Je ne vous ai guère aidé pour ce qui regarde cette femme qui mutilait, ces dernières semaines, à Paris. Mais je vous assure, je vous promets que, pour ce qui regarde le jeune homme de Rome, je serai plus dégourdi.

Avec plaisir, le truand vit que le regard de La Reynie s'était perdu dans un lieu, un ailleurs où il n'était plus question ni du sabouleux ni de ses défaillances. Le malfrat pensa qu'il était sauvé.

— Va, fais pour le mieux. Et ne me déçois pas. J'ai certes parfois besoin de toi, mais d'autres me renseignent aussi, ne l'oublie pas. Et c'est bien, en définitive, plutôt ta personne qui a besoin de moi, et non l'inverse.

La mouche savait que La Reynie disait la vérité. Il s'inclina avec humilité. Quant au lieutenant de police, il demeura un instant dans sa petite maison de Paris, seul, à réfléchir. Il songea à ce que venait de lui révéler son informateur, il pensa à l'Italie, à Rome, à ce que lui avait dit le sabouleux et à la manière dont ce dernier le lui avait révélé, aux conséquences que pouvaient avoir ces affirmations. Puis, enfin, décida de s'en aller à son tour. Quand il referma la porte de la maison vide, il eut l'impression de clore un certain chapitre de sa vie.

Arrivé au bout de la rue de la Vieille-Monnaie, La Reynie s'arrêta un instant, leva le nez sans trop savoir pourquoi. Gravé dans une pierre dure scellée là depuis que le propriétaire de la maison en avait eu l'obligation, voici quelques décennies, La Reynie y lut le nom de la rue qu'il s'apprêtait à emprunter, comme chaque fois qu'il parcourait ce chemin. Un nom qu'il connaissait fort bien mais qui lui importa beaucoup, à ce moment. La rue de la Savonnerie. Et cela lui donna une belle et bonne idée.

À Saint-Germain

Pour Montespan, des Œillets avait porté des messages plus que compromettants, couru maintes fois à Paris acheter onguents, venins et poudres ; elle avait transmis des avances, des récompenses et des compléments pour solde de tout compte à des prêtres dépravés. Elle avait assisté à bien des cérémonies occultes, souvent assuré l'intendance de ces célébrations monstrueuses, apportant un chat à sacrifier, une autre fois un rat, une colombe. Un jour, elle n'avait pas hésité à dérober un ciboire dans la chapelle du Château-Vieux de Saint-Germain, au péril de sa vie, une autre fois une custode pour pimenter la messe noire dite par un prêtre plus pervers que les autres. Aujourd'hui, cependant, la suivante mesura que l'on passait à une autre histoire.

— Où voulez-vous qu'on en trouve un ?

La marquise avait donné un ordre. Cela suffisait. D'une façon générale, quand la favorite commandait, elle n'avait aucune envie de savoir comment des Œillets s'y prenait pour exécuter sa volonté. Cette fois, pourtant, Montespan faisait plus qu'exprimer un caprice, il s'agissait d'une nécessité. Pour répondre à des Œillets, elle surmonta donc l'irritation que lui causait cette dernière remarque.

— Les enfants abandonnés, ce n'est pas ce qui manque, me semble-t-il. Il n'y en a peut-être guère ici, à Saint-Germain, car les rebuts des cuisines du roi font vivre les plus pauvres. Mais sur la route, lorsque je me rends à Paris, je vois souvent de ces misérables paysans, avec trop de petits pour les nourrir et même s'en occuper. Sans parler de tous ceux qui sont abandonnés sous le porche d'une église, au coin d'une rue. Quand tu en verras un, tu n'auras qu'à demander au cocher de ralentir, d'ouvrir la portière et te pencher un peu pour l'attraper au passage si, d'aventure, un de ces gueux refusait de nous confier son morveux contre une pièce d'or. Des Œillets, je sais que tu me sers du mieux que tu peux. Nous pouvons bien sacrifier encore quelques chats avant de passer à des choses plus sérieuses. Mais, enfin, applique-toi et contente-moi avant longtemps.

La suivante s'en alla. À présent qu'elle avait ordonné dans le secret de ses cabinets retirés, Montespan gagna les pièces de son grand appartement pour s'y montrer dans la plénitude de sa beauté et de sa causticité. Le grand salon était déjà empli d'adulateurs, de solliciteurs, d'amis venus l'admirer, écouter ses saillies, de profiteurs cherchant à lui faire leur cour. La marquise fit une entrée superbe et remarquée, alla s'asseoir dans un large fauteuil qui l'attendait, au centre de la pièce. Elle commença aussitôt à parler, à rire, à questionner et à répondre, commentant, déformant avec humour les mille et une anecdotes dont la Cour bruissait et qui se renouvelaient chaque jour. Satisfaction suprême, Montespan était certaine qu'à cette heure, chez la reine, le peu de monde qui s'y trouvait s'y ennuyait ferme. Sans cesser de parler, de critiquer, de se moquer, la favorite regarda droit devant elle, par-delà la grande fenêtre qui lui faisait face, du côté des parterres de l'ouest.

Le passé, l'histoire n'intéressaient pas la marquise. Sauf quand elle y trouvait de quoi flatter son orgueil. Et, justement, ces jardins, qui s'étendaient devant son appartement, avaient jadis connu, sinon le triomphe, du moins la puissance d'une favorite.

C'était l'année 1547. Diane de Poitiers régnait sur le cœur d'Henri II, Valois tout juste monté sur le trône, ne laissant à la reine Catherine de Médicis que la seconde place. Pour une affaire passablement stupide, superficielle et embrouillée, deux gentilshommes en vue s'étaient disputés et défiés avec d'autant plus de hargne qu'un des deux – La Châtaigneraie – était soutenu par Diane. Le roi avait décidé d'appeler Dieu à départager les querelleurs. Un combat singulier avait été organisé, là, à quelques pas à peine, en contrebas des murs du Château-Vieux de Saint-Germain, dans un champ clos aménagé pour l'occasion, devant toute la Cour de France.

Protégé par Diane, aguerri, sûr de lui et fin bretteur, selon un avis largement partagé, le musculeux et agile La Châtaigneraie ne devait faire qu'une bouchée de Guy Chabot de Saint-Gelais, baron de Jarnac, qui avait passé la veille à prier et à demander en tremblant qu'on priât aussi pour lui. Le combat avait commencé, les coups à pleuvoir. Comme prévu, La Châtaigneraie prenait l'avantage, Jarnac ne pouvait qu'esquiver, semblait perdu. Soudain, le faible s'était jeté sur le fort, lui avait tranché le jarret. Par deux fois[1]. La Châtaigneraie s'était effondré. À la demande du roi, Jarnac n'avait pas donné le coup de grâce à son adversaire, emporté à l'écart, soigné. Or, de rage, La Châtaigneraie avait arraché ses pansements et s'était laissé mourir, vidé de son sang. Certes, le champion de Diane avait perdu mais, du moins, celle-ci avait paru dans toute sa splendeur au côté du jeune roi. Et surtout, pensait Montespan, c'était pour elle que deux hommes de bonne noblesse s'étaient battus, que l'un des deux avait fini par expirer. Du reste, Diane était demeurée la maîtresse puissante et crainte du roi, avait même gardé sa faveur jusqu'à la mort de ce dernier.

Un roi énamouré prêt à tout pour contenter sa favorite, y compris à ce que deux hommes de sa Cour s'étripent. De la mise en scène, de l'apparat, de la rutilance. Des fifres et des tambours donnant le signal de l'assaut. Des courtisans en grand habit qui contemplent une lutte désespérée. Du sang répandu. Une issue inattendue, fatale. Une émotion immense. Montespan aimait cette histoire, qui lui parlait particulièrement, et dont le théâtre avait été l'esplanade qui s'étendait juste devant ses fenêtres.

1. C'est depuis ce combat qu'un coup soudain mais porté de manière loyale est qualifié de « coup de Jarnac ».

À Paris

Constant en avait pris son parti. Il n'irait pas voir La Reynie. Le garçon ne s'en sentait pas le courage : il n'était pas fier du rôle qu'il devait endosser. Mais il écrirait au maître du Grand Châtelet, lui dirait ce qu'il savait désormais sur lui, grâce à Gabrielle. Bien entendu avec des mots choisis, à double fond, en contrefaisant son écriture et sans signer. La Reynie saurait d'où viendrait le mot, en saisirait le sens caché. Mais si l'écrit venait à s'égarer, nul autre ne pourrait en comprendre le propos véritable. Au demeurant, le lieutenant de police se sentirait menacé, pris au piège, il serait obligé de déclarer Constant innocent, quoi qu'il en pensât, s'il ne voulait pas ruiner sa propre carrière, être condamné à la honte et à l'infamie. Oui, voilà exactement ce qu'il ferait !

Le policier était là, enfermé dans sa chambre et dans le remords, à attendre le retour de celle qui avait causé sa perte, mais qui – ironie – allait peut-être aussi assurer son relèvement. Or, peu à peu, à force de réfléchir, Constant recommença à perdre espoir. Il ne parvenait pas à se résoudre à trahir son bienfaiteur de la sorte. Son esprit tout autant que son corps tournant en rond, il céda à la facilité, se renia, chercha à se donner du courage : il voulut boire. Il brava le danger qu'il y avait à ne pas rester le plus tranquille possible, ouvrit la porte de sa mansarde, héla la servante du Radis couronné.

— Nanette, une bouteille de vin de Suresnes !

Entre un coup de torchon et de balai, la fille monta le flacon demandé. Le policier but un premier verre. Le goût était suret, mais pas désagréable. Il avala un second godet. La tête commença à lui tourner, comme chaque fois. Saint-Lizier voulut se détourner de la bouteille, mais n'y parvint pas, la reprit, la but cette fois au goulot, la vida. L'esprit lancé, il était désormais certain de ne plus reculer, il écrivit le pli destiné à La Reynie, le glissa dans son habit. Aujourd'hui ou demain, quand il se serait décidé, n'importe quel garnement rencontré par hasard ferait un bon coursier, heureux de gagner une pièce en se montrant rapide et pas trop curieux.

Constant crut qu'il n'arriverait jamais à descendre cet escalier qui s'était mis à danser. Il aperçut, du fin fond de sa soûlerie, Nanette qui ne faisait pas attention à lui, occupée à cuire des œufs. Il s'approcha d'elle, lui pinça les fesses, se fit repousser, ne s'en émut ni ne s'en vexa car il préférait Fanchon, et sortit dans la rue en titubant.

Le jeune homme marcha d'abord au hasard, trop vite, un peu bousculé par les passants, souvent des valets, en habit brun sombre pour ceux des bourgeois, en livrée colorée pour ceux des nobles. Il glissa dans une flaque, tomba, déchira son habit de brussequin[1].

1. Tissu de piètre qualité.

Il se releva en s'accrochant là où il le put. Un mal de tête s'invita, lui enserra la nuque, obscurcit le peu de lucidité qui lui restait. Simples images qui se succédaient sans logique apparente, les lieux devant lesquels il passait se mêlaient à des souvenirs d'anciennes pérégrinations.

Saint-Lizier chemina tant bien que mal jusqu'à la rue Pavée, puis revint sur ses pas, passa devant Saint-Gervais-Saint-Protais et son orme[1], ne s'aperçut pas qu'il traversait la place de Grève. Soudain, il se retrouva devant le Grand Châtelet. Là, le policier eut un sursaut, sans doute salvateur. Il tourna les talons, priant de ne pas avoir été aperçu. Un tambour lui battant toujours dans la tête, il tâcha de savoir où il devait retourner de toute urgence, mais ne se souvenait pas du Radis couronné, ni de sa chambre, ni de la bouteille de vin que, pour son malheur, il avait bue en entier.

1. L'arbre était fameux. Les habitants du quartier s'acquittaient de leurs créances sous son feuillage.

À l'Arsenal

Pour la circonstance, solennelle, La Reynie avait soigné sa mise. Il avait revêtu un habit sombre mais taillé d'une étoffe de grand prix et très brodée, s'était lavé le visage et les mains avant de se faire raser. Surtout, il se tenait très droit.

— De l'« eau pour le roi » ? Mais qu'est-ce donc ? demanda M. de Compans. Je n'ai rien lu de tel dans le compte rendu des interrogatoires déjà menés.

Le président de la Chambre ardente se tourna vers La Reynie, ici en sa qualité d'enquêteur chargé de préparer les travaux et les séances du tribunal. Dans la salle aux fenêtres closes la chaleur régnait, rendue plus prégnante encore par les hautes tapisseries tendues sur les murs. Sous sa perruque et sa robe, le lieutenant de police était pressé que cette séance s'achève. Or le dernier propos de la femme Chappelain menaçait de retarder le moment où il pourrait regagner sa demeure de Vaugirard et s'y reposer, en pantoufles et robe de chambre, la tête nue. Il allait répondre à Compans, expliquer que rien de tel ne lui avait en effet été révélé lors de son enquête, lorsque Madeleine Chappelain se décida à répondre :

— J'avais rien dit jusqu'à maintenant. Mais je veux pas que vous me passiez les brodequins et que j'en aie le cœur qui s'en lâche tout d'un coup, comme celui de la Vigoureux. L'« eau pour le roi » ? C'est une préparation que je fais souvent, avec des plantes qui m'arrivent du Berry. Il y a pas mal de gens, là-bas, dans les forêts, qui s'y connaissent en herbes. Cette eau, je la fabrique depuis longtemps. On m'en demande d'habitude des petites quantités, parce que c'est long à faire. Sauf cette fois-là, on m'a commandé une pleine bouteille, et de belle taille, et j'ai été payée sur-le-champ.

Museau pointu, semblant de moustache à la lèvre, la Chappelain avait tout d'un rongeur qui, pris au piège ou sous la patte du chat, entend bien se défendre et, à force de négociations et de ruse, a même de bonnes chances d'y parvenir. Elle reprit :

— Oh, c'est pas forcément la mort que ça apporte, cette eau-là. Ça dépend comment c'est dosé. Juste un peu, ça rend amoureux. Davantage, là, c'est autre chose, ça peut tuer. Je sais pas ce que les gens en font chez eux.

— Mais pourquoi, reprit Compans, avez-vous décidé de dire aujourd'hui ce que vous avez tu jusqu'à présent ?

— Parce que la personne qui me l'a achetée, ma potion, elle m'a pas dit son nom ni pour qui c'était. Mais à force de réfléchir, d'entendre ce qui se rapporte ici, j'ai fini par comprendre, je ne suis pas si sotte. L'« eau pour le roi », c'était pour lui.

Le propos était obscur, mais Compans préféra n'en rien dire, de peur d'arrêter la mécanique. Du reste, la Chappelain poursuivit aussitôt :

— Je veux dire que l'« eau pour le roi », elle était, justement, vouée à être bue par le roi. Et c'est des Œillets, la dame de compagnie de la marquise de Montespan, qui est venue me l'acheter.

Cette fois, la Reynie se raidit. Il s'approcha de Compans, lui murmura quelques mots à l'oreille. Le comte ne réfléchit pas longtemps, se tourna vers les deux fonctionnaires assis sur le côté.

— Messieurs, grattez, je vous prie, ce qui vient d'être dit, en particulier les trois derniers noms prononcés par l'accusée. Ou, plutôt, arrachez les dernières pages, celles qui concernent cette audience, et brûlez-les toutes.

Sans laisser aux greffiers l'occasion de protester, le comte décida de lever aussitôt la séance. Sur son ordre, des gardes vinrent chercher la Chappelain pour la reconduire à sa cellule. Et Compans demeura seul en compagnie de La Reynie.

— Quel crédit, selon vous, accorder à ce qu'a dit cette femme ?

— Tout cela me paraît plausible, sinon vraisemblable. Cependant, il nous faut envisager l'hypothèse d'une ruse.

— Et quelle serait sa finalité ?

La Reynie était à peu près sûr de lui, de son analyse :

— Ces empoisonneuses ne sont pas idiotes. Elles savent ce qui se dit ici, à la Chambre ardente, et aussi dans les geôles et les salles où sont menés les interrogatoires. Les gardiens se laissent facilement circonvenir. Moyennant quelques pièces, ils colportent les nouvelles de cachot en cellule, et même, pour les prisonniers qui savent écrire et lire, portent et transmettent des papiers de toutes sortes.

La femme Chappelain a appris que la Voisin nous avait fait de supposées révélations afin de retarder le moment de son exécution. Elle veut jouer plus finement encore. Elle va distiller à mesure d'autres révélations. Chappelain sait que, depuis la mort de la femme Vigoureux, aucune autre prisonnière ne risque de périr sous la torture, car si nous avons étouffé ce scandale, nous ne pouvons nous permettre d'en faire éclater un second. Le roi nous reprocherait de tuer les accusés les uns après les autres, avant d'en avoir obtenu tout ce que nous devons en apprendre. Mais là n'est pas l'important.

Compans acquiesça.

— Que suggérez-vous ?

— Mon devoir m'enjoint de me rendre incontinent auprès du roi et de lui répéter ce qui a été prononcé aujourd'hui dans cette salle. En dépit de nos précautions, le propos de Chappelain peut devenir public, Sa Majesté doit connaître ce risque immense.

— Dites au roi, je vous prie, que je m'associe pleinement à votre démarche.

Les deux hommes se séparèrent. Compans était secrètement soulagé que La Reynie ne lui ait pas proposé de gagner Saint-Germain avec lui. Il était bon juriste, savait mener un procès, mais il ne se sentait pas l'envie d'entretenir Louis XIV d'un sujet si délicat. Le comte, qui n'était plus tout jeune, redoutait d'avoir à affronter le monarque.

À Saint-Germain, au même moment

Bredouille, des Œillets acheva son propos :

Jc suis désolée, mais je n'en ai pas trouvé. On dirait qu'ils se méfient de moi, les parents comme les enfants. J'ai beau faire la gentille et distribuer des piécettes, ils s'enfuient tous quand j'approche.

La suivante redoutait que Montespan s'emportât. Or il n'en fut rien. Montespan était bien décidée à profiter de l'air doux en demeurant dans les jardins du Château-Vieux, enveloppée dans une pelisse et assise sous un dais bariolé qui la protégeait des rayons du soleil, afin de garder sa pâle carnation de très belle femme blonde. Elle regardait à distance ses enfants qui couraient, se bousculaient, sautaient à en perdre haleine. Qu'ils étaient donc bruyants, même observés d'un peu loin, remarqua la marquise. Des Œillets n'avait pu la contenter ? Ce n'était pas si grave. Car Montespan venait d'avoir une autre idée. Une belle idée, séduisante, tentante, qu'il lui fallait creuser.

La favorite regarda l'aîné de ses bâtards, le duc du Maine. Il boitait un peu, à cause d'une jambe trop courte, mais enfin, en recourant à un bon cordonnier, l'affaire pouvait être à peu près cachée. Et puis, quand l'enfant grandirait, se dit-elle, cela passerait peut-être, les deux jambes se décideraient à pousser à l'unisson. Et, tout bâtard qu'il était, on marierait un jour sans mal Maine à une princesse trop heureuse d'épouser un des fils du Roi-Soleil, une Allemande ou une Italienne appartenant à l'une de ces petites principautés qui ne savaient jamais que faire de leurs filles en surnombre mais dotées d'un blason sans tache[1].

Certes, Nantes, dont le regard n'était pas vraiment d'aplomb, était de surcroît un peu trop velue. La fillette n'était pas, elle non plus, une réussite totale. Mais, là aussi, l'adolescence ferait tomber ce duvet, du moins pouvait-on l'espérer. Sinon, on trouverait le bon onguent pour faire disparaître ce début de fourrure. Et de toute manière, même trop poilue, la fille du roi de France dénicherait toujours un mari d'illustre naissance, c'était là l'essentiel. Pour Tours et Blois, il fallait aussi attendre de voir comment tout ça pousserait, il était trop tôt pour soupeser ce que les deux fillettes procureraient comme avantage à leur mère.

La marquise réprima un sourire féroce. Vexin. Il restait Vexin, qui ne se tenait pas bien droit, et dont la santé était un souci. Du moins pour Maintenon. Car Montespan, la véritable mère, elle, s'en moquait bien, de ce dos courbé. Des enfants, sans compter les petits derniers qui ne quittaient pas leurs appartements parce que ça vagissait, ça bavait et ça grognait sans cesse, elle en aurait d'autres, et des garçons, des remplaçants.

1. Maine épousa Mlle de Charolais, une Bourbon-Condé, femme extravagante, fondatrice et grande-maîtresse de l'ordre de la Mouche à miel, confrérie qui rassemblait ses proches.

Oui, vraiment, à n'en pas douter, acheva-t-elle aisément de se convaincre, de tous ses enfants, c'était Vexin qui lui semblait le mieux convenir à ce qu'elle avait décidé de mettre en œuvre, enfin. Le dégât ne serait pas bien grand, le sacrifice non plus. De plus en plus décidée à mesure qu'elle y réfléchissait, prête à tout pour parvenir à ses fins, la favorite était cependant lucide. C'était étrange, pensait-elle : l'amour maternel ne l'avait jamais étouffée. Certes, elle avait connu une certaine satisfaction à mettre au monde, en 1665, Louis-Antoine[1], celui-ci né de son mari légitime. Était-ce parce que cette naissance était la première, donc parée de l'agrément de la nouveauté, qu'elle avait bien aimé cet enfant ? Peut-être. En tout cas, Montespan se fichait bien de ses bâtards.

La marquise adressa un signe à l'un de ses valets. Celui-ci s'approcha.

— Va me chercher des tiges de réglisse. Il doit y en avoir à l'apothicairerie. Passe par la salle des Gardes de la porte, c'est le plus rapide, je ne veux pas attendre. Et, en revenant, dis au comte de Vexin que j'ai quelque chose pour lui.

Montespan cajolerait un peu le garçonnet et lui donnerait du bonbon, pour endormir sa prévention. Elle était plus que jamais persuadée que, décidément, la fin justifiait les moyens.

1. Futur duc d'Antin, directeur des Bâtiments du roi.

À Saint-Germain, peu après

Le roi avait donné des ordres au préalable, pour parer à ce genre d'éventualité. Et La Reynie n'eut que fort peu à patienter, une fois arrivé à Saint-Germain, avant que Louis XIV le reçoive. Le policier en fut soulagé : seul à attendre dans une antichambre, il n'aurait pu s'empêcher de songer à Saint-Lizier, qui avait disparu, empêchant ainsi La Reynie de mener plus avant les investigations le concernant.

Tête froide, le lieutenant de police exposa en peu de mots ce qui s'était passé et dit lors de la dernière audience de la Chambre ardente. Le souverain avait choisi de recevoir La Reynie dans le plus étroit de ses cabinets intérieurs, aménagé à l'arrière de sa chambre privée. La pièce, à peine assez grande pour qu'ils pussent y tenir tous deux, était retirée, à l'abri des oreilles et des regards indiscrets.

Attentif, le roi écouta sans interrompre. Puis, lorsque La Reynie se tut, demanda :

— Est-ce fini ? Vous m'avez bien tout dit, tout appris ?

— Oui, Sire.

— Il faut que nul, lors des audiences de l'Arsenal, ne prononce jamais, ni jamais n'écrive le nom de Mlle des Œillets et surtout celui de Mme de Montespan. M. de Compans a bien fait de demander aux greffiers de détruire les feuillets qui auraient pu conserver la trace des déclarations de cette femme Chappelain. Je sais que vous n'avez révélé son propos à nul autre que moi. S'il n'est pas trop tard, demandez aussi, ordonnez de ma part à M. de Compans, aux huissiers, aux magistrats qui se trouvaient là, aux gardes de n'en rien dire, eux non plus.

Le policier avait deviné que le roi réagirait ainsi à ses révélations, voudrait à jamais placer sous un couvercle de plomb ce que La Reynie avait découvert et entendu. Au fond de son âme, le lieutenant de police aurait souhaité au contraire que la justice du roi passât *pour tout le monde*, y compris et surtout pour Montespan. Mais son dévouement à l'égard du roi était absolu. Il obéirait à Louis XIV, sans songer un instant à agir autrement, et quels que fussent ses regrets.

— Pour M. de Compans, Sire, il est inutile de lui demander de se taire, je sais qu'il se sera tenu à cette conduite avant même que Votre Majesté le lui ordonne. Pour ce qui est des autres, je les mettrai en garde, mais je ne peux me porter garant d'eux.

Soucieux, le roi était devenu sombre, le comprit et changea de visage, sourit presque :

— Si je me fie au compte rendu détaillé que vous venez de dérouler, j'en conclus que, sitôt achevée cette terrible séance de la Chambre ardente, vous avez sauté dans votre carrosse, traversé Paris et la Seine, et roulé jusqu'à Saint-Germain sans prendre le temps de vous restaurer…

— En effet, Sire.

Le monarque se leva et indiqua au lieutenant de police une porte ménagée dans le lambris.

— Repartez par ici. Nul ne se trouve derrière cette porte, mais si vous prenez le colimaçon qui mène au-dessus de cette pièce, vous trouverez mon premier valet de chambre, sans doute occupé à travailler : il ne sait faire que cela. Dérangez-le. Bontemps est le seul qui sache à peu près tout, hormis les détails que j'ai omis de lui rapporter, de l'affaire, des affaires épouvantables qui vous sont aujourd'hui soumises, à vous et à la Chambre ardente. Dites-lui donc ce que vous venez de me révéler, il doit savoir car il m'aide à réfléchir, c'est un autre moi-même.

Infamie de Constant, à la fois si surprenante et si douloureuse, terrible récit de Chappelain, arrivée intempestive au château de Saint-Germain, exposé au roi, réponse de celui-ci : tout était allé vite, songeait La Reynie. Celui-ci en avait quelque peu négligé la Bretaudeuse et se promit, dès qu'il serait revenu à Paris, d'aller trouver cette criminelle.

À Paris

Au prix de laborieux efforts, Constant avait regagné le Radis couronné. Les effets du vin s'étaient enfin dissipés. Il ordonnait maintenant ses pensées de manière à peu près raisonnée. Devait-il ou non agir comme le lui avait soufflé Gabrielle de La Reynie ? La décision était lourde de conséquences, et surtout d'enjeux. Avait-il le droit d'exercer un odieux chantage sur le lieutenant de police, de fouler aux pieds la loyauté qu'il aurait dû à jamais observer en dépit du fait qu'il était injustement accusé ?

À cet instant, il sembla au jeune policier entendre du bruit dans l'escalier. Il n'y prêta guère attention : le tavernier possédait quelques chambres, et la plupart étaient louées. Saint-Lizier continua à préparer ses affaires.

On toqua à la porte. Ce ne pouvait être la servante Nanette : mal dégrossie, elle entrait toujours sans prévenir. L'esprit de Saint-Lizier, déjà aiguillonné par la perspective, la quasi-certitude de devenir bientôt un paria, était en alerte. Était-ce Gabrielle qui venait s'enquérir de son choix ?

On frappa de nouveau. Une poigne d'homme. Constant prit peur. Il avait été dénoncé : pour mener à bien ses missions, le Grand Châtelet disposait d'espions dans tout Paris, qui renseignaient La Reynie. Saint-Lizier pensa sauter par la fenêtre, en ouvrit le battant, jaugea ses chances d'atteindre le pavé sans se rompre le cou.

Mais c'était déjà trop tard. La porte s'ouvrit avec fracas.

Saint-Lizier vit alors, grimé comme un commis, Jean Philippont, son camarade du Grand Châtelet, pénétrer soudain dans sa chambre. D'un coup d'œil, l'intrus aperçut la fenêtre ouverte, son camarade qui le regardait, à la fois terrifié et interdit, et il comprit la situation. Aussi se hâta-t-il de rassurer le claustré. Philippont assura qu'il venait ici en ami.

— Mais comment m'as-tu trouvé ? demanda Constant qui avait recouvré ses esprits.

— Tu oublies que j'appartiens au Grand Châtelet, comme toi. Je sais où et comment me renseigner. Mais ce n'est pas le plus important. J'ai compris que tu étais dans une situation difficile et je viens t'aider. Ou, plutôt, je le répète, je viens te mettre en garde.

Saint-Lizier s'étonna, il s'était senti si mal et si abandonné voici peu qu'il ne cacha pas son émotion, avant même d'en savoir davantage :

— Je te remercie de ta confiance. Comment te dire ma gratitude ?

— Les effusions, ce sera pour une autre fois. Le temps presse. Je suis là pour te sauver. En tout cas, t'empêcher de commettre une nouvelle erreur. Je sais que Gabrielle de La Reynie est venue ici et qu'elle doit revenir. Sache que cette fille est une créature dépourvue de moralité, une manipulatrice. En d'autres termes, c'est l'une des sorcières que le roi entend mettre hors d'état de nuire.

Ce propos était inattendu, incompréhensible. Constant le balaya avec fougue :

— C'est impossible !

— Pourtant, je ne dis que la vérité. Je ne sais d'où lui vient ce goût. Peut-être, à force d'entendre son père parler des marchandes de philtres et de poudres, depuis l'affaire de la Brinvilliers, a-t-elle fini par s'intéresser à ce trafic, plutôt que de le prendre en horreur. Par jeu, ou plus sûrement par souci d'apporter la contradiction ou, pire encore, par vice, Gabrielle a suivi une direction opposée à celle empruntée par son père. Quoi qu'elle t'ait dit et proposé, sache que tu n'es sans doute qu'un pion dans une stratégie qu'elle a mise au point pour détourner d'elle les soupçons qui, un jour ou l'autre, naîtront dans l'esprit du lieutenant de police.

Le nouveau venu avait l'air sincère. Et Saint-Lizier avait eu à travailler à ses côtés à maintes reprises, quand il s'était agi d'attraper des voleurs, des meurtriers. Un policier, songea celui-ci, ne pouvait mentir à un autre policier. Il y avait eu entre les deux hommes trop de camaraderie, de chopines bues de concert, trop de missions menées ensemble en confiance. Gabrielle était donc une traîtresse, comme Brinvilliers…

— Me diras-tu comment tu es si bien informé ?

Philippont manqua s'emporter, prit sur lui, tira de sa veste un bouchon passé au feu.

— Le temps presse ! Noircis-toi un peu le visage pour qu'on ne te reconnaisse pas. On va faire un tour. Aie confiance.

Convaincu qu'il ne pouvait rien objecter, Saint-Lizier s'exécuta.

— Mieux vaut que je sorte le premier dans la rue. Je verrai si, comme je le crois et l'espère, la voie est libre.

Arrivés au bas de l'escalier, aussi raide que l'échelle d'un moulin, les deux hommes frôlèrent les valets, soldats, commerçants du quartier, occupés à boire et à discuter. L'aubergiste était devant ses fourneaux, dans la souillarde, et la servante Nanette occupée à torchonner. Ni l'un ni l'autre ne parurent les remarquer.

Au Grand Châtelet

La Reynie éprouvait une étrange impression. Dans son dénuement, la pièce, calme, retirée, ressemblait davantage à la cellule d'un couvent qu'à la geôle d'une condamnée. La pénombre qui régnait là était plus apaisante qu'inquiétante. Et tout cela à cause de cette femme, à l'attitude décidément si déconcertante. Le policier du roi parlait d'une voix douce, à la fois pour se conformer à l'atmosphère des lieux et ne pas risquer de brusquer cet entretien, qu'il souhaitait mener à son terme, c'est-à-dire après que la tueuse se fut expliquée, complètement :

— Tu n'as répondu à aucune des interrogations de ceux qui t'ont fait subir la question, en dépit du mal qu'ils t'infligeaient. Pourquoi ?

La certitude d'être mise à mort bientôt et l'imminence de cette fin n'avaient pas altéré le teint de rose de celle qui, jusqu'au moment fatal, ressemblerait à une innocente épuisée, quoiqu'elle eût été reconnue coupable et, au demeurant, eût avoué ses crimes, avec force détails, à défaut d'explications.

Ces explications, justement, que La Reynie avait voulu obtenir, sitôt revenu de l'Arsenal, avant que celle qui pouvait encore les donner se balance au bout d'une corde. Il avait hésité : rencontrerait-il la Bretaudeuse dans son cachot ou dans son bureau de lieutenant de police ? Celui-ci, n'ayant pas souhaité mettre la fille mal à l'aise, avait adopté le premier parti : il était allé trouver la condamnée dans sa geôle.

C'était la première fois, constatait le lieutenant de police, qu'une telle criminelle l'émouvait. Peut-être parce qu'elle avait à peu près l'âge de Gabrielle. Peut-être aussi parce que le policier du roi lui devinait un secret, bien caché, qui expliquait que les manières de la fille fussent douces, ses mots choisis, son maintien élégant.

La condamnée se tenait près de sa couche, droite, presque souriante, comme si elle avait été une grande dame qui recevait une visite de courtoisie. Fidèle à ce qui avait été son attitude jusque-là, elle ne broncha pas. Il y eut un silence, que le lieutenant de police mit à profit pour réfléchir, vite et bien, comme à son habitude. La meurtrière restait muette. La Reynie ne voulait pas s'en contenter :

— Je n'ai rien à te proposer en échange des paroles que je te demande de prononcer. Bientôt, tu seras exécutée car la justice a été rendue et tu mérites ton sort. Le prêtre te confessera si tu le veux, mais il ne fera qu'écouter ton repentir. Si tu désires t'expliquer davantage, je suis prêt à le faire moi aussi, avec patience.

La scélérate releva la tête, considéra La Reynie avec acuité. Et commença à lui répondre, d'une voix basse et posée :

— Je ne suis pas née dans la rue. J'ai été, voici peu, obligée d'y vivre. Et je ne suis pas venue au monde tueuse. J'ai eu envie, j'ai eu besoin de le devenir. Pour le reste, à quoi bon me confier ?

La Reynie comprit d'emblée que la fille n'espérait rien, que son esprit était déjà mort, en attendant que son corps le fût. Il ne voyait pas ce qu'il pouvait lui promettre en échange de ses confidences : plus rien, en ce monde, ne pouvait l'intéresser. Le policier eut cependant une idée. C'était là un pari osé. Mais qu'avait-il à perdre ? Il était de plus en plus intrigué par sa prisonnière, dont l'attitude digne, honnête, offrait un contraste saisissant avec les actions qui avaient mené ce monstre ici.

— Es-tu certaine de ne pas vouloir m'en raconter plus ? Que Dieu ait pitié de toi. Si tu m'en dis davantage sur toi, sur tes crimes, je te promets, je demanderai au bourreau de t'enivrer, si tu l'acceptes, avant de te sortir de ta cellule.

La fille regarda le policier du roi. De toute évidence, elle ne s'attendait pas à un tel marché mais parut en comprendre l'intérêt. Au demeurant, elle s'était déjà résignée. Peut-être, même, avait-elle su, dès son premier crime, qu'elle serait tôt ou tard arrêtée et contrainte de se confesser. Du reste, à quoi bon mentir, repousser ce témoignage ? La criminelle était perdue, le savait. Au moins, pensait-elle, que quelqu'un apprenne et sache, pour en perpétuer le souvenir, quelle avait été sa vengeance, afin que toute cette fureur soit ainsi calmement relatée.

— Mon histoire est très simple, à la vérité. Triste mais simple. Voici quelques semaines, le malheur a voulu que je me trouve arrêtée alors que rien ne pouvait m'être reproché, si ce n'est mon ingénuité. J'ai été jetée sur les routes en compagnie de plusieurs soldats du roi. Ceux-ci étaient chargés de veiller à ce que je ne cherche pas à m'échapper et de me conduire à bon port, dans ma famille. J'ai pu déjouer leur surveillance, ai cru avoir recouvré la liberté dont j'étais privée. Ils m'ont reprise. Les choses auraient pu en rester là, mais ces soldats m'en voulaient de m'être enfuie, ils ont décidé de me punir. À leur manière. Ils m'ont châtiée et se sont donné du bon temps. Vous me comprenez ?

La prisonnière n'avait pas besoin de s'expliquer davantage. La Reynie avait saisi. Mais si la Bretaudeuse avait eu de la pudeur, elle en était à présent dépourvue. Elle reprit, détachée et précise :

— Je ne saurais dire qui d'entre ces animaux est celui qui va être père. Et croyez que ce n'est pas de la mauvaise volonté de ma part ni dû à une perte de mémoire. Cela vous donne une idée, je pense, de ce que j'ai dû subir.

La meurtrière marqua une pause. Elle porta la main à son ventre, en un geste mécanique.

— Si tu es enceinte, il sera sursis à ton exécution, le temps que naisse l'enfant.

La Bretaudeuse était demeurée jusqu'alors plutôt calme. Elle haussa les épaules, s'anima :

— Vous n'avez donc pas compris que je ne souhaitais plus vivre, pas même quelques jours de plus ? Je suis bien décidée à mourir. J'en suis d'autant plus certaine que, si j'étais, voici peu, une sotte qui ne savait rien du monde, la vie s'est chargée de me dessiller.

De plus en plus agitée, la fille reprit :

— J'attends un enfant ? La belle affaire ! Je hais l'intrus que je porte, le nourrir de mon sang, dans mon ventre, me répugne, je le refuse, je le nie, je le tuerais de mes propres mains si je pouvais me l'ôter des tripes.

Ce momillon, ce sera sans doute une bête, comme ceux qui m'ont avilie. Je le hais déjà et si vous me gardez en vie jusqu'à ce qu'il naisse, je lui souhaite de connaître un malheur plus grand que le mien. Mais peu importe, écoutez-moi. Quand ces bêtes en ont eu fini avec moi, je me suis de nouveau enfuie. Cette fois était la bonne. Je suis revenue à Paris que j'avais dû quitter. Et là, j'ai décidé de semer l'horreur sur mon chemin. De me venger, pourrait-on dire, même si je ne suis pas certaine que ce soit un désir de revanche qui m'anime à proprement parler. Je veux, seulement, achever à ma mesure de rendre ce monde aussi affreux que je l'ai vu. J'ai tué, de préférence ceux qui ont brisé ma vie, ou du moins leurs semblables, d'autres soldats. Et avant de tuer, ou pendant, j'ai coupé et tranché ce qui a déjà fait mourir mon âme, même si mon corps est vivant pour quelque temps encore.

La Reynie, qui en avait entendu d'autres, les confessions des sorcières de la Ville-Neuve en particulier, était bouleversé. La jeune prisonnière, dont il avait deviné qu'elle était lestée d'un lourd secret, lui apparaissait désormais pleinement humaine, même si rien ne pouvait effacer la monstruosité des atrocités commises. Il tint cependant à l'écart les images que ce récit abominable avait fait naître dans son esprit :

— Tu t'exprimes avec clarté, tu sembles avoir reçu une instruction.

La fille releva la tête. Dans son regard, le policier vit une volonté de le défier, de la fierté, du mépris aussi, et l'expression d'une joie amère.

— De l'instruction ? J'ai été élevée au couvent, j'y ai appris l'histoire sainte, le grec, le latin et l'italien. Et j'ai appartenu à la Cour.

À l'évocation de ce qui avait été son existence, du faste qu'elle avait connu, la criminelle se redressa un peu. Cette révélation pétrifia La Reynie. Il ne crut pas un instant qu'il avait affaire à une affabulatrice. Il attendait la suite de ce propos, incapable de le deviner. Celle-ci ne tarda pas. La fille tendit la main.

— Oui, la Cour de France. Voyez cette bague. Chose étrange, vos gens me l'ont laissée quand ils m'ont fouillée et m'ont dépouillée du peu d'argent que j'avais sur moi. Savez-vous d'où je tiens ce bijou ? Je ne sais si je dois vous le dire : vous ne me croiriez pas.

La tueuse sourit. Cette fois, il était patent qu'elle s'amusait de ses propres paroles, de la situation qui lui permettait de parler d'égale à égal avec un puissant personnage, qui plus est celui qui la retenait prisonnière, en dépit du sort qui l'attendait.

— Voulez-vous en apprendre davantage ?

Malgré l'intérêt que suscitaient chez lui et la tueuse et son discours, La Reynie n'apprécia pas que la Bretaudeuse parût ainsi jouer avec lui : sa curiosité et sa relative bienveillance ne cédaient en rien devant le sentiment qu'il avait de sa dignité, le besoin impérieux d'être respecté, considéré comme le maître des lieux, celui qui décidait où, quand et comment ce tête-à-tête insolite se tenait. La Reynie choisit de mettre un terme à l'entretien avant que la fille se montre trop insolente, et bien que cela lui coûtât, tant il eût aimé en savoir plus, et sans tarder. Du reste, avant de connaître le fin mot de l'histoire de la Bretaudeuse, il ne parlerait à personne, à aucun de ses policiers, ni à Gabrielle, ni même au roi, de ce début de conversation.

À Paris

Vêtu avec soin voire richesse, l'ennemi juré de La Reynie sortit lui-même le document gardé dans son coffre, une armoire toute de fer, qui datait de plusieurs décennies, à en juger par les ressorts compliqués qui ornaient l'intérieur du couvercle et formaient une serrure inviolable.

— Cette fois, tout y est, la démonstration est close, ou à peu près, murmura-t-il.

Sous l'œil de ses illustres devanciers dont les portraits alignés ornaient le haut des murs, dans l'espace laissé entre les lambris et le plafond à caissons, il referma le portefeuille, cuir rouge gravé à son chiffre, qui contenait un exposé parfaitement ordonnancé, argumenté et mené. Tout cela était pesé et accablant.

— Nul ne pourra nier l'évidence, affirma-t-il. Tout est trop clair, aveuglant, même, quand on veut se donner la peine de rapprocher ces différentes observations et révélations.

On aurait dit qu'il répétait un discours, en affinant ses mots, ses arguments. Il cacheta le dossier, emprisonnant un flot de rubans dans la cire couleur de vieux miel. Il se parlait toujours à lui-même :

— Tout a été placé dans le meilleur ordre possible afin que le lecteur de ce rapport comprenne l'enchaînement de mon raisonnement et saisisse que je n'ai pu me tromper. Cet usurpateur de La Reynie ne pourra que se rendre à l'évidence et saluer le remarquable travail que j'ai accompli. Ensemble, nous irons ensuite trouver le roi et je lui dirai tout.

L'homme caressa la cire, douce, odorante, encore tiède :

— Certes, la vérité et la justice progresseront bientôt. Mais aussi la reconnaissance pour la prévôté, après tant de mauvais traitements, d'années où il m'a fallu essuyer condescendance, arrogance, parfois moqueries. Heureusement, cela est bien achevé. Et c'en sera bientôt fini aussi de La Reynie…

Ailleurs à Paris

Insoupçonnables, les deux hommes étaient assis avec d'autres à une table graisseuse, devant un pot de mauvaise bière et une assiette de pain passé à la poêle et frotté d'un peu de lard. Silencieux, l'air dégagé, Philippont montra, de l'autre côté de la rue des Gravilliers, étroite et encaissée, un marchand de bonnets. Saint-Lizier comprit. Ils commencèrent à attendre, épaule contre épaule. Constant, qui ne cessait de songer aux révélations que lui avait faites son ami, était vaguement rassuré que celui-ci se tînt ainsi près de lui, lui donnât un peu de sa chaleur, surtout son amitié et son aide.

Passa une bande de garçons pressés. C'étaient, de toute évidence, des fripons, qui se rendaient au Pont-Neuf, afin de grossir l'insaisissable bande des « courtisans du cheval de bronze[1] ». Ce pont était alors le centre de la capitale, son cœur battant. Là, au milieu de la cohue, des bateleurs et des saltimbanques qui jonglaient,

1. Du nom de la statue équestre d'Henri IV, dressée un peu en retrait du pont, sur un terre-plein.

raillaient les puissants avec malice mais sans malhonnêteté, des ruffians, tire-laine, des faux manchots, tous de vrais détrousseurs, se mêlaient aux bonimenteurs, aux arracheurs de dents, aux vendeurs d'emplâtres, glissaient une main sous un manteau, coupaient le cordon d'une bourse, dépouillaient le passant étourdi. Un autre jour, Philippont et Saint-Lizier se seraient attachés à suivre ces bandits afin de les prendre sur le fait. Cette fois, il n'en était bien entendu pas question.

Les deux guetteurs n'eurent du reste pas longtemps à patienter.

— La voilà, Constant. Baisse ton chapeau.

Gabrielle de La Reynie descendit d'un carrosse qui venait de s'arrêter, au risque d'obstruer le passage. Elle était seule. La jeune fille s'engouffra chez le commerçant dont la boutique était assez obscure et profonde pour qu'on ne pût rien distinguer de ce qui se tramait à l'intérieur. Le marchand réapparut peu après, qui repoussa la porte demeurée entrouverte. Gabrielle ressortit bientôt de l'échoppe, accompagnée du bonnetier qui portait des sacs. Puis, ses achats chargés dans sa voiture et le marchand remercié, la chalande repartit sans attendre, libérant un flot de charrettes à bras, de brouettes, quelques mules attelées qui avaient dû s'arrêter.

— Et alors ? demanda Saint-Lizier. Elle a acheté du tissu. C'est ça, ta grande affaire ?

— Attends encore.

Philippont laissa passer un peu de temps, feignit de s'intéresser aux badauds. Puis il se leva enfin :

— Suis-moi.

Il jeta sur la table le prix de leur pauvre collation, saisit son camarade par la manche, traversa la rue et entra chez le marchand, prit alors l'air penaud.

— On est les gens de Mlle de La Reynie, elle vient de venir et de repartir… C'est notre maîtresse qui nous envoie. Elle a bien les poudres et les fioles de concentré, mais elle pense qu'elle a oublié de prendre un autre paquet.

Occupé à compter son argent, le marchand considéra les deux hommes, méfiant. Il ne répondit d'abord rien, attendant, avant de prendre une décision, de voir comment tout ça avançait. Philippont craignit que cet entretien ne tournât court, il reprit :

— Elle a pas voulu nous attendre. Il va falloir qu'on rentre à pied. Remarquez, c'est pas très loin, même avec ce qui a été oublié, c'est pas ça qui nous chargera…

Redoutant d'être enseveli sous un flot de paroles, le boutiquier choisit d'en finir. Il bougonna, se retourna, tira un rideau qui cachait des étagères installées de bric et de broc. Les deux policiers eurent le temps d'apercevoir animaux empaillés, souris, corbeaux et chouettes, gerbes de fleurs séchées, bocaux, cornues, réchauds de terre. Le négociant attrapa une boîte de carton.

— J'ai cru que j'avais oublié les branchettes, c'est ce que j'ai préparé en premier, hier matin, en brûlant le bas des tiges pour que le suc y reste. Une nuit écoulée, j'aurais pu les égarer. Mais voyez, elles n'y sont plus. C'est que je les lui ai remises tout à l'heure avec le reste. Le ballot n'était pas gros, j'avais tout bien tassé. Il a dû rester au fond d'un des sacs. Il faudrait y regarder mieux.

Philippont n'insista pas.

— C'est bon, on va lui dire ça.

Il s'empressa de tirer Saint-Lizier par la manche, sortit de l'échoppe, fila au bout de la rue. Lorsque les deux hommes furent assez loin, Philippont s'arrêta.

— Tu as compris ? Un bonnetier qui propose des fanfreluches, c'est normal. Mais un qui vend aussi des poudres, des plantes sèches, comme il l'a admis sans se méfier ! Et tu as aperçu, au fond, derrière le rideau, les bocaux alignés et les sachets accrochés ? On était chez un marchand de philtres, comme la Voisin ou la Vigoureux. La différence, c'est que celui-ci, il se méfie un peu. Sinon, il serait déjà en prison ou en cendres. L'homme présente des bonnets par-devant sa boutique pour donner le change. Mais par-derrière, c'est bien de quoi fabriquer des poisons et des venins, qu'il propose sans rechigner à qui en connaît l'existence.

Constant était pâle. Ce qu'il venait de voir et d'entendre de la bouche même du sorcier était accablant. Et n'avait-il pas, voici quelques semaines, cru apercevoir Gabrielle, qui sortait de chez Catheau la Marraine ? L'autre poursuivit :

— Depuis l'arrestation de la Voisin, c'est un nid de bêtes immondes que nous avons trouvé. Gabrielle de La Reynie est l'une de celles-ci, et pas des plus sottes. Tu as été berné, certes, mais comme d'autres. Maintenant, séparons-nous, je ne te suis plus utile pour le moment. Regagne le Radis couronné. C'est le mieux, tu y es en sécurité, je n'ai d'ailleurs pas de meilleure cachette à te proposer. Tu m'as dit que Gabrielle devait revenir te voir. Quoi qu'elle te propose, tergiverse et remets à plus tard sous n'importe quel prétexte. Quand cette démone sera repartie, tu m'adresseras un signal, par exemple, tu accrocheras le foulard rouge que j'ai vu sur la table. Je l'apercevrai depuis la rue, remonterai chez toi et nous aviserons. Ne crains rien. Parce que nous sommes camarades, j'ai commencé à veiller sur toi, je continuerai.

Constant lui sourit, un peu. Pour toute réponse, Jean Philippont étreignit son camarade puis disparut. Saint-Lizier demeura seul, l'esprit affûté. Il avait bravé trop de dangers avec son confrère, songeait-il, pour que, en principe… il ne lui accordât pas sa pleine confiance.

Au Grand Châtelet

La Reynie était de retour dans la geôle de la Bretaudeuse, avec assez d'assurance pour y apparaître comme étant toujours le maître des lieux, qui venait quand il le voulait, interrogeait la fille à sa guise, en dépit de l'indépendance d'esprit effrontée, presque insolente, dont faisait preuve l'enfermée.

Quoi qu'elle en pensât, elle avait repris sans se faire prier le propos interrompu l'autre fois. Et elle dit tout, détailla tout, en particulier le tour cruel et fatal que Montespan lui avait joué et que la tueuse avait fini par comprendre. Elle parla de sa dernière promenade – le plus beau moment de sa vie, qui avait pourtant été si bref, voulut-elle préciser, minutieuse dans la description de sa chute et de son malheur – dans les jardins de Saint-Germain, la partie de mail, son triomphe aussi complet que fugace, son arrestation soudaine et la suite, le plus affreux, l'outrage qu'elle avait dû subir de la part de mousquetaires sans scrupule, qui n'avaient pas hésité à salir celle que, voici quelque temps, le roi avait pourtant remarquée et désirée. À cette évocation d'un instant heureux, la désespérance abandonna un temps le visage de l'aristocrate. L'espace d'une seconde, l'ombre d'une beauté et d'une plénitude évanouies apparut, et La Reynie comprit pourquoi le roi s'était intéressé à la jeune fille…

Enfin, de la même voix posée, sans qu'aucune émotion transparût, la prisonnière acheva :

— Et voici comment, pourquoi, et de quelle manière la jeune Adélaïde de Chabrière, libre et adulée, qui n'en était qu'au seuil de son existence mais qui ne savait rien de la vie et de la fureur des hommes à la dernière Épiphanie, est morte, en quelques heures, en quelques jours à peine, à force d'épreuves. Et voilà pourquoi elle a laissé la place à une femme, enfin instruite de la nature humaine, mais brisée et sans avenir aucun, tout au contraire, chasseuse et traquée, qui a tué plusieurs des soldats du roi, en mémoire de ceux qui l'avaient déshonorée. Je ne crois pas qu'une autre malheureuse ait tant appris, tant connu et changé en si peu de temps. Un jour courtisée et promise à un bel avenir mais sotte. Le lendemain, enfin lucide, mais déchue et condamnée.

La Reynie revit la scène, la mutilation odieuse à laquelle il avait assisté, moment d'horreur dont chaque instant lui était demeuré, chaque cri, chaque geste, chaque plainte du supplicié. La froideur de la criminelle indigna, cette fois, le lieutenant de police :

— Mais ceux que tu as amputés et tués n'étaient pas des mousquetaires, ce n'étaient pas ceux qui s'en sont pris à toi…

La fille balaya la remarque d'un haussement d'épaules.

— Peu importe. Un soldat en vaut un autre, pour ce que j'avais décidé de leur faire subir.

Le lieutenant de police avait conscience d'avoir affaire à une criminelle, certes, mais une tueuse qui était une femme bien différente des empoisonneurs du quartier de la Ville-Neuve et de Montespan, une pauvre créature qui avait été brisée. Le nouveau propos tenu par la scélérate acheva de le persuader qu'il ne s'était pas trompé.

La fille reprit la parole :

— Un dernier point : je vous ai parlé l'autre fois de la bague, cette cornaline que je porte au doigt. Ce bijou m'a été remis par Sa Majesté elle-même, juste avant que j'aille sans le savoir vers ma fin.

La Reynie considéra l'anneau, charmant, délicat, mais ne dit rien. Tout cela était plus que déconcertant, constituait un mélange, un emmêlement de mondes, de scènes, charmantes et abominables, qui malmenaient l'esprit le plus difficile à impressionner.

Chabrière était fatiguée.

— Laissez-moi, je vous prie. Je vais périr bientôt et je souhaiterais maintenant m'y préparer, je ne crois plus en Dieu, aussi n'ai-je pas à Le prier, mais enfin je voudrais méditer un peu : mon existence aura été brève mais si peu commune…

Elle faisait preuve d'une telle maîtrise d'elle-même que le lieutenant de police, en théorie pourtant le maître en ce lieu, n'osa rien dire. Et il sortit de la cellule. Il ne vit pas que, de sa main d'enfant, sa main crispée, Chabrière serrait sa jupe. Au demeurant, La Reynie avait tout autre chose à penser : devait-il, ou non, rapporter au Roi-Soleil ce qui venait d'être dit dans cette geôle, à savoir que la massacreuse avait tué plusieurs de ses soldats ? La Reynie hésitait. Était-il de son devoir de révéler au monarque quels avaient été les agissements d'une fille noble qui avait appartenu à la Cour de France, que ce dernier avait de surcroît approchée, convoitée selon ce qui se murmurait à la Cour ? Ou, en dépit du caractère sensationnel des crimes commis, cela ne constituait-il, après tout, qu'une scélératesse affreuse mais qui ne regardait finalement que la basse police, une affaire de droit commun dont Louis XIV devait être laissé à l'écart ?

La Reynie délibérait en lui-même. Trop. De sorte que, au bout d'un instant, il ne savait plus ce qu'il pensait. S'apitoyait-il sur le sort de la captive parce que celle-ci lui rappelait vaguement Gabrielle, dont elle avait à peu près l'âge ? Le lieutenant de police songeait à appeler, comme tant d'autres fois, le souvenir d'Antoinette à son secours. Mais pensa aussitôt qu'il n'était pas convenable de convoquer ici son épouse. Ni même utile : décidément, la Bretaudeuse l'avait troublé.

À Paris, au Radis couronné

Saint-Lizier était là, assis sur l'unique chaise de sa chambre, à attendre. Il demeurait l'esprit vide, osant à peine respirer. Le garçon n'avait bien entendu aucunement l'envie de se mêler aux clients attablés dans la salle commune, encore moins d'aller dans la courette, que Fanchon y fût ou non. À plusieurs reprises, Constant perçut des pas furtifs dans l'escalier. Chaque fois, il comprit que ce n'était que Nanette, l'entendit vider un seau, chasser une souris. Les heures passaient, Gabrielle n'arrivait toujours pas. Il y eut d'autres pas, différents des premiers. On toqua à la porte. Le jeune homme se leva, hésita. On toqua de nouveau. Il ouvrit. Cette fois, c'était bien Gabrielle. Elle entra sans y avoir été conviée, bouscula presque l'occupant des lieux, alla s'asseoir sur le lit, sans plus de façon.

— Je suis en retard, je le sais, dit-elle, un peu essoufflée. J'ai le tort de mener plusieurs affaires de front. Avez-vous réfléchi à ce que je vous ai proposé ? Quant à moi, j'y ai encore pensé, j'ai mesuré les avantages et les inconvénients, et je n'ai pas changé d'avis. C'est en effet le mieux.

Gabrielle était fraîche car elle avait pris le temps, à l'hôtel du Bouffay, de prendre un bain à l'eau de rose, était enjouée, désirable, comme les autres fois, plus encore, peut-être. Elle considéra le policier, eut un sourire, glissa la main dans les plis de sa robe, chercha, eut l'air ennuyé, mais cette moue disparut vite.

— J'ai cru que tout était tombé dans la doublure… Je vous ai promis de vous disculper coûte que coûte auprès de mon père. Je tiendrai parole. Mais le lieutenant de police est un homme bon et, par mes révélations, je vais terriblement le blesser… J'ai donc décidé de remédier moi-même au grand malheur que je m'apprête à lui infliger.

La fille de La Reynie montra un petit paquet, puis deux autres, qu'elle posa sur la table branlante où était demeuré le foulard rouge remarqué plus tôt par Philippont, Saint-Lizier considéra les ballots… Il en était certain : même aspect, même taille, même couleur, c'était bien la marchandise que Gabrielle avait achetée rue des Gravilliers.

— La rue est étroite, les maisons qui la bordent si rapprochées que, en faisant un peu attention, les gens d'en face pourraient entendre ce que nous disons et voir ce que nous faisons. Mieux vaut être prudent et nous garantir des regards indiscrets… En soi, ce que contiennent ces paquets n'a rien de très extraordinaire. Mais avec tout ce qui se dit, se répète depuis l'arrestation de la Voisin, il est inutile que nous attirions les curieux.

Elle disait vrai : le pauvre intérieur de Constant était à portée des regards des voisins d'en face. La jeune fille regarda autour d'elle, considéra l'étoffe rouge. Elle s'en saisit, alla à la fenêtre, fit pivoter le morceau de bois mobile qui tenait lieu de poignée[1], entrouvrit le battant, accrocha le tissu pour en faire une manière de rideau improvisé.

— Maintenant, refermez, je vous prie, le drap gêne un peu et il y faut de la force.

Saint-Lizier obéit sans plus réfléchir. Aussitôt, une lueur rouge, plus étrange qu'effrayante, nimba la pièce.

Gabrielle en sourit, puis ouvrit le premier paquet. C'étaient des herbes, attachées en une botte épaisse.

— Je les ai achetées, non loin d'ici, expliqua-t-elle.

Son front était serein, sa voix posée. Le jeune homme ne broncha pas. Il était bien placé pour savoir que Gabrielle disait la vérité. Celle-ci ouvrit un second paquet. C'étaient d'autres plantes, séchées elles aussi.

Le troisième ballot contenait une boîte de bois de saule. Y étaient contenus des graines, des noyaux et des brindilles, comme le montra Gabrielle, qui expliqua :

— Plusieurs herbes viennent de la forêt d'Orléans. Là-bas, le savoir des anciens druides n'est pas complètement oublié. D'autres ont cheminé depuis la Provence et l'Italie.

Saint-Lizier songea que, par le chiffon rouge alerté, Philippont allait surgir. Il se tenait prêt à affronter cette intrusion, avec force et détermination. La jeune fille poursuivit :

— Je dois réparer ma faute. Pourtant, j'aime mon père plus que tout. Et avec ces plantes, je vais rendre un service immense à M. de La Reynie.

Gabrielle commença à caresser des feuilles lisses et minces, à les faire crisser sous ses doigts fuselés.

1. L'espagnolette ne se généralisa que quelques décennies plus tard.

— Mon père, lorsqu'il se retrouve seul avec ses pensées, traverse parfois des moments de grande mélancolie. Bien entendu, tout être humain a de bonnes raisons d'être parfois découragé, affligé. Et lui l'est sans doute plus souvent qu'à son tour : son veuvage lui pèse, la charge que le roi lui a confiée est lourde, sans parler des remords qu'il éprouve, je le sais, à propos du fameux testament. Mais il y a plus cruel… J'ai un frère, il a le même prénom que moi, ou presque, Gabriel, plus exactement Gabriel Jean. Lui seul, hormis ma mère jadis et moi-même, connaît l'histoire du testament raturé ainsi que j'avais commencé à te le révéler. Or, dès qu'il fut en âge d'apprendre et de comprendre le forfait commis par mon père, mon frère est entré en rébellion. Il adressa des reproches. Il y eut des disputes, de plus en plus âcres. Un jour, mon père porta la main sur Gabriel Jean. Celui-ci ne s'est pas défendu bien qu'il eût la force de le faire : le respect qu'il avait pour l'auteur de ses jours retenait sa main. Gabriel Jean partit. Il est allé jusqu'à Rome, chez de lointains parents. Nous ne savons pas la vie qu'il y mène, si ce n'est qu'il dépense au jeu, fréquente de mauvaises gens, boit et se querelle. Il se détruit alors qu'il était taillé pour servir le roi, comme on le fait dans notre famille depuis plusieurs générations. Quant à ma mère, Antoinette, dont je vous ai à peine parlé, c'est de cela qu'elle est morte.

— Que voulez-vous dire ?

— Cette querelle, le départ sans retour de mon frère, ma mère en a péri de chagrin. Et voilà ce qui a ravagé notre famille et mine, ronge peu à peu le lieutenant de police.

Ce récit était certes troublant et instructif, émouvant aussi. Mais Saint-Lizier ne put cacher sa perplexité :

— Je ne vois cependant pas ce que ces feuilles et ces herbes ont à voir avec tout cela…

— Vous n'ignorez pas le pouvoir maléfique de certaines plantes. Mais d'autres guérissent les enflures, combattent les infections, les rhumatismes, la toux. Celles-ci, comme ces tiges et ces herbes, peuvent aider à vivre, réparent les cicatrices de l'âme. Si mon père met tant de force, d'ardeur à exercer sa charge, c'est parce que son désir de servir le roi est immense. Mais c'est aussi pour s'efforcer d'oublier que, par sa faute, mon frère nous a quittés, peut-être à jamais, et cherche à mourir, après avoir commis tous les excès, en terre étrangère, sans espoir de retour[1].

Gabrielle se tut. Elle considéra de nouveau les plantes. Puis releva la tête et regarda Saint-Lizier avec insistance. Celui-ci demanda :

— Et vous pensez que des fleurs, des feuilles peuvent combattre la mélancolie de votre père ?

— L'alléger, je l'espère. J'ai acheté ces plantes chez un marchand de la rue des Gravilliers, qui vend la meilleure qualité.

Soudain, le garçon crut entendre un bruit, tourna la tête. Et vit Philippont qui, sur le seuil, les écoutait. « Depuis quand ? », se demanda Constant.

D'emblée, l'intrus choisit l'attaque.

— Tu ne vas pas croire cette criminelle, te laisser berner !

1. Gabriel Jean de La Reynie quitta en effet sa famille, jeune, et mourut à Rome, après y avoir mené une vie dissipée.

Le nouvel arrivant vit les herbes et les feuilles toujours répandues sur la table, décida de confirmer l'avantage que lui conféraient son aplomb, son irruption. Il désigna Gabrielle et lança :

— T'a-t-elle déjà donné à boire une de ces décoctions dont elle a le secret ? Cette meurtrière…

— Une criminelle, moi ? intervint Gabrielle, interloquée, si indignée que son visage se figea, se durcit, que son regard se fit menaçant.

Le rouquin ne se démonta pas.

— Une sorcière, qui a tout aussi bien recours à la parole qu'au venin, pour endormir la méfiance et donner la mort ! Il y en a tant, de ces empoisonneuses, et partout, que ce soit parmi le peuple et à la Cour, Constant, tu le sais aussi bien que moi. Gabrielle est d'autant plus dangereuse que, en se rendant au Grand Châtelet, elle peut facilement écouter ce qui se dit dans le bureau de son père, parce qu'elle trouve sans mal un prétexte pour demeurer dans une pièce voisine, surprendre une conversation au détour d'un couloir, fouiller dans les dossiers du lieutenant de police, comme une fille trop gâtée ose le faire !

Enhardi par son propos, plus que jamais sûr de lui, Philippont s'approcha de la table. Il tendit le bras, eut un geste méprisant, brusque. Un instant plus tard, feuilles et herbes jonchaient le plancher grossier. Rageur, le policier les piétina, se tourna vers Constant.

— Plus je la considère, plus je mesure qu'elle est sans doute pire que ce que j'avais d'abord imaginé ! Ce genre de créature avance souvent par des chemins de traverse, se plaît dans le mystère, joue de ses atouts, de la prunelle, et minaude… Je te parie qu'elle est impliquée dans l'affaire de l'ancien valet de Brinvilliers retrouvé mort au port Saint-Paul. Et je mettrais ma main au feu qu'elle l'est aussi dans celle du prêtre de Saint-Roch. Cela expliquerait que le corps ait été découvert non loin du port au blé, alors que tu avais, de tes propres yeux, vu Jacquillard invoquer le démon, se jeter dans le vide et se fracasser dans son jardin.

Saint-Lizier ne disait rien. Philippont s'en exaspéra. Les yeux emplis de fureur, il fit un pas vers Gabrielle, la tutoya comme il l'eût fait avec une servante à humilier.

— Tu m'indignes, tu me dégoûtes !

Il jeta un bref regard à Constant et lui lança :

— Elle t'a déjà à demi paralysé, c'est donc à moi de briser le sortilège.

Il fit un pas, menaçant, attrapa un lourd bougeoir. La jeune fille recula, regarda autour d'elle, se cogna contre le mur, voulut se rattraper et heurta la table. Elle s'accroupit, comme pour échapper au coup qui allait survenir, enfouit son visage dans ses mains, alors que Philippont fondait sur elle.

À Saint-Germain

À Saint-Germain, le temps s'écoulait doucement, de fêtes en réjouissances. C'était comme une répétition de ce qui se passerait dans quelques années à Versailles, lorsque le roi aurait enfin décidé de s'installer dans le palais de ses rêves. On se promenait de plus en plus souvent dans les jardins à mesure que la saison avançait. Quand on avait la chance de faire partie des heureux élus que Louis conviait à ces escapades, on allait à Versailles s'amuser de l'avancement du chantier qui animait ce palais depuis déjà quelques années.

Mais Montespan fulminait. À sa grande fureur, la reine Marie-Thérèse était toujours là, potelée et rose, mangeant avec un bel appétit, clignant des yeux lorsque le roi lui adressait la parole, l'invitait à danser, la conviait à une promenade. L'épouse du roi continuait à boire du chocolat, qu'elle aimait épais. Rien n'indiquait qu'elle fût sur le point de trépasser. Chats sacrifiés au diable, libations, incantations, profanations commises en priant que la reine meure… Rien de tout cela n'avait vraiment servi. Marie-Thérèse vivait toujours. C'était odieux.

En outre la Cour bruissait déjà d'une nouvelle rumeur, qui, à peine née, alarmait Montespan. Celle-ci était d'autant plus inquiète qu'elle n'en savait guère plus, hormis ce que des Œillets lui avait déjà dit et lui répétait, sans plus de détails :

— Il s'agit d'une nouvelle demoiselle d'honneur de Madame[1]. Née et ayant grandi en Auvergne, cette fille est depuis peu à Saint-Germain. Nul n'aurait fait attention à elle si le roi, paraît-il, ne l'avait regardée avec insistance, à plusieurs reprises. Je vous prie de m'excuser, je n'ai pas retenu son nom.

— Idiote, siffla Montespan entre ses dents.

En fait, Claude des Œillets avait confessé une faute, afin de ne pas encourir de nouveau les foudres, déjà lancées, de sa maîtresse en livrant le plus ennuyeux de l'affaire.

— On dit qu'elle n'est pas désagréable à regarder…

La marquise se figea. La partie se corsait. Elle était venue à bout de La Vallière. Elle s'était débarrassée de Chabrière en moins de temps qu'il n'en avait fallu pour le dire. Mais la reine Marie-Thérèse, elle, ne voulait pas crever. Et voici qu'une autre, que Montespan n'avait jamais vue, arrivait soudain, et menaçait d'être une nouvelle rivale. C'était inadmissible. Cela ne serait pas.

— Des Œillets, ma chère, fais atteler un carrosse. Je me rends incontinent à Paris. Si le roi me fait demander, invente, dis n'importe quoi, je m'en moque.

1. Ici la duchesse d'Orléans, la « Palatine ». Madame était le titre de l'épouse de Monsieur, le frère le plus âgé du roi. Ce terme désignait aussi, le cas échéant, la fille aînée du roi, la sœur de celui-ci et la fille aînée du dauphin. Pour éviter toute ambiguïté, on ajoutait souvent le prénom de l'intéressée. Par exemple Madame Élisabeth, sœur de Louis XVI.

— Vous ne désirez pas que je vous accompagne ?

— Non, tu restes là. Tu me seras plus utile ici. Comme d'habitude, occupe et cajole les gardes qui, sinon, me suivraient, comme le roi leur en a donné l'ordre. Et tu comprends bien que leur présence à mes côtés, cette fois plus qu'une autre, est impensable. Surtout, cherche à en savoir davantage sur cette nouvelle fille, je veux tout apprendre.

La marquise était fébrile. Elle était pressée, aurait mille fois préféré se rendre sur-le-champ chez le roi et tempêter. Or cela n'eût pas été raisonnable. Montespan devait prendre sur elle, rentrer sa colère, le temps d'aller à Paris, de trouver un prêtre averti des choses occultes et qui accepterait de faire ce que la favorite entendait qu'il fît, et au plus vite. Le temps était compté : la demoiselle d'honneur de la Palatine pouvait posséder un savoir-faire que Montespan n'avait pas, et qui tournerait vite la tête d'un roi ne demandant qu'à s'enivrer de plaisirs.

Trouver un diseur de messe noire, donc. Et sacrifier. Ces jours derniers, Montespan avait hésité. Aujourd'hui, c'était décidé, elle devait abattre sa carte maîtresse. Une carte nommée Vexin.

À Vaugirard

Il y eut un bruit de carrosse dans la cour. La Reynie regarda à la fenêtre. C'était bien, comme annoncé, la voiture de Pomereu, caisse jaune et blason à ses armes : un chevron couleur d'argent, accompagné de trois pommes d'or, tigées et feuillées, le tout posé sur un champ bleu.

— Je vous remercie d'avoir bien voulu me recevoir, aussi vite et chez vous.

Le lieutenant de police était contrarié que cette rencontre eût lieu à son domicile. Il aurait souhaité que sa maison demeurât un sanctuaire préservé de la fureur des temps, à l'abri des miasmes de la ville, un refuge peuplé des seuls personnages, vivants ou non, qu'il souhaitait y accueillir : sa fille Gabrielle, le souvenir de son fils parti au loin, le cœur empli de colère et de mépris pour son père, le fantôme de son épouse Antoinette. La Reynie fit cependant bonne figure au prévôt des marchands, richement habillé de bleu et de noir. Car il devinait que celui-ci ne s'était déplacé que pour une raison impérieuse. Pomereu attaqua :

— Je n'irai pas par quatre chemins. Vous avez eu l'obligeance, bien que vous n'y fussiez pas forcé, de m'associer à la recherche de la vérité pour ce qui concerne cette affaire qui désole le royaume et le roi et qu'examine la Chambre ardente. Je vous en ai déjà remercié. Je pense qu'aujourd'hui, en dépit de l'accablement, sans doute, que vous éprouverez lorsque je vous aurai parlé plus complètement, vous aurez toutes les raisons de vous réjouir de la collaboration que vous avez eu la sagesse de mettre en œuvre.

Interloqué par cette entrée en matière, La Reynie le pressa :

— Parlez vite.

Pomereu désigna l'objet de cuir rouge qu'il venait de poser sur un meuble :

— J'ai ici, dans cette cartère, un dossier concernant l'un de vos policiers. Lors de divers interrogatoires, à l'occasion des vérifications et recoupements auxquels procèdent mes propres hommes, j'ai peu à peu mis au jour la culpabilité de quelqu'un qui, je le crois, a pourtant votre confiance. Cette personne est gravement compromise auprès des sorcières, des empoisonneurs hélas trop nombreux et trop audacieux que compte la ville. Elle aurait, comme tant d'autres, eu recours aux poisons, aux philtres, peut-être aussi aux incantations affreuses qui ont déjà causé tant de maux et de morts.

Le propos était plus qu'alarmant, mais La Reynie savait garder la tête froide.

— J'en conclus que la révélation contenue dans ce rapport est au sens propre extraordinaire. Il vaut mieux que je prenne connaissance de ce dossier lorsque je serai seul. C'est ainsi que je serai le plus à même de recevoir cette nouvelle, mon caractère est ainsi fait. J'espère que vous ne m'en voudrez pas.

La demande parut contrarier le prévôt des marchands. Ses lèvres se crispèrent imperceptiblement.

— Comme vous voudrez... Avec votre permission, je vais me retirer, à présent que j'ai fait mon devoir... Nous avons tant de choses à faire, vous et moi. Je sais que vous consacrez beaucoup de temps aux procès instruits à l'Arsenal, mais cela ne doit pas vous empêcher, comme moi, de traiter toutes les affaires qui nous assaillent par ailleurs.

— Je vous remercie de vos efforts, de vos initiatives, de vos mises au point. Lorsque cette affaire sera traitée, nous irons tous les deux à Saint-Germain trouver le roi. Nous lui dirons de concert ce que nous avons accompli ensemble, car, l'un sans l'autre, nous ne sommes rien. Cela satisfera Sa Majesté mais, surtout, rendra justice de votre attitude.

Et Auguste-Robert de Pomereu se retira, laissant derrière lui le dossier de cuir grenat.

La Reynie se retrouva seul, considéra le volume. Il se rappela le soir où il avait dénaturé le testament de son cousin, le jour où le roi lui avait confié la charge de lieutenant de police, songea à ses premières mesures, puis à l'arrestation de la Voisin et aux terribles révélations que cet emprisonnement avait entraînées. Que de crimes et de turpitudes...

Un domestique toqua alors à la porte. Le propriétaire des lieux crut que le prévôt des marchands revenait, pour ajouter une remarque, une précision qu'il aurait oubliée. Il n'en était rien. Le valet tenait une lettre :

— C'est pour vous, un message apporté par un de ces enfants des rues. Je lui ai donné une pièce, il est déjà reparti.

La Reynie saisit le pli. Il reconnut d'emblée l'écriture qui y avait tracé son nom et son adresse :

c’était celle de Constant. Le lieutenant de police en fut ébranlé. Et décida incontinent de lire ce message avant de prendre connaissance du lourd dossier laissé par Pomereu.

À Paris

Gabrielle de La Reynie reprenait peu à peu ses esprits. Saint-Lizier s'était emparé d'une chaise, l'avait brisée sur le dos de Philippont. Celui-ci en était mort aussitôt, le cou rompu. Constant respirait bruyamment mais ne disait rien : l'effort consenti, la brève violence qu'il avait dû déployer d'un coup, l'émotion éprouvée à l'idée qu'il venait d'occire un homme, ancien camarade, de surcroît policier du Grand Châtelet, il y avait là de quoi faire flancher le garçon le plus décidé.

De son côté, Gabrielle avait eu peur, très peur. Comme son sauveur, elle demeura silencieuse un moment. Puis dit d'une voix à peine audible :

— J'ai cru que ma dernière heure était arrivée…

— Pardonnez-moi de vous avoir mise en danger.

— En danger ? Vous m'avez au contraire sauvée d'une mort certaine !

Constant accompagna la jeune femme jusqu'au lit et la fit s'asseoir.

— Mon ancien camarade était venu ici une première fois vous accuser d'avoir acheté des herbes pour semer la mort.

— Mais je vous ai déjà tout expliqué !

— Je sais. C'est lui qui, dans l'affaire, est le scélérat. Il a voulu me brouiller l'esprit, est venu une première fois ici et vous a dépeinte comme une sorcière. Dès ce moment, je n'ai pas porté crédit à ses paroles, je vous prie de le croire. J'ai laissé dire et faire ce misérable, pour voir jusqu'où il irait. Et il s'est plus tard emmêlé dans ses propres mensonges. Cela concerne le curé de Saint-Roch. L'autre jour, votre père m'a demandé d'arrêter ce prêtre, un certain Jacquillard, vous le savez peut-être, peu importe. Le Grand Châtelet avait de bonnes raisons de penser qu'il participait aux célébrations démoniaques que nous combattons. Or, qu'il lui restât un grain de conscience ou, plus sûrement, que ce fût par crainte, cet homme se tenait sur ses gardes et a dû me voir arriver. Il s'est jeté par la fenêtre et s'est brisé le crâne en contrebas. Pourtant, quelques heures plus tard, son cadavre a été retrouvé sur les bords de la Seine. Mais je n'ai jamais révélé à personne que ce curé maléfique avait convoqué le diable peu avant de se tuer. Je ne l'ai pas même dit à votre père ! Comment Philippont, s'il ne s'était trouvé sur place, aurait-il pu connaître la situation jusque dans les moindres détails, savoir que le prêtre assassin avait invoqué Satan ?

Gabrielle était sidérée.

— Il a en effet dû assister à la scène. Oui, selon ce que j'apprends et comprends, c'est une certitude.

Constant faisait les cent pas dans sa modeste chambre, réfléchissait tout haut.

— Philippont était là, à Saint-Roch, bien que je ne sache ni ne devine pourquoi. Il m'a vu sortir de la cure… Il aura attendu que je m'éloigne puis se sera saisi du corps de Jacquillard et l'aura transporté jusqu'en bord de Seine – une charrette et une bâche ont dû suffire. Mais pourquoi ? Qu'ai-je bien pu lui faire pour qu'il cherche à me mettre dans une telle situation ? Et pourquoi vous en vouloir au point de vous…

Gabrielle sentait encore sur elle le regard haineux de Philippont.

— Il voulait me voir morte et que ce soit vous, Constant, qui me tuiez, c'est certain. Et pourtant… Au moment où il s'avançait vers moi, son regard était si étrange, si empli de haine… Comment dire ? Je ne sais quel détail, quel geste, quelle manière de respirer m'a fait revivre un autre moment tout aussi pénible de mon existence… Je crois… non, je suis certaine que c'est Philippont qui s'en est pris à moi, l'autre jour, dans les couloirs du Grand Châtelet.

— Voilà qui éclaire mais nous embrouille aussi. Philippont vous désirait et voulait votre mort dans le même temps… Au demeurant, ce qui vient de se passer me conforte dans l'idée que je dois faire front sous peine d'être définitivement perdu et n'ai d'autre choix que d'aller trouver votre père. J'ai déjà envoyé la lettre dont nous avions parlé. Pour l'écriture et l'envoi de ce pli, je lui demanderai pardon. Quant à ce qui vous est arrivé au Châtelet, je le convaincrai de mon innocence. Au sujet de Philippont, je dirai ce que je sais : soyons francs l'un et l'autre. Clamer la vérité ne peut être mal. Vous allez venir avec moi, vous appuierez mon propos : à nous de nous montrer convaincants. La partie est ardue, mais je ne vois rien d'autre à tenter.

Gabrielle ne prit qu'un instant pour réfléchir.

— Vous avez raison. Nous ouvrirons notre cœur à mon père, nous nous expliquerons de tout, sans rien cacher. C'est un homme de bien. Il comprendra, mesurera notre sincérité. Du reste, comme vous, je pense qu'aucune autre attitude ne nous est permise, maintenant. Allons-y sur-le-champ. Dénouons les fils du piège où nous sommes.

Gabrielle avait parlé d'une voix engageante. Son propos atteignit son but, et Saint-Lizier en fut, un peu, ragaillardi. Il saisit sa veste. Mais au moment de quitter la chambre, Gabrielle désigna le cadavre.

— On ne peut le laisser ainsi. Qu'en fait-on ?

Constant prit les choses en main.

— Portons-le sur le lit et mettons-le sous le drap, comme s'il dormait. Si la servante nous voit partir et désire mettre un peu d'ordre, elle croira que l'on dort, sous cette toile. Cette fille s'en ira sur la pointe des pieds, sans s'apercevoir de rien, car cette Nanette est un peu sotte, il me semble. Cela nous aura laissé le temps de nous éloigner sans être inquiétés.

Les deux jeunes gens mirent aussitôt à exécution ce plan. Peu après, besogne faite, ils quittèrent discrètement l'auberge du Radis couronné. L'un et l'autre bouleversés par les événements qu'ils venaient de vivre et parce que chacun commençait à éprouver un sentiment qui avait passé le cap de l'estime et, même, celui de l'affection.

Au Château-Vieux de Saint-Germain

Montespan ne réfléchit pas longtemps. Une parure de diamants et de rubis ferait l'affaire pour cette journée que la favorite savait, voulait décisive. Ordonnatrice de l'intérieur de la marquise, Mlle des Œillets donna l'ordre de remporter le coffret où sa maîtresse avait fait son choix de joyaux. Puis elle reprit son propos un instant interrompu :

— J'ai interrogé, questionné comme vous me l'avez demandé. Il s'agit d'une certaine Marie Angélique de Scorailles de Roussille, duchesse de Fontanges. Elle est née la même année que Mgr le Dauphin.

— Elle a donc dix-huit ans, à peine plus ou à peine moins, selon le mois, souffla Montespan, soudain rêveuse. C'est bien jeune. Mais continue, des Œillets, que sais-tu d'autre ?

La suivante se hâta d'obéir.

— C'est un cousin de son père qui, un jour, l'a remarquée et, avec le consentement des parents, a présenté la fille à la duchesse d'Orléans.

— L'imbécile, il aurait mieux fait de se noyer, ce jour-là !

— Cette Fontanges a plu à Son Altesse Royale car…

— N'hésite pas à dire ce que je dois savoir, ne fais pas ta lourde bête, je déteste cela. La fille a plu car elle est très jolie. J'en suis déjà avertie, on me l'a dit : teint de lait, cheveux clairs, yeux gris ou bleus, c'est selon les descriptions qui m'en ont déjà été faites par d'autres que toi. Et une taille parfaite, une gorge comme il faut, un port qui ne passe pas inaperçu. Tout cela, je le sais, même si je n'ai pas encore vu cette impudente. Ce qui m'intéresse, c'est de savoir : la « chose » a-t-elle déjà eu lieu, selon ce que tu as pu apprendre ? Parle sans détour, dis ce que tu sais si tu sais.

— Il semble que le roi ait déjà… Cela s'est passé dans la demeure parisienne de son frère.

— Au Palais-Royal ?

Mlle des Œillets opina.

— Sa Majesté a assez fermé les yeux sur les plaisirs de son frère, sur ses amants, ses galants, ses favoris, pour que le duc d'Orléans lui rende sa politesse. Il semble en effet que Sa Majesté ait déjà rejoint Mlle de Fontanges dans la chambre que celle-ci occupe au Palais-Royal, en tant que suivante de Madame. À plusieurs reprises.

— La chienne, elle paiera !

Mme de Montespan était ivre de rage.

— Ces visites n'ont commencé que depuis quelques semaines, à peine, crut devoir ajouter des Œillets, qui pensait ainsi atténuer la colère de sa maîtresse.

Or il n'en fut rien.

— Et elle paiera de sa vie !

Que Louis XIV se soit rendu chez son frère n'était pas étonnant, se dit Montespan. Les deux hommes avaient de nombreux souvenirs communs à évoquer lorsqu'ils se trouvaient là-bas. C'était dans ce palais qu'ils avaient habité lorsqu'ils étaient enfants, quand l'argent manquait à la Cour, que le Louvre était trop incommode et mal meublé, et Paris agité de sujets révoltés. C'était le temps de la Fronde…

La marquise imagina ce qui s'était passé. Le roi allait voir son cadet, qui le recevait dans les grands salons d'apparat, puis dans sa chambre, comme un homme le fait lorsqu'il veut avoir plus d'intimité avec un proche. Les deux Bourbons parlaient un moment, pour donner le change. Puis, par une porte dérobée, le roi gagnait l'aile réservée aux gens de la duchesse d'Orléans en passant par les derrières. C'était habile, encore plus discret qu'à Saint-Germain. Un peu plus tard, le roi satisfait n'avait plus qu'à revenir dans l'appartement de son frère Orléans, en empruntant de nouveau les couloirs de service, comme si de rien n'était. Le tour était joué. Tout le monde avait été berné, et les apparences étaient sauves.

Montespan se demanda combien de visites si particulières avaient eu lieu. Elle ne voulait s'en prendre au roi ni n'osait maudire Orléans : elle ne pouvait se fâcher avec le frère unique du monarque. En attendant de mettre hors d'état de nuire Fontanges, jeune intrigante, dangereuse effrontée, Montespan ne craignit en revanche pas de critiquer vertement la duchesse d'Orléans.

— Et Madame, n'a-t-elle rien dit, elle qui est si critique à l'égard de la Cour de France et de ses usages ? Elle tolère que la débauche entre ainsi dans sa maison et parmi ses filles d'honneur ?

Montespan devinait les raisons de l'indulgence dont témoignait la Palatine. Monsieur la délaissait pour ses amants et lui mesurait l'argent dont elle avait besoin pour ses propres plaisirs et dépenses. Bien qu'elle séjournât au Palais-Royal, à Saint-Cloud, Madame vivait pauvrement dans un univers luxueux. Le roi le savait, il avait dû acheter le silence de sa belle-sœur en lui donnant de l'argent en secret, des joyaux peut-être, bien qu'elle ne fût pas coquette. Très bien, songea Montespan, que la Palatine les garde, ces bijoux. De toute façon, ils lui allaient comme à une jument.

— Laisse-moi, maintenant. Et dis aux autres, aux valets, aux femmes de chambre, aux solliciteurs qui m'attendent, que je n'ai plus besoin d'eux pour le moment. Leur présence m'est même insupportable. Je désire être seule, afin de réfléchir comme je l'entends. Même si le roi se présente à ma porte ou me demande auprès de lui, qu'on lui dise que je suis souffrante.

Révérence accomplie, Claude des Œillets se retira. Et Montespan se retrouva sans personne à qui parler. De la sorte, sa colère, qui ne pouvait trouver à qui s'en prendre de vive voix, se tourna peu à peu vers la personne qu'elle avait envie de haïr tout son soûl, et de mépriser aussi. La colère se mua en fureur, puis la fureur en envie, en besoin, puis ce besoin en nécessité de tuer Fontanges. Pour la reine, on verrait plus tard, le péril était finalement moins grand.

À Vaugirard

La Reynie tenait encore à la main la lettre, accusatoire, surprenante, douloureuse, que Saint-Lizier lui avait écrite. Il était très pâle.

— Par égard pour ma fille et aussi parce que je vous ai longtemps fait confiance, j'ai accepté de vous recevoir chez moi. Vous le devinez aisément, je suis plus que troublé.

Debout dans le bureau du lieutenant de police, Saint-Lizier luttait pour ne pas se laisser émouvoir : sa liberté, sa vie étaient en jeu. Sa partition était du reste difficile à jouer : il devait à la fois se tenir prêt à répondre à La Reynie et tenir compte de la présence de Gabrielle. Or Constant savait que, si celle-ci lui était un appui, il lui fallait aussi la ménager : la jeune fille, qui avait dénoncé son père, devait faire face à ce dernier, une position particulièrement ardue à tenir.

La Reynie était demeuré debout lui aussi tout le temps qu'il avait relu à voix haute le pli de Constant. Il alla s'asseoir derrière son bureau, convia d'un geste sec le garçon à prendre place face à lui. Puis, le visage fermé, il reprit la parole :

— Commençons par cette missive que j'ai reçue. Car vous avez mordu la main qui vous a nourri, vous vous en prenez à celui qui vous a accueilli. Et d'une manière non seulement ignoble mais cruelle et si décevante. Aussi, écoutez-moi. Voici l'histoire. Puisque vous la voulez, je vais vous la dire complètement et vous en conclurez ce que vous voulez. Ma situation de cadet d'une bonne famille de robe, les désolations de la Fronde, le voyage accompli *in extremis* auprès de Charles de Tavannes, mon parent qui se mourait, le testament que celui-ci avait dans un premier temps établi en faveur d'un autre, je n'ai rien à y redire, tout cela est exact. Pour le reste, le nom raturé et biffé, le mien ajouté, les quelques lettres modifiées afin de m'attribuer les biens de mon parent agonisant…

Ici, La Reynie hésita. Saint-Lizier pensa un instant que le lieutenant de police allait nier, de bonne ou de mauvaise foi. Il n'en fut rien.

— Tout cela est aussi parfaitement exact. J'ai commis une falsification, pire, une traîtrise, j'ai trompé un mourant.

Gabrielle détourna les yeux. Il lui coûtait que son père soit ainsi conduit à s'humilier parce qu'elle avait, en dénonçant Saint-Lizier, déclenché une mécanique infernale. De surcroît, que son père fût conduit à se confesser à un jeune homme qui, Gabrielle l'avait compris, lui plaisait, achevait de la troubler. Tant elle était peinée de voir que son père était contraint, par sa faute, tout au moins à cause d'elle, de se dévoiler sans doute comme il ne l'avait jamais fait.

La Reynie poursuivait :

— Je vous prie cependant de croire que ce n'est pas la cupidité qui a dicté ma conduite. Au contraire, voyez-vous, de cela, je n'ai pas à rougir, ou si peu. Avant de vous expliquer le gros de l'affaire, laissez-moi vous donner quelques détails : l'homme que j'ai privé d'un héritage, Jérémie Le Cousin, n'a eu que ce qu'il méritait. Il avait autrefois dépouillé ma famille d'un legs qui lui revenait, je n'ai fait que reprendre ce qui m'était dû. Mais là n'est pas le plus important. Vous êtes heurté que j'aie détroussé un homme qui se mourait. Vous estimez que j'ai commis un acte abject ?

Cette fois, Gabrielle voulut sortir. Écouter son père se diminuer ainsi lui était insupportable. Mais La Reynie, d'un regard, lui ordonna de rester, avant de se retourner vers Constant.

— C'est cet acte fondateur qui m'a permis ensuite de traquer le crime. Savez-vous que j'ai agi au mieux et en conscience, que je ne mérite pas le blâme ? Car, avant de procéder, j'avais mûrement réfléchi au bien du royaume.

Louis XIV, du moins son portrait accroché au mur, considérait le lieutenant de police d'un regard froid. La toile n'était qu'une des copies de qualité moyenne que les élèves du peintre officiel avaient réalisées pour orner divers bureaux et ministères. Mais, pour La Reynie, l'œuvre constituait un symbole suffisant pour y retrouver la détermination qui avait été la sienne le jour où il avait raturé le fameux testament.

— Depuis que j'ai atteint l'âge de raison, j'ai désiré servir la monarchie et travailler à la fortifier, comme tant d'autres, lutter contre les filous, les truands, les égorgeurs et les tire-goussets. Or, si j'étais issu d'une lignée honorable, celle-ci était peu fortunée. Je n'avais pas de parents solidement établis à Paris, pas d'appuis. Bref, que pouvais-je espérer ? Fort peu ! Si je n'avais pas pris mon destin en main, je serais demeuré dans une lointaine province, à ronger mon frein, jusqu'à ce que la vieillesse et le découragement m'engloutissent. Et je n'aurais pu seconder le roi. Avec l'argent de Tavannes, j'ai acheté une charge au Parlement. Un peu plus tard, on a bien voulu parler de moi à Sa Majesté. La suite, vous la connaissez. Depuis plusieurs années, je traque le crime, avec quelque succès, je m'efforce d'apporter un peu de sûreté aux Parisiens. Ai-je donc mal agi, jadis ? Je ne le crois pas. Lorsque l'on considère et que l'on pèse tous les arguments et les circonstances, je suis même certain du contraire.

La Reynie disait la vérité, mais avoir à la révéler lui était douloureux. D'autant que, au fond de lui-même, sa conscience n'était pas aussi tranquille qu'il voulait bien l'assurer. L'affaire était viciée dès son origine. La seule manière dont il pouvait dépasser ce paradoxe consistait, sans rien regretter ni renier, à aller de l'avant, à continuer à exercer sa charge avec toute la fermeté requise. En priant que nul autre que Saint-Lizier n'apprît l'affaire Tavannes.

Il reprit :

— À cause de cet acte, j'ai perdu mon fils unique, qui n'a pas supporté, quand il a su ce que j'avais accompli, bien que j'aie alors agi pour le bien public, comme je vous l'ai expliqué. Si j'ai cependant fauté, je l'ai payé, et doublement : mon fils est parti, il ne rentrera peut-être jamais, je le mesure à présent, et mon épouse en est morte, peu de temps après, de chagrin.

La Reynie marqua une pause, le temps de voir que Gabrielle pleurait doucement. Il ajouta :

— Car voici encore une chose, que je n'ai jamais dite, peut-être même jamais pensée jusqu'ici. Mon épouse, Antoinette, désespérée que notre fils nous eût quittés, était aussi rongée par la honte, parce qu'elle n'a pas su comprendre, tout au long des années que nous avons vécues ensemble, côte à côte, le geste que j'ai jadis commis au détriment de mon cousin. Maintenant, qu'avez-vous d'autre à me dire, puisque vous avez déclaré avoir des révélations à me faire, des aveux qui, semble-t-il, vous disculperaient de toute faute, de tout méfait ? Jusqu'à présent, c'est moi qui ai fait figure d'accusé. Mais, après tout, n'est-ce pas vous qui l'êtes autant, et de surcroît mis en cause par ma propre fille ?

Soulagé d'avoir parlé ainsi, La Reynie attendait désormais les explications de Saint-Lizier, qui mesurait pleinement la pente qu'il avait à gravir pour se sortir d'affaire.

À Saint-Germain, au Château-Neuf

Louis XIV ne venait que très rarement au Château-Neuf de Saint-Germain, quoi que celui-ci fût très près de sa propre résidence. Encadrée par le Jeu de paume royal d'un côté, par le Château-Vieux de l'autre, une courte allée bordée de parterres de gazon menait d'une résidence à l'autre. Peu avant le Château-Neuf, le promeneur franchissait une imposante entrée d'honneur, un portique qui donnait accès à une curieuse cour au dessin compliqué, fait de lignes courbes et de lignes brisées, le tout ceinturé par une colonnade. C'était à la réfection de la galerie du roi, aménagée au nord, que le roi était venu consacrer un moment, en compagnie de Maintenon. L'hiver dernier, les ondées et le vent avaient gâté le toit : il menaçait de pleuvoir sur les tableaux naguère commandés par le Vert-Galant et que la *Franciade*[1] de Ronsard avait inspirés. Bas blancs, culotte jaune, justaucorps bleu, le

1. Poème épique inachevé, qui célèbre les origines merveilleuses de la monarchie française, à travers la descendance supposée d'Hector, prince de Troie.

monarque parcourut la galerie dans toute sa longueur, alla jusqu'à son extrémité nord.

Si certains appartements du Château-Neuf étaient aujourd'hui affectés à des courtisans que la place mesurée ne permettait pas d'accueillir au Château-Vieux, les anciens logements du roi et de la reine, respectivement établis au nord et au sud de la cour centrale, étaient demeurés inoccupés. Accompagné de quelques proches, des architectes, du gouverneur du palais, Louis XIV parcourait les salles défraîchies. Il connaissait fort bien les lieux. Par une fenêtre, le roi désigna à Maintenon une aile, en équerre, qui avançait vers l'est :

— C'est là-bas, dans la chapelle qui se dresse au bord du coteau, que j'ai été ondoyé à ma naissance[1].

Parler ainsi de lui-même, et de surcroît des premières heures de sa vie, plut au roi et l'émut : il s'aimait tant... Le cortège poursuivit son chemin. Le monarque voulut se rendre dans l'ancienne chambre où son grand-père puis son père avaient souvent dormi. Or, à peine eut-il pénétré dans la chambre de Louis XIII que le Roi-Soleil sentit que son émotion se muait en une profonde tristesse. Non pas à la pensée que ses parents n'étaient plus et qu'une époque était révolue, mais parce qu'il avait la certitude que ne serait jamais plus habité ce lieu démeublé, aux peintures fanées, où l'on voyait, dans le plâtre laissé à nu, la trace des crochets, depuis longtemps ôtés, qui avaient servi à attacher tentures et tapisseries[2]. Le roi s'adressa de nouveau à Maintenon :

1. L'ondoiement est, avant le baptême, administré à un nouveau-né. Cette chapelle se trouvait dans le pavillon Henri-IV, un des rares vestiges de ce palais.

2. Le Château-Neuf demeura à peu près inhabité. Louis XVI l'offrit à son frère le comte d'Artois (futur Charles X). Le

— Je crois vraiment que, parfois, il faut savoir tourner une page lorsque l'on comprend que rien ne sert de demeurer dans un présent qui a donné tout ce qu'il était capable d'offrir…

— Alors, Sire, allez de l'avant. Changez, bouleversez, faites comme vous l'entendez.

Louis XIV considéra Maintenon. Il pensa que, décidément, cette femme le comprenait.

---

prince détruisit ce séjour pour le rebâtir. Le temps et l'argent lui manquèrent pour mener à bien ce projet.

À Vaugirard

La Reynie attendit que Saint-Lizier et Gabrielle eussent fini leurs récits entrecroisés, sans montrer d'impatience. Il prit même ensuite le temps de réfléchir avant de regarder Constant et de lancer :

— J'ai dû lire aujourd'hui une lettre dont le moins que je puisse dire est qu'elle n'était pas, à l'origine, destinée à m'être agréable. Ensuite, c'est ma fille qui m'annonce qu'elle vous a accusé à tort. Avouez que cela fait beaucoup… Et pour moi, car vous me mettez à rude preuve, et pour vous, car cela charge votre barque.

Ces paroles n'auguraient rien de bon, estima Saint-Lizier. À la recherche d'un soutien, il se tourna vers Gabrielle. Mais celle-ci, fort mal à l'aise, ne voulut pas le regarder. Et La Reynie poursuivait :

— Aussi, voici ce que j'ai à dire…

Pour les deux jeunes gens, l'instant qui suivit ces quelques mots fut une éternité. La Reynie reprit du reste sa phrase :

— Je te reproche, Gabrielle, de n'être pas venue me trouver pour me révéler que, remise de ton émotion, tu doutais de la culpabilité de Constant. Ce discours, j'étais prêt à l'entendre, tu m'as convaincue maintenant, tu m'aurais tout autant persuadé plus tôt, si tu avais eu la franchise et l'honnêteté de me faire part de tes doutes, je te savais si émue par ce que tu venais de subir à quelques pas de moi et sans que je puisse le deviner, encore moins le prévenir. Tu as été assaillie, de surcroît au Grand Châtelet, et ton esprit en a été malmené, le père que je suis ne peut l'ignorer.

Gabrielle ne répondit pas, mais La Reynie n'ajouta rien. Il pensait que sa fille avait œuvré contre lui certes par amour car elle était sans doute désormais très proche de Constant mais aussi et surtout parce que la jeune fille ne s'estimait pas assez aimée par son père. Et cela, le lieutenant de police, qui gémissait trop souvent en songeant à un fils qui avait choisi l'exil parce qu'il méprisait son père, qui vivait encore dans l'ombre de son épouse Antoinette, pourtant morte depuis longtemps, ne pouvait, en conscience, le reprocher à Gabrielle… Lucide mais attristé, La Reynie se tourna vers Constant.

— Quant à vous, j'entends que l'innocent que vous êtes s'est affolé d'être accusé. Vous avez accepté la main qui vous était tendue, le plan qui vous était proposé car vous avez pensé que c'était là votre seul salut.

Constant mesurait l'ampleur de la déception qui, par-delà sa volonté d'excuser, habitait La Reynie, et il en éprouvait des remords :

— Je vous demande pardon…

Le lieutenant de police ferma les yeux un instant et reprit :

— Pour ce qui est de la lettre que vous m'avez envoyée, je vous pardonne. Vous êtes jeunes tous les deux et vous vous êtes battus au milieu de circonstances contraires. J'ai l'âge qui me permet de voir cela de haut, de comprendre et d'être magnanime. Même si vous avez l'un et l'autre agi comme deux jeunes sots.

Exprimé en peu de mots et sans affectation ni grandiloquence, c'était là un retournement inespéré, inattendu. Ce virement stupéfiait Gabrielle et Constant, les rassurait. La jeune fille avait les larmes aux yeux et attendait la suite. Le garçon, lui, demeurait ébahi qu'il fût aussi aisément sorti d'affaire, comme par miracle. Mais il savait qu'il ne pouvait se réjouir trop vite de son crédit retrouvé.

L'annonce que Saint-Lizier avait à faire maintenant menaçait de le perdre cette fois définitivement. Il puisa tout le réconfort qu'il put dans le regard de Gabrielle avant de se tourner vers La Reynie. Celui-ci attendait sans doute des remerciements émus. Constant les présenta, en effet, avec une émotion qui n'était pas feinte.

— Je ne saurais jamais vous remercier, monsieur, de la grande mansuétude dont vous faites preuve à mon égard, et je vous jure que, si par chance, vous décidiez de me conserver mon poste au sein de la police du roi, je serais dorénavant le plus sérieux, le plus droit et le plus irréprochable de vos hommes.

Cette reconnaissance exprimée, lui restait à avouer le plus difficile, les mots qui risquaient de tout compliquer de nouveau :

— Il y a aussi, monsieur le lieutenant de police, que je viens de tuer Jean Philippont.

À Saint-Germain

Montespan était en noir et pourpre. Habillée, elle, d'un mauve et d'un bleu à la fois élégants et agréables à l'œil, Maintenon tenait à la main un bonbon, encore tout humide de salive, qu'elle avait ôté de la bouche de Vexin, avec fermeté et douceur, sans trop de mal car elle avait trouvé des mots d'apaisement pour accompagner son geste. Le garçonnet était reparti jouer avec son frère Maine et sa sœur Nantes, à l'écart, du côté du Petit Parc. Ce qui permettait aux deux femmes de se parler franchement. Maintenon reprit :

— J'ai déjà expliqué que Vexin ne supporte pas ces douceurs. Cela l'énerve, lui dérègle aussi les intestins.

— Je suis sa mère, donc la mieux placée pour savoir ce qui convient, ou non, à mes enfants.

Montespan était doublement furieuse. D'une part, que Maintenon lui tînt tête, d'autre part, que le fil de ses pensées, qui atteignait aujourd'hui un point crucial, fût interrompu par une telle peccadille. Après tout, elle se proposait d'accomplir un acte qui n'était pas complètement anodin, même pour elle.

Vous avez été recrutée pour veiller sur les enfants et m'obéir, pas pour vous croire leur mère et me tenir tête.

— Si je ne les avais pas éduqués, ce seraient des pourceaux, des enfants de paysans. Toute mère que vous êtes, vous ne vous êtes jamais vraiment occupée d'eux.

— Sa Majesté saura tout, vous serez renvoyée.

Maintenon ne haussa pas la voix.

— Voici quelques années, le roi a été assez bon pour ouvrir sa cassette, y piocher et me permettre ainsi d'acheter le château, la terre de Maintenon et le titre de marquise qui y est attaché. Il ne se dédira pas.

Montespan se fatiguait. Ça lui était bien égal, après tout, que Vexin se mît ou non ce bonbon entre les dents, vu l'avenir qu'elle lui promettait. Mais elle ne voulait pas paraître la vaincue de cet affrontement stupide.

— Le roi a des faiblesses, parfois, dont il se repent ensuite. Nous verrons bien s'il vous conserve longtemps sa confiance.

Cette fois, la favorite en avait assez, elle craignait même, en lui parlant, de s'être abaissée en plaçant Maintenon à son étage, le plus haut de la Cour, et décida de rentrer au château. Là, elle irait trouver le roi et lui décrirait l'échange qu'elle venait d'avoir. Et si le roi tentait de composer, de tergiverser, Montespan tempêterait comme elle savait si bien le faire. Elle piétinait la reine, elle avait évincé La Vallière et envoyé Chabrière en enfer ou à peu près. La favorite aurait la tête de la gouvernante. Même si, comme elle en rêvait maintenant, il serait difficile de la vendre au Grand Turc.

À Vaugirard

Le discours de Philippont sur les herbes prétendument empoisonnées, puis l'arrivée de Gabrielle, le retour du scélérat et son meurtre… Le nouveau récit de Constant et Gabrielle achevé, La Reynie, cette fois, ne réfléchit pas longtemps :

— Je ne m'attendais certes pas à entendre cet exposé, aujourd'hui moins qu'un autre jour, tant cette journée nous réserve annonces et révélations extraordinaires. Mais, là encore, je vous crois, ne serait-ce que parce que votre propos a évoqué des pensées, ravivé des observations que je m'étais adressées à moi-même voici quelque temps et que j'avais fait l'erreur de ne pas mieux analyser.

Le propos était sibyllin, Saint-Lizier et Gabrielle se regardèrent. Mais le lieutenant de police se tourna alors vers sa fille :

— Je te prie de m'excuser, je te demande maintenant de nous laisser seuls. Ce que j'ai à dire à Saint-Lizier, en tant que lieutenant de police et en tant que père, risquerait, mon enfant, d'offenser ta modestie.

Une autre fois, Gabrielle aurait protesté. Mais, en dépit du pardon de son père, elle était émue, honteuse, et, ce jour-là, elle obéit sans rien dire. La Reynie attendit d'entendre le bruit de ses pas s'éloigner pour reprendre son propos.

— Je vais vous parler franchement. Car il commence à y avoir entre nous une certaine intimité, pour le moins. Certes bâtie sur le meilleur et le pire, l'inélégance – pour ne pas parler de trahison – et le pardon, mais aussi la tendresse, l'amitié, une estime réciproque, du moins je le crois… La vie est sans doute ainsi faite, je le dis sans ironie. Voici ce que je pense. Gabrielle est, *de facto*, le seul enfant qui me reste, je prête donc attention à ce qui l'entoure et à ce qui lui arrive.

La Reynie avait prononcé ces dernières paroles sans affectation mais avec sincérité, en y mettant le plus de conviction possible. Par-delà l'intérêt que Gabrielle portait à Saint-Lizier, il devinait ce qui avait incité celle-ci à trahir son père, avant de le regretter. La jeune fille ne s'estimait pas assez aimée. Peut-être même avait-elle plus ou moins deviné que le policier du roi continuait à s'entretenir avec son épouse morte et en concevait-elle non de la jalousie mais un chagrin bien compréhensible.

La Reynie poursuivit :

— Je ne suis pas aveugle au point de ne pas avoir saisi que ma fille ne laissait pas Philippont indifférent : j'ai à plusieurs reprises surpris des regards, compris des mines. Gabrielle, elle, regardait à peine Philippont. Pour prendre son plaisir coûte que coûte, bête sans contraintes, il s'est d'abord jeté sur elle dans un couloir obscur du Châtelet. Confronté à de l'indifférence, le désir de ce garçon a peu à peu fait place à la haine. Les événements lui ont permis de tenter de se venger. Ma fille ne pouvait, ne voulait être sienne, même par la force ? Philippont a choisi de la détruire. Mais il était lâche : attaquer une femme dans le noir pour abuser d'elle est une chose, la tuer en pleine lumière en est une autre. Ce criminel vous a choisi pour être son bras armé, puisqu'il a cherché à ce que ce soit vous qui assassiniez ma pauvre Gabrielle.

Le propos était grave mais solide et convaincant, une fois de plus magnanime. Constant en était doublement ému :

— Par deux fois, vous venez de me redonner toute votre confiance en acceptant de croire les deux récits que je viens de vous présenter. Je vous ai toujours été reconnaissant, je le suis plus que jamais. À mon tour de me montrer franc. Ce que vous venez de dire au sujet de Philippont correspond à ce que j'ai pensé de mon côté. Mais cela n'explique pas, s'il voulait que je tue Gabrielle, qu'il m'ait nui en déplaçant le corps de Jacquillard…

La Reynie acquiesça.

— J'ai bien en tête cette étrangeté, j'en conviens. Il me faut réfléchir à ce point : je sais que j'ai deviné la vérité par endroits. Mais je peine cependant à en ordonner tous les éléments et je pressens que plusieurs pièces importantes me sont encore inconnues : Philippont n'aurait-il pas eu des complices, et haut placés ? Laissez-moi, je vous prie. Je vais envoyer plusieurs de mes hommes au Radis couronné pour qu'ils s'occupent du corps. Quant à vous, je vous engage à vous reposer le reste de la journée. En revanche, présentez-vous demain matin devant moi. Nous avons de nouveaux interrogatoires à effectuer pour préparer les séances à venir de la Chambre ardente.

Saint-Lizier s'inclina, sortit. La Reynie demeura seul, à l'esprit des sentiments divers et partagés. Laissant de côté l'affaire de la mort du curé de Saint-Roch et du meurtre de Philippont, il songea à la faute qu'il avait commise jadis chez Tavannes, s'en exonéra de nouveau comme il l'avait fait auprès de Constant.

Puis le policier du roi pensa à ce dernier. Il ne put s'empêcher de songer que Saint-Lizier ne lui avait jamais avoué quel était son propre passé. Certes, cela n'aurait rien révélé à La Reynie, chaque jour informé par des rapports et des comptes rendus, qui avait depuis longtemps appris que le garçon avait servi la marquise criminelle. Il s'était d'ailleurs demandé si le jeune policier n'avait pas connu feu Laboureur en cette période pour le moins troublée de son existence. Alors il avait conclu en lui-même que cette information n'aurait servi en rien à nourrir son enquête et avait abandonné l'idée.

Mais enfin, le lieutenant de police aurait aimé, aujourd'hui plus que jamais, que Constant s'ouvrît à lui, en écho à sa propre confession : il y aurait eu là de l'élégance, une sorte de franchise proclamée. La Reynie songea que, décidément, qu'il s'agisse de son véritable fils ou de celui qu'il considérait, que ce fût ou non par défaut, comme son fils adoptif, il avait à se plaindre.

Quelque peu mélancolique, il saisit le rapport laissé par Pomereu dans son portefeuille de couleur rouge, la cartère qu'il n'avait pas encore ouverte.

À Saint-Germain

Claude des Œillets pénétra dans le Cabinet doré, malmenée par tout ce qui arrivait à la Cour et à Paris depuis quelques jours.

— Tu tombes bien, déclara d'emblée Montespan. Figure-toi que le nouveau prêtre avec lequel je suis en rapport, à présent que nous avons hélas perdu plusieurs de nos plus dévoués curés, rattrapés par la justice, vient de me faire parvenir ce message. Réjouis-toi avec moi : tout est réglé. Nous sommes tombés d'accord sur le dédommagement que je consens à lui donner. Il a trouvé deux assesseurs qui le seconderont, en vrais suppôts du diable. La crypte est déjà choisie : ce sera derechef à Saint-Germain-des-Prés, comme souvent. Vexin en a été nommé abbé titulaire par son père le roi, tu t'en souviens. Il ne s'étonnera pas d'aller là en ma compagnie pour y recevoir l'hommage des religieux qui administrent l'enclos en son nom. Nous nous sommes accordés sur le rite à mettre en œuvre. Ce sera haut en couleur.

— Bien, madame.

— Pour le rendre méconnaissable, nous habillerons Vexin en page, cela l'amusera. Au début de la cérémonie, il croira à un jeu. Il ne craindra rien puisqu'il y sera en compagnie de sa mère. Et le moment venu, ce qui doit être sera. Tu me comprends…

Montespan avait prononcé ces mots sans témoigner aucune émotion. Claude des Œillets ne paraissait pas plus affectée, qui demanda :

— Mais comment ferons-nous ensuite puisque l'enfant ne reviendra pas avec nous !

— J'ai tout prévu. Au retour de la cérémonie, je serai accompagnée du même page, du moins le croirat-on. On verra en tout cas un garçon qui portera les mêmes habits que celui qui m'aura accompagnée à Paris… Ce ne sera pas le même enfant, ce sera un petit pauvre, ce n'est pas ce qui manque. Tu me comprends, des Œillets ? Arrivés au Château-Vieux, nous le coucherons dans la chambre de Vexin, nous lui ferons boire ce qu'il faudra de poison, autant que nécessaire. Il trépassera. Les valets et les femmes de chambre n'y verront que du feu.

— Mme de Maintenon voudra en savoir davantage, elle entrera dans la chambre, elle s'apercevra aussitôt de la supercherie.

— Je lui interdirai de franchir la porte de l'appartement, c'est aussi simple que cela. Et tu sais que, de toute façon, l'étiquette veut qu'un défunt ne reste jamais dans la maison du roi. Le corps sera vite emporté. Nous aurons de belles funérailles, bien grandioses et solennelles, comme il sied à un supposé fils de roi. Et nous irons en pleurant assister à la messe dite à Saint-Germain-des-Prés, bien entendu, puisque ce sera décent de pleurer là la disparition, si soudaine, de son jeune abbé[1]. On me plaindra, on louera mon courage et ma dévotion. Mais ce sera bien divertissant de faire dire une messe là où, précisément, le sacrifice aura été perpétré ! Il me vient une idée à propos de Maintenon. Je n'aurai qu'à répandre une rumeur, je dirai que la gouvernante n'aura pas su veiller à la santé de mon fils. Cette femme verra ce qu'il en coûte d'avoir osé me défier ! Éplorée, comme tu t'en doutes, j'exigerai que le roi lui retire sa charge. Maintenon sera exilée. Non pas sur sa terre de Maintenon, ce serait trop près de la Cour. Il faudra la renvoyer à Niort, où elle est née et fut élevée, comme une petite pauvresse de médiocre noblesse, si démunie et si peu attrayante… Ou même, je dirai au roi de la chasser, elle ira dans les îles à sucre d'Amérique où elle allait à peu près nu-pieds, à ce qu'on dit, quand cette intrigante était toute jeune.

La suivante sourit, mais à peine. Montespan reprit :

— Montre-toi prudente, mais déterminée, car je le veux. Je ne suis pas une ingrate, tu seras récompensée. Quand je serai reine, je te ferai nommer surintendante de ma maison. Et puisque moi, j'aurai Saint-Germain et Versailles, je te donnerai Clagny, tu l'auras bien mérité.

1. Abbé de Saint-Germain-des-Prés en dépit de son jeune âge, c'est là, et non à Saint-Denis, que Vexin fut enterré, quelques années plus tard.

Sur le chemin de Vaugirard à Paris

En sortant de chez La Reynie, Saint-Lizier crut pouvoir croiser Gabrielle, mais la jeune fille avait disparu. Le cœur du garçon se serra : il aurait aimé la remercier, la réconforter… Il décida de retourner chez lui, rue de Birague. Pour s'y changer, se reposer, comme le lieutenant de police le lui avait conseillé. Bien résolu, chemin faisant, à ne penser à rien, à regarder d'un œil distrait le calme paysage qui s'étendait alors entre le bourg de Vaugirard et Paris, une succession de vergers, de parcelles cultivées, de maisons plus ou moins dispersées, de quelques couvents, aussi, qui s'étaient installés là pour échapper au fracas et aux embarras de la capitale.

Or marcher n'apporta point au garçon le repos de l'esprit escompté. De caractère fort, il ne réussit cependant pas à tenir à distance la honte qui l'étreignait : il avait voulu exercer un chantage sur le lieutenant de police et, loin de s'en prendre à lui, ce dernier lui pardonnait, avec une générosité peu commune. Quand bien même il avait agi pour sauver son honneur et sa peau, Constant se sentait misérable.

Lui revenaient aussi à l'esprit, lancinantes, ne lui laissant aucun repos, les idées sombres qui l'avaient assailli dans sa cachette. Il se souvint de l'ombre de Jacquillard qui se jetait dans le vide, du corps gisant dans le jardin de la cure, une image qu'il ne distinguait plus trop de celle du cadavre du malheureux Martin Laboureur... Sans compter le visage de la Vigoureux et celui de la Voisin[1]. Le souvenir des accusations proférées par les deux femmes, de leurs pleurs, de leurs supplications. Et la question, mise en œuvre sans ménagement, qu'elles avaient l'une et l'autre subie. Saint-Lizier voulut repousser ces images de terreur et y parvint à peu près.

Mais, ces premières pensées sombres tenues à distance, une tout autre préoccupation s'empara de lui. Bien qu'il eût voulu ne songer à rien, son désir de comprendre l'incita à s'interroger, une nouvelle fois, sur l'attitude de Philippont. La Reynie avait sans doute raison quand il lui avait parlé de la supposée jalousie, du dépit éprouvés par le policier roux, que la fille du lieutenant de police n'avait pas regardé en retour, n'avait même pas pensé à le faire. Mais rien, vraiment rien n'expliquait pourquoi Philippont lui avait d'abord nui en transportant le cadavre de Jacquillard hors du jardin de Saint-Roch. Incapable de trouver une réponse à cette question, Constant fut épuisé de corps et d'esprit quand il arriva à la barrière de Paris. Mais réjoui, rassuré d'avoir surmonté ses doutes en tuant Philippont. Sans regret.

1. La Voisin fut finalement mise à mort en 1680.

À Vaugirard

La Reynie parcourut le premier feuillet du texte rédigé par Pomereu, le deuxième aussitôt auprès, les suivants sans s'arrêter, tant ce qu'il découvrait était ahurissant. Et, enfin, la dernière page lue, il reposa l'ensemble. La démonstration était argumentée, étayée, accablante, les preuves apportées formelles. Et, pourtant, il ne pouvait croire ce qui était écrit, démontré.

Le lieutenant de police avait souvent combattu contre lui-même, depuis plusieurs années, avant même qu'éclatât l'affaire jugée à l'Arsenal, pour aider Constant. Il avait conscience qu'il soutenait, protégeait, sans doute aussi aimait plus que de raison le jeune Saint-Lizier. La Reynie se connaissait bien, savait que le garçon lui était un fils de substitution, depuis que le « vrai » fils, Gabriel Jean, était parti à Rome. Il l'avait soupçonné, certes sur la suggestion de Gabrielle, avant de comprendre qu'il avait fait fausse route. Aujourd'hui, La Reynie devait se rendre à l'évidence : c'était bien Constant que le rapport de Pomereu accusait.

Pourtant, le policier du roi rejetait ce rapport à charge. Il était absurde d'écrire, et même de songer, d'envisager que Saint-Lizier était l'un des principaux rouages de l'immense réseau mis au jour, troupe secrète réunissant les grands personnages qui avaient tout organisé afin de s'approvisionner auprès des empoisonneuses de la Ville-Neuve. De ceci, La Reynie était certain.

Pourquoi Pomereu lui avait-il remis un tel document et, surtout, pourquoi celui-ci contenait-il un tel récit ? Au cours des derniers jours, le prévôt des marchands avait prouvé qu'il entendait travailler en bonne intelligence avec le Grand Châtelet, il avait apporté la preuve de sa bonne volonté, de sa politesse. Avait-il pu être abusé par l'un de ses subordonnés, attaché à perdre Saint-Lizier pour une raison obscure ?

Une pensée s'insinua alors dans l'esprit du lieutenant de police. Une mécanique jusque-là invisible lui apparut alors dans toute sa cruauté. Avait-il pu être si naïf, du moins si crédule ? Il devait en avoir le cœur net.

Le lieutenant de police prit le dossier et le fit disparaître dans un tiroir, qu'il ferma à clef – il savait Gabrielle curieuse et jugea inutile voire dangereux qu'elle trouvât le rapport et décidât de le lire, ce qui l'aurait alarmée à tort et aurait tout compliqué. Le policier du roi devait aller trouver Pomereu au plus vite.

Soudain réapparue, la fidèle Antoinette, que lui seul voyait, se tenait à son côté et paraissait cette fois sur le point d'avoir des révélations, du moins des certitudes à présenter à son époux. Du coup, ses bijoux resplendissaient plus encore que de son vivant. La Reynie l'interrogea sans tarder :

— Pomereu… Connaît-il donc le nom de celui, de celle qui travaille à ma perte en secret ? Et veut-il me prévenir ?

Son épouse ne répondit pas. Mais son visage se transformait, retrouvait la jeunesse que le lieutenant de police avait jadis connue. Celui-ci s'en émut.

— Tu ne dis rien ?

Cette fois, Antoinette sourit. Elle était redevenue telle que son époux l'avait vue pour la première fois, fraîche et jolie, toute prête à vivre une belle vie :

— C'est inutile, mon cher, je suis sûre que, dans le fond de ton cœur, tu sais à quoi t'en tenir. Sauf, peut-être quelques pièces qui vont bientôt prendre leur place dans ton raisonnement. Est-ce que je me trompe ?

Ce fut au tour de La Reynie de sourire. Le spectre tant aimé ne se trompait pas. Il avait en effet une idée assez précise de ce qui allait éclater au grand jour avant longtemps.

Au Radis couronné

Nanette, la servante, avait l'habitude de surveiller tout ce qui se passait dans la grande salle de la taverne et les chambres installées à l'étage, et aussi dans la rue et le quartier, même, en scrutant, en observant, en faisant parler ses voisins et ses semblables, sans que ceux-ci se rendent compte qu'elle, en échange, ne disait rien, ou presque. Elle avait reconnu Saint-Lizier lorsque celui-ci s'était réfugié au Radis couronné et avait pu faire prévenir Philippont sans trop tarder.

C'était elle qui, fort bien renseignée et, mine de rien, l'œil à tout bien qu'elle semblât ne s'occuper que des affaires de la taverne, avait annoncé au policier roux la présence du fugitif dans son établissement. Toujours à épier, elle avait ensuite vu partir Saint-Lizier et Gabrielle. Et en avait conclu que l'homme qu'elle renseignait était, lui, demeuré dans la chambrette. Pourquoi ? Elle s'en moquait bien. Mais il lui vint l'idée de s'amuser un peu en sa compagnie. Du reste, se disait la servante, ne l'attendait-il pas, là-haut, le coquin rouquin ? Sans doute, car ils savaient l'un et l'autre que la chambre de Saint-Lizier était plus agréable, plus accueillante et plus riante que le galetas dont la fille devait se contenter, sous les combles, entre deux greniers bas où le tavernier rangeait du bois de chauffage et des chaises à réparer.

La servante, donc, pénétra dans la chambre où le tissu rouge accroché devant la fenêtre n'avait pas été décroché : les derniers occupants avaient eu tout autre chose à faire. Cette lueur tamisée accrut aussitôt son désir : ce pourpre était affriolant. Elle fut un peu surprise de ne découvrir d'abord personne dans la pièce. Puis elle se tourna du côté de lit et vit qu'une forme apparaissait sous le drap à peine troué. Rassurée, Nanette s'en réjouit.

— Ah, tu m'attends, c'est bien ce que je pensais… Tu sais que ton ami le policier est parti et tu espères qu'il restera assez longtemps dehors pour nous laisser le temps de voir ce que nous avons encore à nous montrer l'un à l'autre… c'est cela, mon bouquetin ? À moins que tu ne redoutes son retour inopiné et que cette crainte pimente le désir que tu as de me caresser… Je suis d'accord avec toi, l'idée me plaît bien : prendre du bon temps alors que nous risquons d'être surpris tous deux d'un instant à l'autre, si l'homme auquel tu t'intéressais revient avec son amie… Voilà qui corse un peu la chose. C'est ce que tu éprouves aussi ? Mais dis-moi, je ne comprends pas bien pourquoi, si tu recherchais tant ce garçon, tu l'as laissé partir avec sa belle dès que tu l'as retrouvé grâce à moi.

Et pour cause, le corps allongé ne répondit rien, ne bougea pas. Sans s'arrêter à ce détail, la servante retira sa jupe, son jupon, mais garda sa coiffe car elle pensa que cela plairait à Philippont, qu'elle ait le bas dévêtu et le haut habillé, l'affaire à mener à bien en serait assaisonnée, d'autant que l'employée avait pris la précaution de mettre dans sa manche un morceau d'intestin de mouton découpé avec soin selon une certaine forme, qui saurait servir et éviter que du fâcheux se produisît dans neuf mois. Elle s'approcha en riant, déjà tout échauffée.

— C'est joli, mon ânon, cette lumière rouge, ça donne envie de se caresser... C'est toi ou c'est ton ami qui a accroché ce tissu devant la lucarne ? Je suis sûre que chez le roi, à Saint-Germain, ça peut pas être beaucoup plus beau, quand les rideaux de brocart de sa chambre sont tirés. Dis-moi, mon chaton, tu veux que je te montre comment elle fait avec le roi, la belle Montespan, lorsque la reine dort déjà, gavée de chocolat, à l'autre bout du château, sans se douter de rien ? Tu te pousses un peu, parce que, vois-tu, tu ne me laisses presque pas de place pour que je me serre contre toi comme tu aimes et que l'on frotte le lard ensemble. Mon chou, tu veux donc que je glisse et tombe sur le plancher à peine nous aurons commencé ?

Guère vêtue maintenant, la fille aventura une main et ne rencontra que du froid sur ce qui aurait dû ne pas l'être, du mou là il aurait dû y avoir du dur.

— Mon mignon, mon pipeau, tu m'entends ?

Étonnée, cette fois, que Philippont ne se manifestât décidément en rien quoiqu'elle roucoulât comme elle savait le faire en semblable circonstance, la servante repoussa le drap que Gabrielle et Constant avaient remis en place avec un grand soin.

À Paris, à l'Hôtel de Ville

Pomereu recevait le lieutenant de police dans son bureau de la place de Grève. La pièce, depuis longtemps occupée par ses prédécesseurs, avait belle allure. Plafonds à caissons du temps du Boccador[1], tapisseries, mobilier choisi, tableaux, l'endroit n'avait guère à envier à l'appartement que le roi possédait à Saint-Germain et surpassait à l'évidence en splendeur et en goût le bureau, encore tout médiéval, depuis longtemps démodé, dans lequel La Reynie travaillait au Grand Châtelet. Mais le lieutenant de police ne s'en souciait guère. Et il continuait à écouter le prévôt avec d'autant plus d'attention qu'il avait encore à l'esprit chaque ligne du rapport que ce dernier lui avait remis, ainsi que toutes les interrogations que cet écrit avait suscitées en lui. Et Pomereu poursuivait :

— À certains des crimes que notre ville a eu à déplorer au cours des dernières semaines, des derniers

1. L'architecte italien qui, sous François Ier, dessina l'Hôtel de Ville de Paris, brûlé pendant la Commune avant d'être reconstruit sur un mode affadi.

mois, nous pouvons maintenant apporter sinon une explication, du moins quelques éléments qui pourraient nous aider à en comprendre les motivations. Prenez, par exemple, l'assassinat de l'ancien valet de Brinvilliers.

— Ce Martin Laboureur ?

— Oui. Certes, là, les preuves manquent, les témoignages aussi. Je le concède. Mais enfin, on peut aisément imaginer que Saint-Lizier aura eu besoin de renouer avec son ancien camarade, sûrement pas aussi innocent qu'on l'a cru. Sans doute parce que votre policier avait besoin d'un complice, ou pour retrouver des adresses, des filières d'approvisionnement en poisons, la clef de cachettes, et que, pour l'aider dans son trafic, il n'aura trouvé personne d'autre que ce valet aguerri. Ils se seront disputés, et Saint-Lizier aura tué l'autre. Ces disputes ne sont pas rares, chez les criminels. J'ai cependant renoncé à inscrire, à suggérer deux remarques, dans le rapport que vous avez bien voulu lire.

La Reynie s'étonna.

— Je croyais pourtant que vous y aviez mis toutes vos réflexions.

Auguste-Robert de Pomereu parut embarrassé. Mais il répondit, s'exprimant avec des mots choisis, comme toujours depuis le début de l'affaire :

— Il y a un point que je n'ai pas encore pu vérifier. Mais je ne veux pas parler dans le vide. J'ai donc besoin de voir en personne que j'ai raison sur le sujet en question.

Alors que son mémoire était précis et détaillé, le propos du prévôt était soudain sibyllin. Ce dernier s'en rendit compte. Il ajouta :

— Je vous propose de nous rendre jusqu'au logis de Saint-Lizier, avec quelques-uns de nos policiers et quarteniers. Qu'il s'y trouve ou non ne changera rien à l'affaire. Nous serons assez nombreux pour nous assurer de lui, le cas échéant. Là-bas, si une certaine chose s'y cache, ce que je crois, je finirai de vous révéler le fond de ma pensée.

— Vraiment ? Ne pouvez-vous m'en dire davantage ?

— Cela a à voir avec la cargaison qu'une lourde barque a apportée voici peu de temps à Paris, un chargement caché sous des fagots de prime abord inoffensifs. Voyez ce qu'il y a dans mon bureau.

Il ouvrit un tiroir, en sortit deux pots d'une faïence commune, un travail italien. La Reynie eut à peine le temps de les voir, Pomereu les rangea aussitôt, puis se tut de nouveau. Cette fois, le lieutenant de police comprit que le prévôt des marchands ne dirait plus rien. Il décida d'accepter la proposition qui lui était faite, tant il était curieux de voir où cela allait mener. La Reynie avait tout à gagner, pensait-il, à en apprendre davantage, et sur ce qui accusait Saint-Lizier, et sur ce que Pomereu avait en tête.

Les deux hommes gagnèrent le rez-de-chaussée de l'Hôtel de Ville. Pomereu s'éloigna un instant, s'approcha d'un de ses policiers, lui transmit un ordre. Puis le petit groupe se répartit dans deux voitures. Et le convoi se mit en route, d'emblée retardé par les embarras qui, comme à l'accoutumée, obstruaient les ruelles du cœur de Paris, La Reynie plus curieux qu'un autre de voir comment cela finirait.

Ailleurs, dans Paris

Gabrielle regrettait de ne pas avoir tenté d'assister à l'entretien qui avait réuni son père et le jeune policier, et elle avait quitté la maison de Vaugirard avant même que Saint-Lizier en reparte de son côté, afin de gagner Paris. Avec, pour première intention, de se montrer au cours la Reine, comme il seyait aux personnes de qualité, en prenant par le Pont rouge, au droit des Tuileries, afin de réfléchir en paix à tous les événements survenus ces derniers jours.

Or, à peine arrivée au début de la promenade, son esprit impatient la fit changer de route. Elle se rendrait sur-le-champ chez Saint-Lizier. Il fallait que la jeune fille parlât au policier, qu'elle lui présentât de nouveau ses excuses, pour l'avoir calomnié auprès de son père.

Le carrosse remonta le quai afin de prendre la rue Saint-Honoré. Soudain, Gabrielle aperçut une jeune servante, très agitée, qui marchait dans la rue, à peu près au rythme de sa voiture. La fille était sous le coup d'un immense chagrin, c'était patent, elle titubait, sanglotait, trébuchait et se rattrapait comme elle pouvait aux murs, s'appuya même une fois sur la caisse du carrosse, qui allait au pas. Gabrielle était certaine qu'elle connaissait cette fille, mais ne réussit pas, sur le moment, à se souvenir en quel lieu et en quelle circonstance elle l'avait vue. À Vaugirard ? Près du Grand Châtelet ? Ailleurs ? À un endroit, la rue se fit si étroite et la cohue si grande que, à plusieurs reprises, la marcheuse en sanglots dépassa le carrosse, quand le cocher peinait à faire avancer ses chevaux.

Cette sorte de course-poursuite, involontaire et lente, finit par créer, du moins chez Gabrielle, un début d'intérêt, presque une curiosité. Penchée contre la portière, elle suivit du regard la fille éplorée, la perdit et s'en affligea, mais la retrouva bientôt, à la faveur d'un nouvel encombrement, comme il s'en formait souvent aux alentours de la place Royale. Prudente, la fille de La Reynie se cacha un peu derrière le rideau de la voiture, s'enhardit à pointer le nez, vit la soubrette qui tournait à gauche, dans la rue de Birague. Là, Gabrielle tira le cordon pour demander au cocher de s'arrêter.

— Rangez-vous où vous pouvez, ordonna-t-elle. Je descends.

Puis elle fila, soucieuse de ne pas perdre de vue celle qu'elle suivait désormais. Elle dut presser le pas. La servante s'était arrêtée, enfin. Elle parlait à un homme, placé de profil. Gabrielle de La Reynie fit la chalande, le nez au vent, passa devant la fille, sans les regarder, ni elle ni son interlocuteur. Elle s'attarda devant un étal de boucher défendu par une grille de fer, revint sur ses pas, l'air de rien. L'homme était toujours là, qui lui faisait face cette fois.

Gabrielle tressaillit. Ce garçon, elle l'avait déjà vu, lui aussi. Mais où ? Et pourquoi ce visage, qui n'avait rien de particulièrement repoussant, était-il à la fois familier et désagréable à regarder ? Elle baissa les yeux pour ne pas risquer d'être aperçue occupée à dévisager l'individu.

Le couple repartit. Paradoxe, l'espionne improvisée identifia enfin cet homme et la fille qui l'avait rejoint. Ces deux-là, songea-t-elle, se connaissaient donc ? C'était insensé. Elle se mit à leur poursuite, les rattrapa.

Gabrielle filait dans les rues, sans craindre de tomber. Elle bousculait, se faisait bousculer, courait encore, perdit la femme et l'homme de vue, cavala au risque de chuter, les aperçut non loin. Ils semblaient tourner en rond, revenir sur leurs pas, comme s'ils ne savaient où aller. La fille de La Reynie regrettait de ne pas avoir demandé à son cocher de l'accompagner, il aurait pu l'aider, la protéger si les choses tournaient mal. Mais songer à cet homme l'avait distraite. Et ceux qu'elle suivait avaient de nouveau disparu. Cette fois pour de bon, semblait-il. Gabrielle fit quelques pas d'un côté, de l'autre. Déçue, furieuse, elle décida de retourner à sa voiture.

Sur la route de Saint-Germain à Versailles

Dans le carrosse royal, Marie-Thérèse somnolait doucement, en dépit des cahots, vaguement heureuse que son époux l'ait conviée à se rendre avec lui à Versailles. Sotte, elle ne l'était cependant pas assez pour n'avoir pas saisi, après tant d'années, tant de voyages, que ce petit château importait décidément chaque jour un peu plus à Louis XIV : en la priant de l'accompagner, son mari se montrait donc prévenant, et la reine appréciait cette attention, n'en demandait guère davantage.

Le carrosse du roi, les voitures et les cavaliers de sa suite arrivaient déjà en bas du vallon de Marly, la course serait rapide : on était à mi-chemin ou presque. Montespan était heureuse ou, plutôt, satisfaite de sa situation, de sa vie et des promesses que celle-ci continuait à lui adresser. Du coin de l'œil, elle regardait la reine, en s'efforçant tant bien que mal de cacher le mépris qu'elle éprouvait. « Repose-toi, ma belle, disait la favorite à la souveraine dans son for intérieur, abandonne-toi au sommeil dans cette voiture, avant de dormir pour l'éternité ». Lourdement parfumée à la fleur d'oranger, vêtue de bleu et de blanc, la mère du comte de Vexin se tenait bien droite, face au roi, lui souriait, lui répondait avec esprit, relançait brillamment la conversation lorsque celle-ci était sur le point de s'éteindre.

Le cortège dépassa les maisons, encore modestes, groupées autour du château de Versailles. Une fanfare éclata. Timbales et trompettes. Le cortège arrivait sur l'ample place d'armes qui remplaçait l'ancienne esplanade, jugée trop étroite par le roi. L'endroit n'était pas encore pavé, et parcouru de sortes de pistes, encombré de pierres entassées. À gauche, en regardant vers l'est, on bâtissait de véritables palais pour les chevaux du roi, gigantesques travaux à cause desquels il avait fallu jeter à bas les hôtels particuliers édifiés par les Noailles, les Lauzun.

D'abord, rêvait Louis XIV, entre l'avenue de Saint-Cloud et l'avenue de Paris, ce seraient les Grandes Écuries, où seraient logés les chevaux de selle. Et, de l'autre côté, sur le terrain qui s'étendait jusqu'à l'avenue de Sceaux, s'élèveraient les Petites Écuries, où seraient remisées les voitures et soignées les bêtes chargées de tirer les attelages. Une armée d'ouvriers allait et venait, maçons, carriers et charpentiers.

Montespan contempla cette fourmilière. Elle aimait cette agitation, cette démesure, que ces gens s'affairent tandis qu'elle les regardait de haut. La favorite savait que, là-bas, sur la gauche, en regardant vers les bois de Satory, le château projetait la première des deux ailes qui devaient agrandir la demeure, au sud. La marquise voulait être la reine de ce château, bientôt plus vaste et plus beau que le tout petit Versailles que La Vallière avait connu. Elle voulait jouir de l'appartement de la reine, encore flambant de ses dorures, merveilleusement agencé, si clair, si ensoleillé, aménagé devant le parterre du Midi.

Justement, enfin réveillée par le vacarme de la musique, le roulis de la voiture qui allait sur les fondrières, la reine Marie-Thérèse ouvrit les yeux et posa aussitôt un regard énamouré sur Louis XIV. « Souris, ma ravissante, s'amusait la marquise. Profite bien du peu de vie qu'il te reste et regarde ce château où tu ne reviendras guère car, bientôt, j'en serai la propriétaire, en jouirai à ta place pendant que, toi, tu seras au tombeau. »

À Paris, rue de Birague

Chapeau, veste et bas bleus, un quartenier de la prévôté donna un coup d'épaule dans la porte. La serrure en était mal ajustée, le chambranle gâté : le battant s'ouvrit comme s'il avait été de carton. La pièce était vide, un coup d'œil suffisait à s'en assurer.

Le geste prudent, Pomereu s'approcha du lit, l'inspecta sommairement, écarta la couverture du bout de son soulier, considéra la table. Puis s'approcha du mur où quelques planches supportaient les maigres affaires de Saint-Lizier. Soudain, son visage s'éclaira. Il désigna une série de pots.

— Voyez, monsieur le lieutenant de police, cette marchandise vient de par-delà les Alpes. C'est du poison italien, parmi les plus violents. Si vous l'ouvrez, vous y verrez une poudre si fine que, si vous en jetez une pincée en l'air, c'est à peine si vous la verrez retomber, j'en suis certain.

La Reynie tendit la main. Preste, l'œil effaré, Auguste-Robert de Pomereu esquiva le geste.

— Prenez garde ! Maniée sans précaution, c'est la mort assurée. Un peu de cette poussière déposée à l'intérieur d'une paire de gants fait passer de vie à trépas en quelques instants – c'est d'ailleurs à cela qu'elle est principalement employée. Voilà ce dont je supposais l'existence. Ce Saint-Lizier est mêlé de près au trafic contre lequel nous luttons depuis maintenant plusieurs mois. Vous trouvez que je vais vite en besogne ? Ces fioles sont rigoureusement identiques à celles que je vous ai montrées dans mon bureau de l'Hôtel de Ville et qui ont été saisies dans la barque, affrétée par des trafiquants de poisons, l'embarcation dont je vous ai parlé. Ce Saint-Lizier doit être arrêté. Le plus rapidement possible. À la fois pour le mettre hors d'état de nuire et aussi pour qu'il livre le nom de ses complices, quels qu'ils soient.

La Reynie regarda les fioles, puis Pomereu, puis de nouveau les flacons. Avant même que le prévôt ne reprît la parole, il fit une proposition :

— Je ne sais s'il est temps que je vous fasse l'offre qui me vient à l'esprit. Mais vous m'avez beaucoup conseillé et épaulé dans toute cette affaire aux multiples facettes. Certes, le roi m'a confié une place éminente en matière de recherche de la vérité, à la fois en tant que lieutenant de police et enquêteur de la Chambre ardente. Cependant, voyez : il est patent qu'une part des poisons utilisés par les misérables que nous traquons arrive par la Seine. D'Italie, comme vous l'avez dit, mais aussi de sombres provinces qui livrent crapaud, couleuvres, poudres et araignées confites. L'endroit et le moment sont peut-être mal choisis, mais j'aurais mauvaise grâce à ne pas vous proposer de partager désormais la charge double qui m'a été confiée. D'autant que, nous nous en sommes déjà entretenus à plusieurs reprises, les édits et règlements qui départagent nos forces respectives recèlent autant d'ombres que de lumières. Mais, vous et moi, nous pouvons considérer, sans trahir le roi, et puisque les criminels ou leurs complices paraissent rôder sur les rives de la Seine et s'y approvisionner, que vous devez, en tant que garant de la sécurité du fleuve, de ses ports, de ses berges, être pleinement associé à leur traque et à leur jugement.

Pomereu ne cacha pas son émotion.

— Vous venez de me proposer ce que je n'osais formuler, mais que j'avais précisément à l'esprit. Je pense, en effet, que nous remplirions mieux nos missions si nous pouvions davantage nous concerter, encore plus que nous ne l'avons fait jusqu'à maintenant. Je parle de l'affaire dont la Chambre ardente a à connaître, mais aussi de toutes celles à venir, dès qu'elles nous paraîtront à tous deux revêtir une certaine importance…

— Dès demain, reprit La Reynie, je vous ferai porter copie de tous les mémoires que mes propres agents ont établis, ils passeront la nuit à les écrire s'il le faut. Je ne prendrai plus d'initiative avant de vous avoir associé à leur maturation.

— Pour le service du roi…

Un quartenier était occupé à envelopper les flacons dans un tissu épais. Il les plaça dans une sacoche qu'un autre tenait déjà ouverte : Pomereu avait tout prévu.

— Prenez garde, prévint celui-ci. Ne les ouvrez sous aucun prétexte : ce qu'ils contiennent pourrait gâter l'air et nos poumons. Portez-les avec toutes les précautions requises jusqu'à l'Hôtel de Ville. Nous les rangerons avec les autres en attendant de savoir qu'en faire.

La Reynie s'écarta ostensiblement pour laisser les gens de la prévôté achever leur travail.

À Saint-Germain

Montespan était revenue de Versailles, l'esprit encore empli des splendeurs qu'elle y avait contemplées, mais aussi de la certitude qu'elle ne reverrait le palais qui n'en finissait pas de s'agrandir qu'une fois devenue reine ou après que Louis XIV lui aurait dit qu'elle allait l'être. Du reste, à peine la favorite eut-elle regagné ses appartements que la fidèle des Œillets, demeurée au Château-Vieux, lui apporta un message cacheté. Dès les premiers mots, Montespan en reconnut l'écriture, ce qui la réjouit. Et la lecture du message acheva de la transporter. Elle se tourna vers sa fille d'honneur.

— C'est l'abbé Guibourg, le religieux de Saint-Germain-des-Prés dont je t'ai parlé, celui qui célébrera la cérémonie dont Vexin sera… le héros. Il me prévient que tout est en ordre. Qu'il est aimable, qu'il est attentionné : il a prévu un coussin épais afin que je n'aie pas mal au dos lorsque je m'étendrai sur l'autel ! Ce prêtre est une perle. Lis toi-même.

Des Œillets commença à parcourir le message mais s'arrêta.

— Je ne comprends pas. Il est question de célébrer un service en mémoire de la feue reine Anne, la mère du roi… Et de procéder à une quête exceptionnelle…

— Voulais-tu donc que ce Guibourg écrive noir sur blanc ce qu'il est question de mettre en œuvre ? Et que nous ayons ainsi des ennuis si la lettre était tombée en de mauvaises mains ? Ne sais-tu donc pas que le roi, mal conseillé, a réuni une Chambre ardente à l'Arsenal et que cet importun de La Reynie, qui est chargé d'en préparer les enquêtes et les séances, veille dans l'ombre ? Remplace le nom de la reine Anne par celui de Vexin, et tu comprendras à qui est dédiée la cérémonie qui se prépare. La quête extraordinaire ? C'est le sacrifice, bien entendu, espèce de bête bornée…

Agacée, Montespan reprit, plutôt arracha la lettre des mains de sa suivante.

— Il vaut mieux que je « traduise » ce qu'écrit Guibourg. Autrement, tu vas me demander à chaque mot ce que notre ami dévoué a bien voulu dire. Écoute donc. L'endroit sera tendu de noir. Cela plaît davantage aux forces infernales, paraît-il. Elles ont le blanc en horreur. Il y aura deux hosties. Une blanche, une noire. La blanche sera donnée à Vexin, au début. La noire, je ne sais pas à quoi elle servira, le chantre Guibourg a oublié de me le préciser. Peu importe. Comme les murs, l'autel sera recouvert de noir. J'y prendrai place, une bougie dans chaque main, allongée sur le dos et dans un certain état pour que, où qu'il se trouve, Satan puisse m'observer à loisir, sans que je puisse rien lui cacher de mon corps, rien du tout, tu saisis ? Ce sera merveilleux !

Déjà reine de France, déjà mère infanticide, à sa plus grande joie et pour son plus grand profit, la marquise ferma les yeux pour mieux imaginer la scène. Puis, sans plus lire la lettre de l'abbé égaré, elle poursuivit :

— Guibourg sera revêtu d'une chasuble blanche brodée de pommes de pin noires. Il posera sur moi, à l'endroit que tu sais, un calice, empli de ce que tu sais aussi. Et, alors, la cérémonie commencera vraiment. Astarté et Asmodée seront convoqués. Une lame jaillira de nulle part, plus éblouissante qu'un éclair. Tout ira très vite. À peine auras-tu compris ce qui se passera que le sacrifice sera consommé. Lorsque je me relèverai, ma puissance sera définitivement établie.

La marquise rouvrit les yeux. Une ombre passa dans son regard. Ce retour au réel lui déplut. Le geste sec, elle redonna la lettre de Guibourg à des Œillets.

— Prépare-toi. L'affaire est pour demain.

Puis Montespan congédia sa suivante. Le grand jour arrivait. Elle l'avait espéré, avait tout fait pour le voir se réaliser au plus vite, ne regrettait rien de ce qui était mis en œuvre et qu'elle n'aurait pu arrêter désormais si elle l'avait voulu.

La suivante sortit. Elle savait ce qu'il lui restait à entreprendre.

À Paris

C'était dans sa petite maison du quartier que La Reynie avait choisi de consulter l'un des comptes rendus rédigés par les greffiers de la Chambre ardente. Cette minute-là avait échappé à la destruction ordonnée par le roi. Au demeurant, ces pages ne contenaient rien de très compromettant. C'étaient des listes de plantes et d'autres simples, de tisanes, potions et décoctions, tout ce que les sorcières de la Ville-Neuve-les-Gravois avaient décrit tant au Châtelet qu'à l'Arsenal. Certes il y avait sans doute là des recettes et des philtres aux effets préoccupants, en clair des venins, La Reynie ne se souvenait pas de tout. Du reste, ce n'étaient pas ces savoir-faire-là que le policier recherchait. Il se souvenait que l'une des empoisonneuses – était-ce la Voisin, la femme la Bosse, la Vigoureux ou une autre, qui avait parlé de ce que le policier du roi cherchait ? – avait longuement décrit, en digressant, deux ou trois herbes qui intéressaient maintenant La Reynie beaucoup plus que lors du procès. Il tourna une nouvelle page. Il faillit pousser un cri de joie, mais se souvint à temps qu'il était policier et aguerri.

Il avait trouvé. La piloselle. Une plante appelée aussi veluette ou « oreille de souris ». Avide, le lieutenant de police alla au terme de la déclaration consignée. C'était bien ça dont avaient parlé les sorcières, il s'en souvenait, maintenant. Mais, s'interrogea-t-il alors, le pouvoir de cette plante était-il assez fort ? Manifestement duveteuse, selon la description qui en était faite, la petite plante, ornée en saison d'une fleur jaune, avait certes un grand pouvoir puisqu'elle favorisait un certain flux. Mais était-ce là suffisant ? Était-ce tout ce que La Reynie recherchait ? Celui-ci n'en était pas certain. Il devait y avoir autre chose à trouver, autre chose à utiliser, le moment venu. Du plus efficace, du plus ennuyeux pour qui maniait cette plante sans rien en savoir… Et, en songeant à Rome, le policier recommença à tourner les pages du compte rendu. Il était assez lucide pour savoir que ce qu'il mettait en œuvre n'était sans doute pas tout à fait digne d'un lieutenant de police, à peine d'un étudiant de la Sorbonne. Mais c'était parfaitement acceptable dès lors qu'il agissait en tant que père que l'on cherchait à berner, voire à ridiculiser.

À Paris, rue de Birague

Fatigué par sa marche et surtout par les émotions de ces derniers jours, Saint-Lizier arrivait rue de Birague, souvent animée par les voitures et les haquets[1] qui se rendaient jusqu'à la place Royale, à quelques pas, en allant vers le nord. Il ne vit point, tout près de l'immeuble où il logeait, arrêtés à un croisement, les carrosses avec lesquels étaient venus jusque-là Pomereu, La Reynie et leurs gens. Ensuite, tout alla très vite. Toujours occupé à penser au passé qui obscurcissait tant le présent, mais vaguement soulagé de retrouver bientôt sa chambre, qui lui apporterait au moins le sentiment primitif de pouvoir se réfugier dans une tanière connue, Saint-Lizier marchait, la tête baissée. Puis, soudain, sentit qu'on le regardait. Il se retourna. C'était Pomereu.

— Tu es un misérable !

Le visage du prévôt exprimait le mépris, la colère. Constant fut si surpris de cette rencontre que seule une question sottement formulée lui vint aux lèvres :

1. Charrette sans ridelles, munie d'un moulinet destiné à charger les marchandises sans trop d'efforts.

— Pourquoi ?

Devant La Reynie, qui demeurait muet, Pomereu répliqua :

— Le poison, là-haut. On l'a trouvé ! Tu seras mis à mort, comme les autres, tes complices de la Ville-Neuve !

Saint-Lizier, incapable de comprendre le sens de ces paroles absurdes, brutales, si définitives, saisit cependant qu'il était compromis dans une affaire d'une gravité extrême. Quant à La Reynie, il continuait à ne rien dire, mais regardait si intensément son jeune subalterne que ce dernier fut interloqué. Deux soldats descendaient l'escalier, portant avec précaution et crainte les flacons italiens.

Auguste-Robert de Pomereu eut un grand geste, quelques mots pleins d'emphase :

— Les preuves de ta culpabilité ! Ton ignominie est brandie devant toi !

Pomereu parut en oublier qu'il était un grand personnage et, d'une bourrade, s'abaissa à pousser lui-même Saint-Lizier dans sa voiture. Il paraissait maintenant pressé de quitter la rue de Birague.

— Maintenant, monte, c'est trop d'honneur à te faire, mais je ne veux pas te laisser à pied, tu trouverais le moyen de t'échapper. La geôle t'attend, avant la mort.

Tout à coup, une voix s'éleva, que chacun avait entendue, mais que personne ne reconnut d'abord, tant le fait qu'elle se fît alors entendre était imprévu.

— Ce ne sera ni la prison ni la mort !

La Reynie et Pomereu se retournèrent de concert. C'était Gabrielle. Elle semblait ignorer son père et même Saint-Lizier ; en revanche, elle considérait Pomereu avec détermination.

— Votre homme m'a tout dit. Vous avez tout organisé.

Le prévôt des marchands fit semblant de ne pas comprendre, continua de vouloir pousser Saint-Lizier à l'intérieur du carrosse.

Aussi, Gabrielle se lança :

— M. de Pomereu a fait placer des fioles contenant du poison dans les affaires de Constant.

Pomereu devint très pâle. La fille de La Reynie se retourna. Son cocher était là, qui tenait fermement l'homme que Gabrielle avait poursuivi, perdu et retrouvé. En retrait, toute silencieuse et grise, la compagne du garçon appréhendé : Nanette.

— Cette servante renseignait plusieurs policiers, du Châtelet ou de l'Hôtel de Ville, commença à expliquer Gabrielle. Elle espionnait derrière les portes du Radis couronné, savait à peu près tout ce qui s'y disait. Quand elle a retrouvé le cadavre de Philippont, elle est allée trouver ce garçon-là, qui est à côté d'elle. C'est l'un des agents de la prévôté.

— Je ne comprends rien à votre propos, se défendit Pomereu avec détermination et hauteur.

— Il y a dix, vingt, trente voire plus de quarteniers placés sous vos ordres, sans compter les huissiers, les archers, qui peuvent confirmer mes dires : cet homme est l'un des vôtres. Vous ne pourrez tous les faire taire. Ce policier-là est donc à vous, reprit Gabrielle, de plus en plus enhardie. Comment l'ai-je compris ? À vrai dire, je ne l'ai pas saisi tout de suite. J'ai seulement vu, par hasard, la servante qui lui parlait tout à l'heure. Or cet homme, je l'avais déjà rencontré : il s'en est pris à moi, l'autre jour, à la nuit tombante, lorsque je me trouvais dans mon carrosse, rue des Lavandières.

Il n'y a pas tant d'hommes que ça, à Paris, qui ont un œil franchement marron, et l'autre bleu.

Constant le reconnut aussi, c'était bien l'un des prétendus ruffians qu'il avait mis en déroute au bord de la rivière.

— Tout ceci est insensé ! dit Pomereu. Je ne sais que vous dire, je commence à mesurer que j'ai été trahi par l'un des hommes en qui j'avais mis ma confiance. Par d'autres aussi, peut-être. C'est un précipice qui s'ouvre à mes pieds, je ne suis plus sûr de rien. Il faut que nous parlions davantage, que nous tâchions d'éclaircir tout ceci, en mettant en commun ce que je sais – ou crois savoir – et ce que vous connaissez déjà. Allons incontinent dans mon bureau de l'Hôtel de Ville, c'est le mieux, je pense.

Le lieutenant de police considéra le prévôt, avec circonspection, puis sa fille, non sans fierté. Gabrielle avait donc elle aussi, de son côté, mis au jour le machiavélique stratagème. De cette sagacité, de ce courage et de cet esprit d'initiative, La Reynie ne pouvait que s'enorgueillir car Gabrielle – il était bien placé pour le savoir – n'avait jusqu'à aujourd'hui pas eu la vie facile. Il aurait voulu prendre sa fille dans ses bras, mais songea que l'heure n'était pas venue de céder à un accès de tendresse. Le réconfortant fantôme de son épouse plus que jamais à ses côtés, il se tourna vers Pomereu :

— Je crois qu'il est effectivement grand temps, monsieur, que vous et moi ayons une certaine conversation.

À Saint-Germain

Seule dans le petit salon de son appartement du Château-Vieux, Montespan achevait de se changer lorsque l'on toqua à la porte. Des Œillets, sans doute, songea-t-elle. La marquise avait congédié ses autres suivantes et ses valets, pour mieux préparer son esprit au grand œuvre du lendemain.

Elle alla ouvrir elle-même le battant. C'était bien des Œillets. Celle-ci n'était cependant pas accompagnée de Vexin, mais du roi, vêtu de blanc et d'or. De sa canne, le Bourbon repoussa les deux battants d'ordinaire ouverts à son passage.

D'abord stupéfaite, Montespan estima que sa suivante avait rencontré Louis XIV par hasard et qu'elle avait été contrainte d'accompagner le souverain chez sa favorite. Elle s'apprêtait donc à faire bonne figure : son amant lui rendait une visite de politesse, lui apportait un nouveau présent, un bijou, ou bien était pris d'un soudain accès de tendresse – il était coutumier du fait, et il allait falloir y répondre, quoique la marquise eût la tête ailleurs (ce n'était tout de même pas tous les jours qu'elle s'apprêtait à sacrifier un enfant, surtout le sien).

L'illusion s'effondra sur-le-champ. Le visage qu'offrait le roi n'aurait pas dû tromper la marquise. C'était une figure de marbre, à l'expression inflexible, comme celle que Louis XIV aimait commander aux sculpteurs.

La suivante voulut se retirer. D'un geste, le souverain lui ordonna de rester : que Montespan entende ce qu'il avait à dire en présence de son âme damnée ajoutait à l'importance du moment.

— Vous êtes une créature abjecte, par vos actes ou, même, vos pensées, vous vous êtes placée hors du genre humain, hors du monde. Vous êtes une criminelle. Mlle des Œillets m'a tout dit.

Rapide, le regard de la marquise se posa sur celle en qui, croyait-elle, sa confiance était le mieux placée et, soudain, elle comprit que cette sale chienne déguisée en fille dévouée l'avait trahie. Montespan tenta une parade, pour sauver sa peau.

— Pardonnez-moi, Sire, mais la violence de vos propos à mon égard me trouble l'esprit… je me sens défaillir, tant ils sont douloureux à mes oreilles. Je n'ose croire que vous portez un quelconque intérêt aux paroles de cette catin…

— Cessez là cette mascarade, coupa le roi. Et sachez que, désormais, Mlle des Œillets est sous ma protection. L'insulter, oser s'en prendre à elle serait comme si vous vous en preniez à moi.

Au ciel voici peu, Montespan se découvrait tout à coup à terre. Pourtant, des Œillets en avait encore peur. Le roi le comprit. Ce qui lui déplut car il estimait que sa présence aurait dû suffire à rassurer la suivante et à terroriser la marquise. Il regarda l'une et l'autre avec dureté, avant de s'adresser à la seule Montespan.

— J'ai demandé à Mlle des Œillets de m'accompagner ici pour qu'elle entende de vive voix ce que je vais vous dire maintenant et sache à quoi s'en tenir, sans qu'aucune ambiguïté puisse exister dans son esprit et qu'elle ne vous craigne plus jamais, en dépit de ce que vous avez pu représenter à mes yeux. Vous êtes une femme exécrable.

Ainsi, le roi savait... Montespan comprit que celle qu'elle avait toujours placée à une position inférieure à la sienne allait être la spectatrice de sa chute proclamée. Pour le plaisir de faire mal, une dernière fois, elle tenta d'intimider sa suivante, plutôt de l'affoler, en lui décochant une œillade assassine. Mais des Œillets devança son geste, détourna les yeux. Montespan réfléchissait vite. Puisqu'elle ne pouvait s'en prendre à la traîtresse, qui se dérobait donc comme une anguille, après avoir essayé d'être dragon, elle tenta de faire la chatte :

— Sire... Louis... Au nom de ce qui nous a...

— Taisez-vous ! Voici ma première décision : votre suivante demeurera à votre service.

Cette annonce était incompréhensible, ses conséquences insupportables.

— C'est impossible...

— Taisez-vous, ai-je dit. Mlle des Œillets vous surveillera désormais au plus près et me rendra compte chaque jour. S'il lui arrive quoi que ce soit, je vous en tiendrai pour responsable, bien entendu.

— Je ne pourrai le tolérer ! se défendit Montespan.

— Mais si ! tonna froidement Louis XIV. Vous l'admettrez parce que je le veux ! Et c'est d'ailleurs la moindre des contrariétés que vous allez éprouver. Pour commencer, le contenu de vos coffres, vos fioles, vos onguents, vos poudres seront brûlés demain.

— Louis ! Vous n'oserez pas…

— Voici la suite…

Là, l'attitude du roi changea quelque peu. D'emblée, il avait tonné. À présent, Louis XIV allait mépriser. La marquise le regarda, affreusement blessée que des Œillets, non contente d'être devenue sa geôlière, fût le témoin de sa déchéance. De plus, pour la première fois de sa vie, le roi lui faisait peur. Montespan mesurait que la colère qu'éprouvait Louis XIV était la pire de toutes : elle était à peu près contenue, donc plus effrayante qu'une autre qui, en débordant, en aurait été écrêtée.

Le roi fit quelques pas, marcha jusqu'à une fenêtre, revint vers la favorite déchue.

— Comment avez-vous pu ? Vous êtes la mère de la plupart de mes enfants et, parce que je l'ai voulu, vous occupez une position éminente à la Cour. Vous faire juger et condamner est impensable, vous exiler à peine moins. Le scandale serait trop grand. Le roi de France a longtemps apprécié votre compagnie. Il ne peut se déjuger, du moins pas soudainement. Il faut donner le change. Vous conserverez donc vos rang, titres, pensions, bijoux, vos appartements à Saint-Germain et Versailles, votre château de Clagny et ce qu'il renferme, tableaux, porcelaines, cabinets précieux. Il ne vous sera pas repris, ni rien d'autre d'ailleurs, à part mon amitié et ma considération, quoique vous méritiez d'être bien davantage châtiée. Et estimez-vous heureuse : les sorcières sont faites pour être mises à mort, de même que celles et ceux qui recourent à leurs services. Souvenez-vous de Mme de Brinvilliers. Sans parler des punitions qu'on inflige aux mères qui osent songer à…

Le roi ne put achever cette phrase tant les images et pensées qui lui étaient associées lui étaient odieuses, le révoltaient au plus profond de lui-même. Hormis cet accès de faiblesse, qui lui interdit de dire l'innommable, il s'exprimait avec une détermination totale et, surtout, une froideur que Montespan ne lui connaissait pas. Sans doute avait-il discouru de cette même manière lorsque, à la mort du cardinal Mazarin, il avait signifié à ses ministres que, désormais, il n'y avait plus qu'un maître en France, un seul dirigeant : lui.

Louis XIV reprit :

— Vous me révulsez, vous m'horrifiez, vous me dégoûtez. Pire, vous trahissez le roi…

Louis, écoutez. L'amour seul m'a menée à…

— Silence ! Le roi parle ! Il faut sauver les apparences. C'est la seule raison qui me conduit à ne pas vous chasser de la Cour, à ne pas vous déférer vous aussi à l'Arsenal, comme les autres criminelles qui y sont interrogées. Paraissez à la Cour, faites comme si de rien n'était. Faites ce que vous avez à faire mais pas davantage. Pour ce qui est de l'éducation de nos enfants, remettez-vous-en entièrement à Mme de Maintenon, elle jouit de mon entière confiance.

La marquise demeurait stupéfaite, ébahie, sidérée. La situation dans laquelle elle se trouvait, ce qu'elle entendait était inconcevable, absurde. Voici quelques heures, elle était sur le point de devenir reine et, soudain, on la jetait à terre ? Cela n'avait aucun sens, c'était un songe.

Plus que vacillante, Montespan délibérait sur l'attitude à adopter. Rugir, supplier, tonner, objecter, promettre, se repentir ? Et, à chaque instant qui passait, elle hésitait davantage, compromettait ainsi ses très maigres chances de retourner une situation désespérée.

— Voyagez, cela me fera plaisir. Allez prendre les eaux, poursuivait le Bourbon. Voyagez avec autant de gens et de chevaux que vous le voudrez, le Trésor paiera. Je ne peux ni ne veux vous exiler, mais je serai toujours satisfait de pouvoir dépenser sans compter pour vous envoyer et vous savoir au loin. Pour le reste, tâchez de demeurer autant que vous le pourrez à Clagny, autant de temps qu'il sera possible, cela sera le mieux. Fréquentez les églises, cela ne vous fera pas de mal pour peu que vous y réfléchissiez ; voyez si, à Paris, il n'y aurait pas un couvent qui accepterait de vous louer un appartement où vous pourriez loger, hors de la clôture, sans pour autant prononcer vos vœux, car je vous en sais incapable et, d'ailleurs, vous souilleriez ce lieu, avec vos pensées diaboliques.

— Sire…

— Maintenant, allez. Surtout, ne vous présentez pas à l'improviste chez moi comme je tolérais jadis que vous le fassiez. Je vous ferai savoir chaque fois que je désirerai vous voir pour vous faire part de mes volontés vous concernant.

Incapable de dire quoi que ce soit, Montespan en fut réduite à tenter de recourir à la féminité qui l'avait si bien servie auprès du roi, à maintes reprises. Elle adressa au souverain le sourire le plus engageant, le plus prometteur, le plus implorant qu'elle fut capable de se composer, et n'y réussit pas trop mal. D'une main, elle caressa une mèche de ses épais cheveux blonds, bouclés au petit fer.

Louis XIV baissa les yeux, non pour éviter de regarder la marquise sous peine de succomber au piège que lui tendait une féminité qui jetait ses derniers feux, mais parce qu'une telle attitude, en la circonstance, l'horrifiait, l'excédait. Il ajouta :

— Vos cheveux commencent à blanchir, sous le blond. Et ils ne sont plus aussi abondants qu'autrefois.

Ce coup fut peut-être le plus rude, pour la marquise. Quoiqu'elle eût de beaux restes, sa beauté commençait à s'enfuir, c'était certain, mais elle s'était toujours refusée à le concevoir jusqu'alors.

Montespan demeura muette. L'ampleur de cette catastrophe imprévue la privait de toute capacité d'analyse, l'empêchait pour la première fois de sa vie de trouver les mots, qui n'auraient bien entendu pas rétabli la situation à son avantage mais l'auraient entretenue, un bref instant, dans l'illusion qu'elle avait encore du pouvoir et de la splendeur.

Au demeurant, le roi ne lui laissa pas le temps de réfléchir. En une dernière phrase, il acheva de détruire la marquise :

— Vous avez pris de l'embonpoint, et plus que les autres fois. Vous n'êtes décidément plus celle que j'ai naguère rencontrée. Il est temps que nous nous séparions.

La marquise avait bâti sa fulgurante ascension sur sa beauté. Que celle-ci fût – de plus, à juste titre – raillée lui était insupportable. Or l'éclair de haine qui passa dans son regard n'échappa pas au roi, qui feignit de l'ignorer. D'un geste solennel, le souverain invita des Œillets à sortir de chez la marquise en sa compagnie. Et Montespan l'entendit dire :

— Il faudra donc tout me décrire, tout me raconter. Ou, à défaut, si un jour je suis à la guerre, vous verrez avec Bontemps, il en sait déjà à peu près autant que moi et je vais sur-le-champ lui dire ce qui vient d'être prononcé ici.

Montespan vacilla, sultane soudainement déchue, déesse d'un coup privée d'immortalité. Maintenant que sa suivante était désormais chargée de la surveiller, il lui fallait accepter qu'un Bontemps, sorti de rien, de la boue, connût l'étendue de sa déchéance. Or la rage qui la submergeait ne pouvait que s'acharner sur elle-même. La marquise s'était pensée hors d'atteinte, intouchable, avait cru pouvoir jouer, avait misé gros. Puis avait tout perdu, tout, et ne pouvait s'en prendre à personne[1].

1. La disgrâce de Montespan date de l'affaire des Poisons dans laquelle elle fut gravement compromise. La marquise dut plus tard quitter l'appartement des Bains de Versailles, se retira au couvent des Filles de Saint-Joseph, à Paris, devint dévote, alla en cure à Bourbon-l'Archambault, où elle mourut.

À Paris, à l'Hôtel de Ville

Dans le huis clos de son bureau, La Reynie finit par rompre le silence. D'autant plus sûr de lui que l'image du casque de fer s'imposait. Si cette machine cruelle se trouvait en sa possession, combien d'autres servaient-elles encore, dans les cours des miracles, et que Pomereu n'avait jamais recherchées parce qu'il était davantage occupé à défendre ses prérogatives qu'à traquer le mal ? Il s'adressa au prévôt avec une gravité dont celui-ci mesura d'emblée la solennité :

— Vous avez compris qu'en vous priant de nous retirer ici je cherchais à nous soustraire à la foule qui nous entourait tout à l'heure et à faire en sorte que même vos quarteniers ne puissent nous entendre. Par égard pour vous, plutôt pour votre charge, et bien que vous ne méritiez pas d'être ainsi ménagé.

Le prévôt fut pris de court, agita en vain une manche de satin brodé, s'offusqua :

— Comment osez-vous employer ce ton et ces mots ? Je ne comprends pas…

Le lieutenant de police éprouvait une colère sourde. Il se fit abrupt :

— Taisez-vous. Et puisque nous sommes désormais entre nous, je vous conseille vivement de ne rien omettre dans les aveux que vous allez formuler. Je sais que Philippont, bien qu'il fût aux ordres du Grand Châtelet, travaillait pour vous. Avec l'homme aux yeux vairons, c'est lui qui, à votre demande, a d'abord tué l'ancien valet de Mme de Brinvilliers, ce Martin Laboureur, qui n'a eu que le tort d'être une connaissance de Constant Saint-Lizier du temps où les deux garçons étaient au service de cette criminelle… C'est aussi Philippont qui a transporté le corps du prêtre de Saint-Roch jusqu'au bord de la Seine.

La parole mécanique, Pomereu tenta de sortir de la nasse, sans véritable conviction :

— C'est plus que déraisonnable, ahurissant, pourquoi aurais-je ordonné de tels agissements ?

— Vous êtes l'un de ceux qui n'ont jamais admis que, pour mieux assurer la sécurité de la ville, le roi ait institué la lieutenance générale de police, quoi que vous m'en ayez dit à maintes reprises, alors que, précisément, vos forces étaient depuis longtemps incapables d'assurer la tranquillité des Parisiens et de lutter contre le crime. Il n'y a là rien que de très banal : d'autres avant vous avaient combattu pour que ma charge ne soit pas créée, ils se moquaient bien que ce fût au détriment du bien public. Moi qui vous ai tant fait confiance et qui vous étais si reconnaissant, qui étais si soulagé, même, d'unir mes forces aux vôtres. Certes, transporter Jacquillard, un mort, un criminel de surcroît, sur une berge, n'est pas en soi bien condamnable. En revanche, tuer ce Laboureur, un innocent, chercher à m'atteindre en ruinant la réputation d'un de mes policiers et, surtout, vous en prendre à ma fille sont des actes d'une tout autre gravité.

Blême, Pomereu ne répondit rien. Et, sa colère trop longtemps contenue, la fureur qu'il éprouvait à l'encontre de Pomereu trop réprimée, La Reynie s'emporta :

— On a assassiné, sur votre ordre ! Rue des Lavandières, on aurait sans doute assassiné de nouveau, pour vous plaire, si un concours de circonstances – la survenue heureuse de Saint-Lizier – n'avait pas brisé net votre machination odieuse. Vous avez failli, vous avez trahi ! Vous deviez concourir à assurer la tranquillité publique, vous avez causé de grands malheurs, de manière injuste, pour une rivalité que nous aurions pu régler entre hommes de bonne intelligence avant tout soucieux du bien public ! Vous êtes aussi criminel que les sorciers que nous jugeons et condamnons à l'Arsenal. Non, vous êtes pire qu'eux car vous êtes gentilhomme et étiez le dépositaire d'une parcelle de l'autorité du roi. Vous avez manœuvré, vous avez menti, vous avez versé le sang. C'est une trahison. C'est indigne.

Pomereu, dans un ultime accès de vanité, se leva d'un bond. Parce qu'il se savait perdu, il recouvra quelques instants la force nécessaire non pas pour se défendre, mais pour jeter à la face de La Reynie tout le mépris et la haine que ce dernier lui inspirait :

— Monsieur, en effet, je vous dénie le droit d'être ce que vous êtes. Ma charge a été créée voici plusieurs centaines d'années et, par ma bouche, ce sont tous les prévôts qui m'ont précédé qui parlent et regrettent que, lors de la création de la lieutenance de police, l'Hôtel de Ville ait été dépossédé de l'essentiel de ses prérogatives. Et au profit de qui ? D'un homme dont le passé est trouble, je le sais, dont la fortune est d'une origine obscure, la naissance aussi, sans doute, si l'on y regardait de plus près. Alors, oui, je le confesse – mais c'est pour moi un honneur –, la seule manière d'arriver à mes fins était de m'appuyer autant que faire se pouvait sur le brouillard qui règne sur le partage de nos compétences, de nos territoires respectifs, pour vous inciter à unir nos forces afin de mieux vous abattre ! Trouver un, deux ou trois assassinés sur la rive me donnait à enquêter, à conserver et défendre les attributions de la prévôté tout en mettant en cause votre cher Saint-Lizier. J'affaiblissais votre institution, afin de renforcer la mienne et d'être en position de force auprès de Sa Majesté pour obtenir de rogner les pouvoirs du Grand Châtelet et de recouvrer les droits qui n'auraient jamais dû m'être enlevés.

Le silence se fit. Pomereu était blanc de rage et de dépit, toujours debout au milieu du bureau de La Reynie.

Celui-ci demeura un instant muet. Non seulement parce que, compte tenu de son caractère, il avait le triomphe modeste, mais aussi parce qu'il percevait – croyait percevoir ? – dans les propos de Pomereu comme une menace voilée : se pouvait-il que le prévôt possédât quelques lumières sur l'affaire du testament de Tavannes ou celle de l'exil volontaire de son fils Gabriel Jean ? Or le lieutenant de police balaya cette inquiétude. Quoi que sût Pomereu sur le policier du roi, celui-ci n'avait pas le droit de faiblir ni de s'inquiéter. La Reynie reprit, plus ferme que jamais :

— À mon tour d'établir un mémoire, monsieur le prévôt. Et, cette fois, celui-ci ne contiendra que des éléments avérés, d'autant moins sujets à caution que l'ensemble sera fondé, pour l'essentiel, sur la confession que vous venez de présenter. J'y ajouterai les aveux circonstanciés des nombreux témoins de vos manigances. Ainsi, le roi saura ce que vous avez fomenté. Vous le contresignerez, pour que votre culpabilité soit établie sans conteste. Pour le bien du royaume, et non pour protéger mes intérêts, j'exige que vous me promettiez que vous n'essaierez pas d'attenter à vos jours. Du moins pas avant d'avoir signé le rapport que je vais établir sur-le-champ. Le roi lira ce rapport et décidera ce qu'il voudra. Quant à moi, je me souviendrai toujours que, par votre faute, il y a eu trahison, mort d'homme et que ma propre fille a manqué y laisser la vie.

Plus mort que vif, pétrifié par son échec, se sachant à jamais perdu, Pomereu était sur le point de se retirer. Or la haine recuite qui le dévorait, la fureur éprouvée à l'idée qu'il avait échoué et que, surtout, La Reynie avait gagné l'incitèrent, contre toute prudence, à proférer une ultime infamie, en une démarche qui sentait la mort bravée. Salir, certes au risque de se salir lui-même, c'était tout ce qui restait au prévôt. Celui-ci trouva la force de placer un onctueux sourire sur son visage :

— Votre fille… Avant de chercher à la faire tuer à ma demande, par deux fois, au bord de la Seine puis dans la taverne du Radis couronné, Philippont a voulu la prendre, et de force, comme un chien le fait avec une chienne, dans un corridor du Grand Châtelet. Convenez-en, faire son devoir n'interdit à personne de rechercher à satisfaire son plaisir, surtout quand celui-ci est pressant et dédaigné, n'est-ce pas ? Je regrette que, à défaut de quitter ce monde, votre progéniture n'ait pas été au moins avilie à cette occasion, et à quelques pas de votre personne.

Choqué, par-delà la haine manifestée, par tant de grossièreté, dégoûté, si malmené dans son âme de père,

La Reynie se raidit. Mais il trouva la force de ne rien répondre et, surtout, celle de ne pas tuer de ses mains celui qui venait de prononcer ces paroles abjectes. Le lieutenant de police eut l'intelligence, le sang-froid de comprendre que, par-delà leur violence, celles-ci exprimaient un désespoir et que leur abjection n'était que le reflet d'une âme haïssable. Il ne ferait pas à Pomereu le plaisir de le tuer maintenant et d'échapper ainsi à sa responsabilité, à la honte qui se saisirait de lui avant longtemps et ne le quitterait plus jamais.

Et, enfin, La Reynie s'en alla.

13

15 MAI 1679

À Vaugirard

Antoinette de La Reynie était assise comme autrefois, au plus près de la fenêtre, occupée à broder sur son métier. Autour d'elle, comme une senteur de lavande séchée, de fine poussière aussi. Elle ne disait rien, resterait cette fois muette, son époux le savait. Car il n'y avait rien à dire. Le policier du roi avait lutté et gagné. Rien ne lui avait été facile, et il avait à plusieurs reprises marché dans le noir. Mais aussi, songeait-il, de la trahison de l'habile et obstiné Pomereu à la déchéance d'Adélaïde de Chabrière, des hésitations de Saint-Lizier aux coups de tête de Gabrielle, que le policier du roi excusait, car la jeune fille avait été malmenée par le destin, privée de frère, puis de mère, La Reynie avait dû faire face sur de multiples fronts. Il n'avait cependant pas à se montrer trop mécontent : le royaume et Paris avaient été débarrassés de plusieurs sorcières qui n'auraient jamais dû vivre. Certes, la marquise de Montespan n'avait pas été inquiétée et ne le serait jamais. Mais La Reynie en était certain, elle avait été précipitée dans un abîme dont elle ne reviendrait pas. Tout cela, le lieutenant de police le savait. Il n'y avait nul besoin de convoquer son épouse défunte ni de l'interroger pour affiner ses pensées.

Demeuré debout près de la cheminée vide et froide, l'homme regarda le lustre venu de Bohême : Gabrielle avait eu raison d'insister pour que son père l'achetât, en dépit de la dépense. Source d'une lumière jusque-là inconnue, joyeux, si moderne, presque amusant, l'objet incitait le policier à voir au loin, à envisager avec force son avenir et celui de la lieutenance de police. La Reynie sourit. Il songea à ce qu'était son existence, faite de réussites et d'échecs, de combats aussi, le plus souvent remportés. Il se tourna vers Antoinette, dont la silhouette commençait à se décolorer, la robe à s'effacer, les traits à s'estomper. Le policier tâcha de retenir un peu ce visage, mais ce dernier se brouilla. Ou, plutôt, se superposa à lui la physionomie de Gabrielle, souriante. La Reynie comprit qu'il devait se dégager du passé autant que faire se pouvait, s'engager à grands pas dans l'avenir. Entre autres pour que Gabrielle comprenne qu'il l'aimait, qu'il ne préférait à la jeune fille ni le fils enfui en Italie ni l'épouse disparue. Là où Antoinette se trouvait, pensa La Reynie, elle ne s'offusquerait pas que son époux la convoquât désormais moins souvent qu'auparavant...

De même, se promit le policier, dès que possible, il ferait fondre le casque de fer. La Reynie n'aurait plus besoin de ressourcer sa détermination dans la contemplation de cet instrument de torture, ne voulait pas risquer que, s'il lui arrivait malheur, l'objet pût tomber en de mauvaises mains, souffler à de nouveaux criminels le désir de s'en servir.

À Saint-Germain

— Et voilà toute l'histoire. Vraiment, dit le roi, La Reynie a été admirable. Il sait s'entourer d'hommes de valeur, et c'est un esprit pénétrant. Il s'est montré à tous égards à la hauteur de sa tâche. Quant à Pomereu, je suis attristé de constater à quel point la soif de pouvoir peut faire perdre la tête à un homme, le pousser sur le versant du crime alors qu'il a précisément pour mission de le combattre.

Maintenon avait elle aussi toutes les raisons d'encenser le lieutenant de police, mais n'en dit rien. Comme souvent, elle se tenait assise en retrait de la fenêtre, pour éviter le courant d'air bien qu'il ne fît pas froid. Frileuse, elle travaillait à son ouvrage, une nappe d'autel qu'elle entendait offrir aux servants de la nouvelle chapelle de Versailles, dont l'aménagement avait commencé voici quelques mois [1]. Louis XIV, lui, achevait de consulter de nouveaux plans. Il s'agissait de repenser, déjà, l'aménagement de l'aile du Midi

1. Non pas l'actuelle chapelle, mais celle qui fut consacrée en 1682 et se trouvait à l'emplacement de l'actuel salon d'Hercule.

de ce palais, qui n'en était qu'à son rez-de-chaussée. Maintenon intervint :

— C'est bien une chance qu'une servante ait un jour parlé à ce jeune policier, dans je ne sais plus quelle taverne, comme vous l'a dit ce La Reynie, et que nous en ayons appris assez pour travailler ensuite à perdre Mme de Montespan.

— Oui, dit le roi, assez distraitement. J'ai songé à faire retrouver cette servante afin de lui donner une récompense, bien qu'elle soit sans doute une femme de peu. J'y ai renoncé, pour ne pas souiller la Couronne.

La nouvelle favorite eut une moue.

— Ce devait être une de ces gueuses dont chaque moment de la vie est une offense à Dieu. Elle nous aura bien renseignés, mais c'était certainement une femme sans vertu.

Maintenon acheva de broder un Sacré-Cœur, depuis peu vénéré dans le royaume, sur l'étoffe tendue sur un tambourin de peuplier gravé. Fil d'or pour une flamme, fil brun pour une épine. Elle éprouvait une satisfaction entière, absolue, elle avait la certitude d'avoir à jamais gagné sa place auprès du roi. Cependant, pour ne pas trop paraître triompher, la gouvernante des bâtards royaux ajouta ce qui, pensait-elle, devait témoigner de sa grande sensibilité :

— Tout cela est très bien. Mais enfin, je frémis à l'idée de ce qu'il serait advenu si Mme de Montespan avait mis en œuvre le dernier des projets qui lui est venu à l'esprit : sacrifier… sacrifier qui vous savez pour appeler le malheur entre autres sur Sa Majesté la reine…

Là, Maintenon ne feignait pas l'horreur qu'elle disait éprouver. Elle était réellement attachée aux enfants qu'elle avait élevés, chérissait Vexin, même si son préféré était son frère, le duc du Maine. Le roi était ému, lui aussi.

— L'irréparable ne se serait pas produit, c'est impossible. Vous savez comme moi que Mlle des Œillets me renseignait jour après jour et remplaçait les philtres que Mme de Montespan croyait me faire boire par de simples tisanes.

— Je ne l'ignore pas, puisque, Louis, vous veniez ensuite tout me répéter, remarqua la marquise, ce dont je vous sais gré.

Le roi reçut le remerciement d'un sourire.

— Pour ce qui regarde *stricto sensu* l'affaire du comte de Vexin, reprit le roi, Mlle des Œillets n'a vraiment compris que voici peu de jours ce que sa maîtresse avait en tête. Mais elle m'a prévenu, dès qu'elle a été certaine que le pire était en marche.

— Pauvre enfant... Quel malheur, quelle infamie cela aurait été si...

Maintenon n'acheva pas sa phrase, mais acheva une nouvelle fleur de lys. Elle avait vraiment de solides raisons de pavoiser. Même si elle ne pouvait le crier à la face du monde. L'essentiel était que Louis XIV se fût débarrassé de Mme de Montespan, du moins dans les limites de ce qui était acceptable aux yeux de la Cour, voire de l'Europe, qui scrutait tout ce qui se passait dans la demeure du Bourbon.

Le temps passait. Il était l'heure d'aller à la messe.

— Après l'office, dit le roi, je me rendrai à Versailles. Le mieux est que vous restiez ici. D'autant que vous-même êtes un peu enrhumée : les plâtres qui, là-bas, ne sont pas secs, la poussière que soulèvent les chantiers pourraient vous incommoder...

Maintenon ne vivait dans l'intimité du roi que depuis peu de temps. Elle se laissait encore surprendre, parfois, par le Bourbon. Elle hésita un instant, se demanda si elle profiterait de l'escapade du roi pour demeurer seule et réfléchir aux événements qui venaient de s'enchaîner. Puis Maintenon se ravisa : mieux valait à cette heure où il lui fallait prendre toute sa place auprès de Louis XIV qu'elle accompagnât celui-ci partout où il allait.

— Louis, je vous remercie de votre sollicitude, mais je préfère venir. L'air de la route me fera du bien, j'en suis certaine.

— Fort bien, dit-il d'un ton faussement dégagé. En fait, je pense convier Mlle de Fontanges. Il faudra bien un jour jeter à bas la grotte de Téthys pour construire l'aile qui viendra, au nord, répondre à celle du Midi. Je suis curieux que cette jeune personne, depuis peu arrivée de sa province, voie cette construction avant que les maçons ne la détruisent, avec tous ses ornements.

— L'idée me paraît fort bonne, Louis. Cette petite provinciale ne peut savoir qu'une telle merveille existe, il est bon de la lui montrer, en effet.

C'est donc cela, s'amusa la marquise, que le roi montre à cette idiote de Fontanges cette bâtisse inutile où il aimait demeurer avec Montespan lorsque celle-ci croyait sa faveur éternelle, dans la pénombre et le bruit de l'eau qui retombaient partout en de multiples jets, propres à distraire les sots.

Maintenon s'était débarrassée de Montespan avec une facilité qui achevait de la convaincre de son invincibilité. Fontanges, dont la gouvernante des bâtards de Louis XIV savait tout, surtout de ses amours secrètes avec le souverain, ne ferait guère le poids, elle était de ces fleurs qui ne durent qu'une saison. Montespan avait probablement déjà réfléchi à la façon de débarrasser Saint-Germain de la belle et jeune créature… Ce serait à Maintenon que reviendrait le plaisir d'effectuer ce travail[1]. Puisque Montespan était à jamais rejetée dans la coulisse.

1. Fontanges mourut en 1681. On parla alors de poison.

Au Grand Châtelet

Prévenu, La Reynie accourut en hâte. Il se reprochait de ne pas avoir fait surveiller Chabrière dans sa cellule de manière plus étroite même si, à vrai dire, les derniers événements ne lui avaient guère laissé le loisir de se consacrer à autre chose qu'à eux. Par trois fois, il avait pu mesurer en personne la détermination de la jeune déclassée. Comment avait-il pu penser que celle-ci se laisserait conduire à la mort telle une vache promise à la boucherie, sans rien faire pour affirmer qu'elle entendait mener son destin comme elle le désirait, jusqu'à son dernier souffle ? Certes, sa fille, Constant et surtout Pomereu ne lui avaient guère laissé de temps.

Le geôlier, qui demeurait coi et gardait le regard baissé car il redoutait qu'on lui reprochât ce suicide, avait laissé ouverte la porte de la cellule et se tenait tout à côté. La Bretaudeuse s'était pendue aux barreaux de la haute fenêtre. Sa jupe, déchirée avec soin, lui avait servi à fabriquer une corde. Mais davantage que le corps, c'était un papier, laissé sur le bat-flanc, qui attirait le regard. Il était de toute évidence destiné au lieutenant de police.

— J'y ai pas touché, assura le gardien, pressé de ne se voir rien reprocher, du moins pas de s'être montré indiscret. D'ailleurs, je sais pas lire.

La Reynie prit le papier et le lut vite. Mais ce n'est qu'en le parcourant une seconde fois qu'il en comprit vraiment le sens :

« Tôt ou tard, le roi saura ce que j'ai fait ici, au Grand Châtelet. J'espère qu'il en sera meurtri, qu'il en souffrira puisque, à travers les hommes que j'ai tués, c'est bien à lui, à sa puissance et à sa volonté que je me suis attaquée, et que je ne pourrai jamais en être châtiée. Sa Majesté voudra sans doute reprendre ce qu'elle m'a donné afin que j'en sois privée, même après mon dernier souffle. Or, ce bijou, car c'est à lui que je pense, j'y suis attachée. Pendant un moment, j'ai cru, avec toute la sottise de ma jeunesse, mes espoirs, ma naïveté aussi, qu'il témoignait de ma fortune et peut-être aussi d'un amour naissant. Si Sa Majesté, donc, entend le reprendre afin que rien ne puisse subsister qui pourrait, un jour, rappeler que le roi m'a convoitée et, l'instant suivant, renvoyée, il faudra attendre que mon corps soit poussière, ce qui prendra quelque temps. Ou bien qu'on aille chercher là où ce ne sera pas agréable d'avoir à regarder et à fouiller, car je n'ai pas négligé, avant d'aller visiter un autre monde, de faire honneur au repas que le roi, dans sa bonté, veut bien faire servir au Grand Châtelet à ceux que la corde attend. »

La Reynie fut ému, bien plus qu'il ne l'aurait cru, par cette ultime missive : si la fille était morte si haineuse, c'est qu'elle était tombée de très haut et s'était sentie si trahie… Il pensa en son for intérieur que cette affaire n'était qu'un bien triste gâchis. Il n'en était pas moins le serviteur du roi. Et son devoir était de protéger le Bourbon. Cette fois, le lieutenant de police n'hésita pas : Louis XIV ne devrait jamais apprendre ce qu'avait commis celle qu'il avait manqué mettre dans son lit et comment elle avait achevé sa pauvre vie. La Reynie mit la lettre dans sa poche et se promit de la brûler à la première bougie.

À Paris, rue de Birague

— Je connais mon père, conclut Gabrielle. S'il reste quelque reproche dans son cœur, je sais qu'il pardonnera bientôt tout à fait et je m'en réjouis. Avec d'autant plus de force que j'ai failli causer votre perte.

Pour diverses raisons, Constant souhaitait abréger ce face-à-face.

— Nous avons déjà parlé de tout cela. L'affaire est entendue. Pomereu a réussi à nous berner, à nous nuire pendant un temps, il était un adversaire redoutable et c'est pour cela que nous avons vacillé, vous et moi, votre père aussi. L'essentiel est que la vérité ait fini par éclater, du reste grâce à la sagacité du lieutenant de police.

Bien qu'elle fût déjà venue ici, Saint-Lizier éprouvait désormais de la honte à recevoir Gabrielle dans sa pauvre chambre. À présent, Mlle de La Reynie était redevenue la fille d'un des plus puissants personnages du royaume. Et Saint-Lizier demeurait un garçon plein d'avenir mais qui resterait à jamais un simple policier du Châtelet. Un temps, une folle aventure avait rapproché les deux jeunes gens qui, côte à côte, avaient été contraints de se livrer l'un à l'autre, de se faire confiance après s'être soupçonnés et accusés. Surtout, Saint-Lizier devait réprimer une certaine envie. Gabrielle avait-elle pris la mesure du désir qui habitait le garçon ? Celui-ci s'interdit d'y penser davantage. De même, il refusa de s'interroger pour savoir si, à cet instant, la jeune fille éprouvait le même trouble que le sien. Tant Constant savait qu'il devait demeurer à sa place, si près et si loin de Gabrielle. Et celle-ci s'en alla.

Demeuré seul, le jeune policier réfléchit. À défaut d'être heureux, il était assez satisfait de lui-même, mesurait l'élégance qui l'avait conduit à ne rien brusquer ni provoquer, bien que son corps n'eût été rassasié. Gabrielle était vouée à conclure un beau mariage, avec un financier ou peut-être même un duc, elle fréquenterait la Cour où, à n'en pas douter, le roi remarquerait sa vivacité et sa fraîcheur d'esprit, pour ne pas parler de ses appas. Et qui sait ce qui pourrait alors arriver, quand on connaissait le tempérament du Bourbon… ?

Cette pensée fit frémir Constant, d'autant plus sur ce point sensible que son plaisir n'avait pas été assouvi. Mais il devait se rendre à l'évidence : emportée par un tourbillon étourdissant, Gabrielle aurait vite fait d'oublier la complicité qui les avait réunis pendant un temps, dont le souvenir s'effacerait du reste peu à peu de l'esprit de la jeune fille, qui ne se la rappellerait plus, au soir de sa vie, que comme une aventure extravagante. C'était ainsi, il fallait que le garçon en prît son parti, même si cela lui serrait le cœur.

À Paris, au Radis couronné

Revêtu des habits que son cocher lui avait pour l'occasion prêtés, La Reynie s'était coiffé d'une perruque courte, pas très propre mais passe-partout. Pour parfaire le déguisement, il avait pris un peu de tabac avec lui, non pour le priser mais pour le mâcher, comme un Parisien ordinaire. De son côté, le tenancier du Radis couronné fit une grimace qui exprimait son impuissance et sa lassitude, à peine polie.

— Alors, là, je ne sais que vous débiter de plus. J'ai demandé à Nanette, elle dit ne rien savoir et je la crois : elle a peur qu'on lui reproche d'avoir aidé ce policier félon, bien qu'elle ait ignoré qu'il l'était, et ne parlera plus. Quant aux autres servantes, elles aussi ignorent tout de cette femme.

À présent, le tavernier voulait se remettre à ses fourneaux, il avait des rognons à faire frire, du hareng séché à aller chercher dans l'appentis, un seau d'eau à jeter contre le mur du jardin, là où les plus ivrognes et les plus sales de ses clients allaient pisser sans façon. Surtout, il avait bien autre chose à faire que de répondre à cet homme qui demandait depuis tout à l'heure après une certaine Fanchon. Si l'importun voulait un autre godet, qu'il le dise et sorte sa bourse, il serait aussitôt servi. Soucieux de se débarrasser du gêneur, le cabaretier répéta :

— Je te l'ai déjà dit, cette Fanchon, elle n'est pas apparue ici depuis longtemps, des semaines, je crois bien. C'est une de celles que je payais à la journée, sans la loger ni la nourrir. De toute manière, je suis bien content qu'elle ne me demande plus de travail : je ne savais jamais quand cette femme allait venir et servir dans la salle, d'autant qu'elle ne restait jamais bien longtemps, juste le temps de prendre quelques commandes et de torchonner un peu. Bref, je ne pouvais trop compter sur elle. Et des femmes comme elles, qui servent à boire et se plaisent aussi à réconforter le client esseulé, ça n'est pas ce qui manque, à Paris – je ne suis pas idiot, je sais bien ce qui se passe là-bas derrière, dans la courette, tu me comprends ? Les clients s'assoient ici, attirés par les filles. La chose faite, enfin, quand elle se fait, car c'est pas toujours, ils leur donnent souvent quelque argent, leur font un petit cadeau. Sans parler des chambres, là-haut, que je loue pour les moins pressés. Et les clients mangent avant, et ils mangent après, à ma plus grande satisfaction. Tout le monde y trouve son compte. Bref, ta Fanchon, c'était une voirie ambulante, un coffre à graillon, tu me comprends ? À présent, tu me dis enfin si tu veux encore boire ? Regarde, on m'attend à l'autre table.

— Du vin, un autre pichet, avec une portion de chou. Mais vraiment, tu ne sais pas comment la retrouver, Fanchon ?

Il ne faisait pas bon s'emporter contre un client, mais celui-ci commençait à l'énerver et surtout à lui manger le temps, se dit le cabaretier.

— Écoute, je comprends que cette femme, tu l'as approchée une fois et elle t'a plu. Mais aujourd'hui, prends-en donc une autre, de ces filles. Là-bas, la brunette sait y faire, paraît-il. Ou bien la grande, avec son bonnet rose, elle plaît elle aussi, elle est plus toute jeune, mais elle doit avoir l'âge de ta Fanchon, d'après ce que tu m'en as dit, de celle-là. Je ne peux pas t'en dire plus, ni maintenant car j'ai trop de travail, ni plus tard car, de toute façon, j'en sais pas davantage.

La Reynie déclina la proposition du tavernier, mais avala un peu de chou, pour se donner quelque contenance et bien que le plat sentît la mauvaise graisse. Il était venu ici pour voir à quoi elle ressemblait, cette Fanchon, inconsciente d'avoir joué un si grand rôle, qui avait permis à la justice du roi de passer, en condamnant de grands criminels qui méritaient mille fois de l'être, et au lieutenant de police de connaître un peu mieux la nature humaine, qu'il s'agisse de sa fille et de lui-même, ce qui était profitable et le consolait, un peu, d'avoir perdu sans doute à jamais son fils unique. Mais, enfin, il ne pouvait se sortir de l'esprit que les révélations de cette femme, que rien n'avait forcée à parler, étaient tombées à point nommé. Fanchon lui paraissait bien mystérieuse, et il aurait aimé pouvoir se faire sa propre idée du personnage.

La Reynie mangea encore un peu de légumes, avec une simple cuiller et surtout ses doigts, en pensant à la fourchette de sa chère Gabrielle, qu'il n'avait toujours pas utilisée en dépit des promesses répétées à sa fille. Il but une ou deux gorgées de mauvais vin, jeta quelques pièces sur la table et se leva, cherchant à se consoler en songeant qu'il avait fait de son mieux pour retrouver celle par qui tout avait débuté. Une soubrette qui ne saurait jamais à quel point des paroles sans doute prononcées sans trop y penser avaient été à la source de toute l'affaire, un propos qui avait permis à La Reynie d'apprendre tant d'horreurs et de déclencher une enquête si déterminante.

Bien sûr, certes jetée à terre, Montespan avait sauvé sa tête. Mais il n'aurait pu en aller autrement, pensait le policier. Son désir de justice avait dû s'accommoder de cette mesure de clémence. Le lieutenant de police s'en trouvait fort bien. Car assurer le pouvoir du roi primait sur tout.

La Reynie songea ensuite à Pomereu, qu'il avait longtemps cru irréprochable. Il s'était trompé avant d'entrevoir la vérité, grâce au spectre convoqué de sa chère Antoinette. Tout entier dévoué à sa tâche, le lieutenant de police se félicita de ne pas se trouver à la place du prévôt. Plus que jamais, il était décidé à faire régner l'ordre et même la décence, sans jamais plus se laisser distraire. Il pourchasserait sans relâche les voleurs, les impies et tout ce qui menaçait la stabilité du royaume ; il obtiendrait même de Louis XIV le droit d'interdire de siffler au théâtre, parce que cela pouvait créer du désordre, c'était la porte ouverte à la rébellion, à la sédition, surtout si la pièce mettait en scène des puissants, des princes.

Ainsi, à force de travail, avec acharnement, le lieutenant de police effacerait de sa mémoire ce qui y était inscrit en lettres de honte, et quoi qu'il en eût dit à Saint-Lizier, l'action par laquelle il avait autrefois dépouillé son cousin, un mourant incapable de se défendre.

Lorsque, songeur mais rasséréné, La Reynie sortit de l'auberge, le tavernier ne put s'empêcher, d'un coup d'œil, de vérifier que cet homme étrange, un débauché à n'en pas douter puisqu'il en avait après cette dégourdie de Fanchon, ou un filou qui se renseignait avant de commettre un mauvais coup, avait bien laissé les quelques piécettes qu'il devait à côté du verre vide.

Quant au policier, il choisit de diriger ses pas vers l'église Saint-Merry. Il était bien entendu insatisfait de ne pas avoir vu Fanchon. Mais, de plus, devinait que cette absence recelait un certain mystère, une obscurité qu'il se promettait de dissiper un jour, quand bien même ce ne serait que dans un an, dix ans, voire davantage.

Devant le Château-Vieux de Saint-Germain

— À Versailles ! s'exclama Louis XIV, plus que jamais emplumé, endiamanté, enrubanné, flots de dentelle immaculée au cou et aux poignets, il était pressé de retrouver la demeure où il donnait libre cours à sa volonté de bâtir, d'embellir et d'inscrire sa gloire dans le marbre et la dorure.

Le roi se retourna vers les dames qui l'accompagnaient et aida la reine à s'installer dans le carrosse royal, tiré par huit chevaux blancs harnachés de rouge. Il n'avait pas perdu ses bonnes habitudes, le désir, le besoin qu'il avait de faire monter dans la même voiture que lui, que Marie-Thérèse s'y trouvât ou non, sa maîtresse du moment. Il se tourna donc vers la duchesse de Fontanges, teint de lait et cheveux blonds, encore tout étonnée de se trouver là mais prête à jouer le rôle que la fortune lui donnerait : si Chabrière était aussi oubliée qu'une reine mérovingienne, la chute de Montespan était dans tous les esprits.

— Vous ne connaissez pas encore mon petit Versailles, je crois ?

Et le roi, qui reniflait la chair fraîche sans chercher à se cacher, aida la ravissante jeune fille à prendre place à son tour dans le carrosse. Sans se retourner, d'une voix maintenant lassée et brusquée, Louis XIV s'adressa à Montespan :

— Allons, vite, nous devrions déjà être partis.

Accablée, en désespoir de cause, la favorite s'était puissamment parfumée : lavande, ambre gris, tubéreuse et esprit de musc. L'humiliée monta sur le marchepied, le souffle court, le regard dépourvu de toute expression. Elle allait devoir se tenir à côté de la nouvelle favorite du roi, supporter sa présence, le propos aimable, les regards énamourés que Louis XIV aurait pour celle-ci durant tout le voyage. L'enfer commençait.

Quant à la reine, elle n'était pour cette fois pas si bête et voyait sans déplaisir Montespan se fracasser devant elle, s'effondrer le pouvoir de cette femme belle, plus intelligente qu'elle – la reine le savait –, qui lui avait tant tenu la dragée haute, durant des années, lui avait adressé tant d'affronts. Enfin, songeait Marie-Thérèse, sa rivale mordait la poussière… Quitte à devoir composer avec une compétitrice, pensait la reine, autant que celle-ci fût inexpérimentée. Le temps qu'elle prenne de l'assurance ou que sa faveur passe, Fontanges serait toujours plus supportable que Montespan. D'autant que cette provinciale n'avait pas l'air méchante. Et, désirant se payer d'une vengeance réconfortante à peu de frais, la reine tendit une boîte à bonbons à la favorite déchue.

— Vous avez l'air soucieuse, madame, voulez-vous une sucrerie ? Celles-ci viennent d'Italie.

Montespan frémit. Marie-Thérèse tentait-elle de l'empoisonner ou, plus certainement, se moquait-elle d'elle ? D'Italie, avait dit la reine ? Se pouvait-il que cette dinde fût au courant des achats auxquels Montespan avait jusqu'à ce jour fait procéder, en poudres et venins, de l'autre côté des Alpes, des agissements auxquels la marquise s'était livrée, des messes noires, des sacrifices projetés ou accomplis pour essayer de la faire périr et de prendre sa place ? L'épouse légitime de Louis XIV insista :

— Prenez-en une, au moins, vous y reviendrez. Ces douceurs sont souveraines contre l'assombrissement de l'esprit. Je les ai moi-même essayées et je n'ai qu'à m'en réjouir. Il faut en prendre régulièrement, plusieurs jours d'affilée. Depuis aujourd'hui exactement, je me sens bien mieux. Sans doute à force d'en déguster…

Oui, songea Montespan, la reine se gaussait. Et devant le roi, qui comprenait bien ce double langage, et devant Fontanges, qui ne comprenait sûrement rien, mais c'était là une maigre consolation. La duchesse d'Orléans arriva en retard, comme souvent, tout essoufflée. Elle fut hissée par ses valets plus qu'elle ne monta dans la voiture tant elle était déjà grosse, à force de trop manger, en cachette, saucisses, barde de lard fumé et chou mariné venu de sa Bavière natale. La favorite déchue se trouva rejetée contre la portière. Elle vit, à l'autre bout de la cour, Maintenon monter à son tour dans l'un des carrosses de la suite du roi. Avec Maine, Nantes. Et aussi l'autre, Vexin…

— Ils sont bien mignons, ces enfants, remarqua la reine. Bien gracieux et si vivants… Tout aussi vivants que moi, grâce à Dieu.

Ces paroles ne laissaient aucun doute, conclut Montespan. Même cette idiote de Marie-Thérèse savait désormais ce que la favorite tombée à terre avait projeté d'accomplir. La marquise détourna le regard, c'était plus qu'elle ne pouvait en supporter et, pourtant, elle devait en prendre son parti.

À Paris

— Le jeune homme qui porte mon nom se trouve donc bien à Rome, reprit La Reynie.

Le policier du roi regarda par la fenêtre. Le contraste qu'offrait le spectacle de la rue avec la solitude qui régnait dans la maison vide était saisissant. Résonnant sur le froid des murs dépourvus des tentures et des tableaux qui y étaient jadis accrochés, le récit que le sabouleux venait de faire n'en avait pris que plus d'importance.

La mouche n'en savait pas davantage, quoi qu'il eût dit le contraire un instant auparavant, pour faire l'important et le savant, pour se faire bien voir du policier du roi. Mais la machine était lancée, il ne pouvait plus ni se dédire ni reculer. Aussi ne fit-il que répéter, en changeant quelques mots, sans trop rien ajouter, le flou qu'il venait d'expliquer :

— Nous avons entre nous autres, les malandrins de France et ceux d'Italie, des compagnons qui vont et viennent, rapportent des nouvelles de tel ou tel côté des Alpes. Le garçon est bien là-bas. Je pense sous peu réussir à apprendre ce qu'il y fait, qui il connaît et s'il compte demeurer encore hors du royaume.

La Reynie se tut, observa même un silence. Enfin, il tira de son habit une poche d'étoffe grossière, la tendit à l'informateur.

— C'est bien. Je ne peux dire que je suis pleinement satisfait car l'ombre règne encore sur ce que je voudrais plus clair et plus précis. Mais nous sommes, tu es sur la bonne voie, je le sais, je le devine, grâce à ces renseignements. Il y a dans cette poche le louis qui est ta récompense. J'y ai ajouté une herbe qui te sera utile.

La mouche tatouée attendait sa récompense sonnante et trébuchante : voici des années que, pour le prix de ses services, La Reynie lui remettait une pièce quand il estimait que le renseignement donné méritait salaire. Pour ce qui regardait la poudre de plante, il ne s'y attendait pas, sa mine l'indiquait, mais il s'en saisit. La Reynie expliqua :

— Tu le sais, à l'Arsenal, nous avons à juger des sorcières, pour ce qu'elles ont empoisonné avec des herbes maléfiques. Rassure-toi, je ne t'offre pas un de leurs venins. Tout au contraire, voici une herbe qui devrait accroître les pouvoirs du savon que tu utilises pour susciter la pitié, la crédulité et tromper.

L'homme tatoué de la Vierge de Lorette ne marqua aucune hésitation, comprit le parti qu'il allait tirer de la plante, s'empara de la bourse, la fit disparaître sous ses habits en remerciant à profusion. La Reynie l'arrêta :

— À présent, disparais. Et ne reviens, cette fois, qu'avec du certain et du précis.

Le truand ne se le fit pas répéter. Il était pressé d'aller dépenser son louis et essayer l'herbe que La

Reynie venait de lui donner. Une fois de plus, il fila par la porte de derrière.

Une fois seul, La Reynie s'assit sur l'une des rares chaises demeurées dans sa petite maison de Paris. Il pouvait être satisfait, du moins s'amuser du tour qu'il venait de jouer au sabouleux. Celui-ci avait voulu le berner en ne lui débitant que de maigres informations inventées, comme La Reynie l'avait à l'avance deviné. Certes sans doute pour se faire bien voir. Mais La Reynie ne pouvait laisser ce qui était un affront à sa dignité, à son chagrin de père.

L'herbe n'était certes pas mortelle, comme il l'avait du reste assuré au malfrat. Mais, à coup sûr, elle jouerait un tour à celui qui mentait, La Reynie le savait, à celui qui avait tout inventé ou à peu près, c'était patent, au sujet du jeune homme de Rome. À coup sûr, anticipait le policier du roi, l'herbe donnée à la mouche, de la belle frange, de l'aulne noir, autrement dit de la bourdaine, contraindrait, sitôt mise en bouche ou à peu près, le truand menteur à courir jusqu'à un certain lieu et à y rester un certain temps, à s'y tenir ventre et tripes et en priant que s'arrêtât le débordement dont il serait la victime.

La vengeance n'était certes pas féroce, mais La Reynie était satisfait de l'avoir mise en œuvre. Pour faire savoir au mendiant que le lieutenant de police n'était pas si sot qu'il le croyait, qu'il ne se laissait pas berner par le premier venu désireux de tirer parti de ses malheurs de père. Et, ce faisant, le policier du roi n'insultait pas l'avenir, il se montrait raisonnable, même. Du dérèglement qui se saisirait de son ventre, le sabouleux ne mourrait pas. La mouche qui retiendrait la leçon serait toujours en mesure de renseigner La Reynie quand celui-ci aurait besoin de ses services.

Et qu'on ne vienne pas lui dire que son amusement était de soudard : à la Cour, on en faisait autant, voire pire, sans compter les salades assaisonnées qu'on s'envoyait à la tête, pour l'ébaudissement, à la table même du roi.

Devant le Château-Vieux de Saint-Germain

Piaffements des chevaux, coups de sabot sur le pavé, derniers ordres donnés par les officiers des gardes, ultimes courses des filles de charge courant se mettre à l'abri avant que ne s'ébranlent les lourds carrosses dorés. Jeunes et agiles, les laquais galonnés replièrent les marchepieds, fermèrent les portières. Écureuil plus espiègle que ses camarades, l'un d'entre eux, insolent et rieur, sauta sur le premier des chevaux de l'attelage royal sans qu'on ait pu l'en empêcher, et y resta. À travers les vitres, la reine, les princesses, les autres dames le virent faire et s'en amusèrent. Le petit serviteur aussi, qui allait faire le voyage en bonne place, dominer à peu près le cortège et le paysage et, l'air de rien, montrer ainsi son derrière au roi ! Précédé par quatre mousquetaires, le cortège s'anima, indifférent à la chute qui emportait Montespan au cœur d'un abîme insondable dans le fracas des roues heurtant les pavés inégaux, des sabots, des encouragements des cochers, des rires et des exclamations des gardes, des galopades des valets retardataires qui remontaient à la hâte les derniers marchepieds.

Dans la deuxième voiture, Maintenon caressait doucement la tête de Vexin. Celui-ci lui avait rendu un fier service sans le savoir, songeait-elle, tandis qu'ils tournaient dans la rue au Pain après avoir un instant longé la vénérable église paroissiale. Les voitures se suivaient dans les étroites ruelles de la vieille ville de Saint-Germain. Il y eut un encombrement lorsque les carrosses durent prendre un virage serré au bout de la rue de Maraye, avant de s'engouffrer dans la rue des Ursulines, encaissée comme les autres.

Puis, enfin, les dernières maisons laissées derrière, les voitures atteignirent la route de Versailles. Le soleil, qui ne butait plus sur les toits et les murs, éclaira un peu l'intérieur des carrosses. Il jeta de joyeux reflets sur les soies et les velours, dans les cheveux de Vexin, que Maintenon continuait de caresser doucement. « Vexin, petit bâtard, se dit-elle… Quand je t'ai recueilli, nouveau-né vagissant, caché à la vue de tous, enveloppé dans un linge et emporté la nuit, par un escalier dérobé, comme un jeune lépreux, je ne me doutais pas que tu me servirais un jour à être la femme la plus puissante du royaume, puisque je fais ce que je veux du roi de France et que je serai un jour son épouse[1]… »

Maintenon se laissait aller à rêver à son avenir, qui s'annonçait splendide. À propos, pensa-t-elle, avec la calme assurance qui lui certifiait de vaincre *in fine*, quand elle serait revenue de Versailles, il lui faudrait brûler dans sa cheminée les effets de la servante Fanchon, celle qui ne reviendrait jamais plus au Radis

1. Maintenon épousa en secret le roi, sans doute en 1683, peu après la mort – survenue à la suite d'une maladie soudaine – de la reine Marie-Thérèse.

couronné, puisque Maintenon était parvenue à ses fins. Car le tablier, la jupe et la coiffe de celle qui, en présentant d'habiles confidences à ce jeune policier du Châtelet, avait été la cause de tout, ne serviraient plus à rien désormais. Même, ces hardes pouvaient embarrasser si le roi, un jour, les trouvait chez elle. Certes, Maintenon pourrait toujours prétendre que cet habit de peu avait été oublié là par une fille de charge qui se serait salie et changée sans trop de gêne. Mais enfin, la marquise, quoi qu'elle eût le cœur bien accroché et l'habitude de tromper, serait obligée de mentir, sans trembler ni se contredire, de tenir à distance les souvenirs qui la troubleraient.

Et ce n'était pas le moment de jeter à bas le bel ouvrage qu'elle avait réalisé. D'autant que mener à bien l'affaire avait été dangereux et compliqué. Car la marquise avait eu fort à faire, compte tenu de la vie réglée et d'ailleurs étouffante que lui imposaient la Cour et sa charge de gouvernante des bâtards royaux, pour quitter le Château-Vieux en prenant mille risques, puis gagner Paris au plus vite, sans être ni vue ni reconnue en chemin et y faire ce qu'elle avait à y faire, avant de revenir incognito à Saint-Germain sans jamais paraître avoir quitté ni la demeure du roi ni son service.

Maintenon sourit. Jusqu'à ces dernières années, la vie ne lui avait pas été facile, elle avait connu la pauvreté, avait été mal mariée, avait de nouveau connu la gêne. Mais c'étaient justement les épreuves vécues dans sa jeunesse – sa naissance en prison[1], son abandon, la pauvreté, les humiliations –, ces écueils successifs jadis

1. Constant d'Aubigné, son père, aventurier sans scrupules, avait été emprisonné à Niort avec sa jeune épouse.

franchis avec plus ou moins de peine qui lui avaient finalement alloué l'assurance, l'habileté, la ténacité qui la faisaient et la voyaient vaincre aujourd'hui.

L'intrigante avait de sérieuses raisons d'être satisfaite puisqu'elle s'était bien amusée à redevenir, l'espace de quelques journées, une femme libre, comme jadis, lorsque, mariée au poète Scarron, un pauvre invalide à peu près paralysé de partout, elle pouvait sortir et batifoler à sa guise, passer d'amoureux en amants. Elle devinait que, si elle parvenait à ses fins, sa vie serait bientôt plus contrainte que jamais et ne lui donnerait plus l'occasion de se divertir ainsi. La marquise avait bien fait de rendre un dernier hommage à sa lointaine jeunesse dissipée, en allant ainsi se distraire et se donner du bon temps à la taverne du Radis couronné. Sans compter que, là-bas, à la suite d'une idée de génie, et forte de tout ce qu'elle avait appris en espionnant dans l'ombre, l'air de rien, en épiant Montespan et les autres, en écoutant et retenant ce qui se murmurait à la Cour et à la ville, elle avait ensuite mis ce charmant jeune policier du Grand Châtelet sur la piste de la favorite du roi. Comble de l'effronterie et de l'orgueil, Maintenon n'avait pas même pris la précaution de changer de nom de baptême. Quand bien même Louis XIV apprendrait un jour que la si discrète et si mystérieuse mais si bavarde servante du Radis couronné se nommait Fanchon, il ne pourrait jamais deviner que cette femme dont le prénom était le diminutif de Françoise, prénom de la gouvernante de ses bâtards, ne faisait justement, avec celle-ci, qu'une seule et même personne.

MIXTE
Papier issu de
sources responsables
FSC® C003309

10/18, une marque d'Univers Poche,
est un éditeur qui s'engage pour
la préservation de l'environnement
et qui utilise du papier fabriqué à partir
de bois provenant de forêts gérées
de manière responsable.

Imprimé en France par CPI

N° d'impression : 2049367
Suite du premier tirage : janvier 2020
X07400/03